AF617188

Nombres que recorren el tiempo
Mujeres asesinadas en Nafarroa (1936-1948)

AITOR

GARJON IRIGOIEN

AMAIA

KOWASCH VELASCO

NOMBRES QUE RECORREN EL TIEMPO

MUJERES ASESINADAS EN NAFARROA 1936-1948

Prólogo:

BEGOÑA

ZABALA GONZÁLEZ

Agradeceremos el envío de cualquier información relacionada con esta investigación al siguiente correo: memoriasmujeres@gmail.com

PRIMERA EDICIÓN DE TXALAPARTA
Marzo de 2024

TRADUCCIÓN DE LA INTRODUCCIÓN:
Miren Egaña Descarga

EDICIÓN: Ane Eslava

EDITORIAL TXALAPARTA S.L.L.
San Isidro 35
31300 Tafalla NAFARROA
Tfno. 948 703 934
info@txalaparta.eus
www.txalaparta.eus

ISBN
978-84-19319-93-7
DEPÓSITO LEGAL
NA. 501-2024

DISEÑO DE COLECCIÓN Y CUBIERTA
Esteban Montorio

MAQUETACIÓN: Monti

IMPRESIÓN
Rodona Industria Gráfica S.L.
Polígono Agustinos, calle A
31013 Pamplona – Navarra

Índice

PRÓLOGO DE BEGOÑA ZABALA ... 9
INTRODUCCIÓN ... 13
SARRERA ... 13
NOMBRES QUE RECORREN EL TIEMPO.
MUJERES ASESINADAS EN NAFARROA (1936-1948) ... 75
ANEXOS ... 267

Prólogo

Venimos a decir sus nombres

Begoña Zabala González

EMPIEZO A ESCRIBIR Y A REPASAR LA LISTA de los nombres de las mujeres asesinadas por el franquismo que figuran en el libro, y la primera en la que me fijo, totalmente al azar, es una mujer que fue a morir, o la fueron a matar, en el campo de Argelès-sur-Mer, en el Estado francés, en el mes de agosto de 1939. Tenía 69 años.

Me vienen entonces muchos pensamientos, más bien memorias, siempre permanentes. El día 20 de julio de 1939, mi madre cumplía los 15 años en ese mismo campo. Sobrevivió. Sobrevivió a la guerra y al campo de Argelès-sur-Mer, y vivió el maravilloso viaje de esperanza y solidaridad realizado en el barco *Winnipeg* que la llevó a Valparaíso y a Santiago de Chile, donde viviría 14 años. Allí se casó y allí nacieron cuatro de sus hijos; después, retornó al Estado español.

Sigo repasando la lista y me son conocidas tantas cosas y tantas referencias, que me parece estar leyendo una historia cercana, llena de memorias compartidas. Me alegro de conectar con sus historias y con la historia y la memoria de la represión cruel que segó estas vidas que se nos presentan. Es un ejercicio de memoria tan necesario como importante para poder colocarnos en la historia real de aquella época.

Así que vaya por delante un reconocimiento caluroso a Amaia Kowasch Velasco y a Aitor Garjon Irigoien por poner en nuestras manos este libro-investigación-relato-ensayo. Gracias por visibilizar los nombres de estas mujeres y sus historias.

También, mientras pensaba en este libro, me encontré con estos versos de María J. de la Vega, en los que, si bien el punto de vista es el de otras mujeres y otras circunstancias, nos sirve para compartir nuestras intenciones:

Venimos a recordar sus nombres,
a recordar su miedo, su dolor,
su esperanza
desecha en cada nuevo golpe,
cada grito,
cada vuelta al espanto.
Venimos a decir los nombres de las muertas,
para llamar a todas las que viven,
para alzar con sus nombres la muralla
de amor que las defienda.
Venimos a decir los nombres de la asesinadas,
de las amenazadas, de las rotas.
Venimos a decir sus nombres.
Sus nombres que nos nombran.[1]

Dejando un poco de lado el mundo de las emociones, tan real como imprescindible, debido a las todavía existentes conexiones personales con las muertes que se nos cuentan, el trabajo que se nos presenta tiene un hueco muy importante en el mundo de la memoria, de la historia y del feminismo.

Señalo el feminismo, como el movimiento y como corriente teórica, por su labor en recuperar y analizar la memoria y la historia en el contexto determinado y concreto de la República, el golpe de Estado y la Guerra Civil. Cabe destacar especialmente el trabajo de análisis sobre el papel que ocuparon las mujeres en esos momentos cruciales y el precio que se les hacía pagar, no solo por ser de izquierdas, o apoyar a los leales a la República, sino también por no responder al rol de género asignado. Para doblegarlas y que cumplieran su papel.

En ese camino de recuperación y análisis, aportar los datos de estas 95 mujeres, los que se hayan podido encontrar, es un primer paso para visibilizar algo que ya está en la mente de casi todo el mundo. Y es una herramienta valiosa para ver cómo trataron a las mujeres el fascismo, los golpistas, la dictadura y el ejército, así como las organizaciones sociales, eclesiales, económicas y políticas que los apoyaron, tanto en el período de la Guerra Civil como después en la dictadura.

El hecho de circunscribirse a Nafarroa y/o a mujeres navarras es un tema, asimismo, importante para la investigación y el análisis. Como es bien sabi-

1. De la Vega, María J. (1953). *La calle si naufragas.* Tomado de la revista *Viento Sur,* n.º 190, correspondiente al mes de octubre de 2023. [Página web]. www.vientosur.info.

do, en tierras navarras no hubo guerra, entendiéndose esta como la existencia de frentes de batalla. Nafarroa fue uno de los principales sitios donde se urdió parte de la trama del golpe de Estado. Esto supuso que la mayor parte de los hombres que se movilizaron para la guerra, voluntarios o forzados, lo hicieron para el bando nacional, para ir a los frentes más cercanos.

Aquí no había frente. Lo que sí hubo, desde los primeros días, fue represión y represalia. Casi hasta el exterminio de las personas a las que se consideraba contrarias al golpe o cómplices de la República. Esta represión localizada fue ejercida por los que dieron apoyo al golpe de Estado, al ejército del bando denominado nacional y, posteriormente, a la dictadura. En esta primera época se fue configurando un poder paralelo al del ejército golpista y el Estado, que en breve se constituiría en una parte institucionalizada de apoyo al régimen. Eran la FET-JONS, la Sección Femenina, el Sindicato Vertical, la jerarquía eclesiástica y todo el entramado que a su alrededor se iba articulando. Hubo venganzas personales y políticas, incluso de personas que no tenían nada de que vengarse, pues siempre habían hegemonizado el poder económico y social. Simplemente se trataba de aprovecharse del momento para enriquecerse, para ganar poder, para que lo que tenían como sus ideales imperasen en una sociedad vencida de principio, atemorizada y amenazada por el horror de la brutal represión. Aunque ello supusiera asesinar, matar, encarcelar, violar, amenazar y un largo etcétera.

Durante los casi tres años que duró la contienda armada, la guerra propiamente dicha, hasta el día 1 de abril, cuando Franco emitió el fatídico bando de «cautivo y desarmado el ejército rojo...», en esta tierra hubo otro tipo de frente. Los grupos armados de facciosos, fascistas, requetés, falangistas y otros, o simplemente los vecinos, se dedicaron a asesinar, represaliar y reprimir a los que consideraban del bando enemigo; sus familiares, sus amigos; alcaldes, concejales, maestras y maestros, jueces...

Las mujeres muchas veces eran represaliadas en nombre de sus familias. Incorporados los hombres a otros frentes defensores de la República, muchas mujeres pagaron muy alto precio por quedarse en sus hogares, con sus familias. Pagaron ellas y también sus hijas e hijos. En estos casos fue frecuente la violación, la agresión sexual, la humillación pública, la vejación, la amenaza. Por supuesto, también la expoliación de los bienes patrimoniales, de los que muchas veces ellas no eran titulares. Y el precio que podían pagar, quizá para evitar algún mal mayor, aunque no siempre lo consiguieran, era el acomodamiento al nuevo rol de mujer creado por el fascismo: la mujer sumisa, esposa y madre, que reniega incluso de su familia de origen y de sus ideas y se somete al nuevo patrón de domesticación familiar.

Cabe recordar aquí una arenga dirigida a las tropas por el militar Gonzalo Queipo de Llano, que dejaba desde el principio muy claro cuál era su cometido en los territorios sojuzgados. Animaba a los legionarios a cometer violaciones y asesinatos, y en sus palabras se revela de manera clara el discurso y el imaginario fascista, que representa al campo enemigo con roles de género irreales y tópicos y despoja a las mujeres de su dignidad al considerarlas como simple botín de guerra. Lo decía para Andalucía, pero era extensible a todo el Estado:

> Perseguid a los rojos como a fieras, hasta hacerlos desaparecer a todos. Nuestros valientes legionarios y regulares han enseñado a los cobardes de los rojos lo que significa ser hombre. Y, de paso, también a las mujeres. Después de todo, estas comunistas y anarquistas se lo merecen, ¿no han estado jugando al amor libre? Ahora por lo menos sabrán lo que son hombres de verdad y no milicianos maricas. No se van a librar por mucho que forcejeen y pataleen.

Pero, además, aquí, en este libro, se pone en primera línea, y de forma importante, a mujeres que fueron militantes de izquierdas, o con ideas nacionalistas, socialistas, comunistas, republicanas, feministas; profesionales comprometidas, solidarias, revolucionarias... a las cuales asesinaron, o hicieron morir, por eso mismo, por sus vínculos ideológicos y prácticos con la construcción de un mundo mejor y más justo. Y, sobre todo, por su lucha, en todos sus campos de vida, incluida la cotidiana, contra el fascismo.

Contiene el material de este libro, entre otras cuestiones, una importante lección de memoria e historia y de feminismo. Son historias de mujeres localizadas en un tiempo y en un lugar, cuyos relatos y datos, a veces escuetos y parciales, se encuadran perfectamente en un hilo de memoria feminista y de historia de la Guerra Civil. No solo nos llama a no olvidar, nos urge a seguir recuperando nombres y datos para seguir con el relato.

Introducción

Primeros pasos

En diciembre de 2023 se cumplieron cuatro años desde aquella primera conversación en la que nos planteamos poner en marcha una investigación sobre las mujeres asesinadas en Nafarroa tras el golpe militar de 1936. Como muchos otros proyectos, esta conversación se inició cerca de la barra de un bar y con un pote en la mano, mientas debatíamos y reflexionábamos sobre diferentes temas que no conocemos, que nos gustaría conocer y que nos generan curiosidad. Nuestro interés por este periodo histórico venía de lejos, ya que nuestras familias sufrieron la represión fascista y sabemos, aunque sea de manera inconsciente, que es esa transmisión del dolor la que nos impulsa a recuperar las memorias de aquellos años. La militancia en el ámbito de la memoria histórica, principalmente en la asociación memorialista Sanfermines 78 Gogoan!, y las interminables conversaciones sobre la memoria de este pueblo fueron fortaleciendo nuestra amistad, y nos impulsaron a intercambiar información, libros, historias... Todos estos ingredientes, sumados a las diferentes experiencias que teníamos en la recuperación de la

Sarrera

Lehen urratsak

2023ko abenduan lau urte bete ziren lehen solasalditik, 1936ko kolpe militarraren ondotik Nafarroan erailiko emakumeei buruzko ikerketa bat abian paratzeko asmoa agertu genuenetik. Bertze proiektu anitzen gisara, solasaldia taberna bateko barratik hurbil suertatu zen, pote bat eskutan, zenbait gairen inguruan eztabaidatu eta gogoetatu genuenean, ezagutzen ez ditugun baina ezagutu gogo ditugun eta jakin-mina sorrarazten dizkiguten gaien inguruan, alegia. Aro historiko horrekiko gure jakin-nahia aspalditik zetorren, gure ahaideek errepresio faxista jasan baitzuten, eta badakigulako, modu inkontzientean bada ere, minaren transmisio horrek bultzatzen gaituela urte haietako memoriak berreskuratzera. Memoria historikoaren eremuko militantziak, nagusiki Sanfermines 78 Gogoan! elkarte memorialistan, eta herri honen memoriari buruzko solasaldi bukaezinek gure adiskidetasuna indartu zuten, eta informazioa, liburuak, historiak... trukatzera bultzatu gintuzten. Osagai horiek guztiek, memoria berreskuratzean genuen eskarmentuekin batera, eragin zuten hau bezalako proiektu bat seriotasun handiagoz

memoria, hicieron que nos pudiésemos plantear con más seriedad la opción de iniciar un proyecto como este y poder llevarlo a cabo.

Compartíamos que era necesario visibilizar y sacar a la luz a las mujeres que habían pagado con su vida la represión política, cultural y social iniciada aquel fatídico verano. Veíamos que la represión sufrida por las mujeres en Nafarroa se había trabajado en investigaciones y monografías concretas, pero que no había una investigación más general, desde una perspectiva de género que especificara quiénes habían sido las personas asesinadas, en qué circunstancias habían sido asesinadas, cuáles eran sus historias de vida... En definitiva, queríamos sacar del olvido a estas mujeres para que siguieran viviendo en el presente.

Desde un primer momento vimos claro que, para hacer este trabajo, tendríamos que indagar en archivos y en fuentes primarias, y fuimos conscientes de que muchos de esos documentos los crearon los poderes y personas que se levantaron contra el régimen democrático que constituía la Segunda República. De ahí concluimos que el objetivo, aparte de visibilizar a dichas mujeres, sería también dar a conocer nuestro trabajo a la mayor cantidad de gente posible, esto es, socializar sus historias. Para eso nos pareció clave dar protagonismo a estas historias para que así fueran más accesibles al público

hasteko eta burutu ahal izateko aukera.

Zorigaiztoko uda hartan hasitako errepresio politiko, kultural eta soziala bizitzarekin ordaindu zuten emakumeak ezagutarazi eta agerian paratzea beharrezkoa zela partekatzen genuen. Orobat, ikusten genuen, Nafarroan, emakumeek pairatutako errepresioa landua zela ikerketa eta monografia jakin batzuetan, baina ez zela ikerketa orokorragorik, genero ikuspegitik, zehazteko nortzuk izan ziren erailak, zein baldintzatan hil zituzten, zein ziren beren bizitza historiak...

Lehen momentutik argi izan genuen, lan hau egiteko, artxiboetan eta lehen mailako iturrietan arakatu beharko genuela, eta kontziente izan ginen dokumentu horietako aunitz Bigarren Errepublikaren erregimen demokratikoaren aurka altxatu ziren botere eta pertsonek sortu zituztela. Hortik ondorioztatu genuen helburua, emakume horiek ikusgai egiteaz gain, gure lana ahalik eta jende gehienari ezagutaraztea zela, hau da, haien historiak sozializatzea. Horretarako, funtsezkoa iruditu zitzaigun historia horiei protagonismoa ematea, jendearentzat eskuragarriago izan eta haien guztien zorroztasun historikoa eta memoriak manten zitezen.

Horrela bada, ikerketa hau helburu honekin sortu da: emakume nafarrek 1936-1948 etapan pairatu zuten errepresioa ikusaraztea. Lan

y se mantuviese el rigor histórico y las memorias de todas ellas.

Así pues, esta investigación nace con el objetivo de visibilizar la represión que sufrieron las mujeres navarras en la etapa 1936-1948. El periodo histórico que abarca este trabajo lo hemos limitado en el año 1948 porque es la fecha hasta la que estuvo vigente el bando de guerra impuesto en 1936, que permitía acabar con cualquier persona según decidiera la autoridad militar. La oposición de la ONU a imponer sanciones y una nueva condena a Franco, así como la reapertura de la frontera por parte de Francia, influyeron en decretar el final oficial del estado de guerra[2].

Mediante estas historias de vida pretendemos también mostrar las diferentes represiones que se dieron durante dicho periodo. Estas fueron muy amplias y heterogéneas, pero hemos puesto el foco en los asesinatos, las muertes, por su impacto, aunque inevitablemente se hable de otros tipos de represión sufridos por estas mismas mujeres. Se han contabilizado así las que fueron asesinadas en Nafarroa, pero también se han incluido las navarras que fueron asesinadas en otros territorios, así como las de otras provincias asesinadas en Nafarroa. De esta manera,

honek hartzen duen aro historikoa 1948an mugatu dugu, 1936an ezarritako gerra bandoa, aginte militarrak erabakita edozein pertsona akabatzea ahalbidetzen zuena, indarrean egon zen arte, alegia. NBEk zehapenak ezartzeari erakutsitako oposizioak eta Francori emandako kondenak, bai eta Frantziak muga berrirekitzeak ere, eragin zuten gerra egoeraren bukaera ofiziala dekretatzea[1].

Orobat, bizitza historia hauen bitartez erakutsi nahi ditugu aro horretan gertatutako errepresio batzuk. Zabalak eta heterogeneoak izan ziren, baina erailketei erreparatu diegu, heriotzei, nahiz eta, ezinbertzean, emakume horiek jasandako bestelako errepresioez mintzatzen den. Horrela zenbatu dira Nafarroan erailikoak, baina, horretaz gain, baita bertze lurralde batzuetan erailiko nafarrak eta Nafarroan erailiko bertze probintzietakoenak ere. Uste dugu horrela argazkia osatuagoa gelditzen dela, nafar emakumeen heriotza guztiak eta probintzia honetan erailikoenak sartu ditugulako. Funtsean, Nafarroan emakumeen errepresioaren ikerketari egindako ekarpena izatea nahi dugu.

Osotara 95 emakume zenbatu ditugu, estatu kolpe militarraren

2. Jimeno Aranguren, Roldan (2019). Jurisdicción militar y represión (1936 y 1977). En Jimeno Aranguren, Roldan (ed.) *La represión de la administración de justicia en la guerra civil y franquismo*, pp. 37-82. Tirant lo Blanch.

1. Jimeno Aranguren, Roldan (2019). Jurisdicción militar y represión (1936 y 1977). Jimeno Aranguren, Roldan (arg.) *La represión de la administración de justicia en la guerra civil y franquismo*, 37-82. orr. Tirant lo Blanch.

creemos que la fotografía queda más completa, ya que se incluyen todas las muertes de mujeres navarras, así como de aquellas que fueron asesinadas en esta provincia. En definitiva, pretendemos que sea una aportación al estudio de la represión de las mujeres en Nafarroa.

Hemos contabilizado un total de 95 mujeres que murieron a causa de la represión derivada del golpe de Estado militar. 75 eran nacidas en Nafarroa, 14 habían nacido fuera pero fueron asesinadas en esta provincia, y de seis no se ha podido constatar su lugar de nacimiento. En cuanto al lugar de muerte, 45 murieron en Nafarroa, dos en campos de concentración nazis, una en Ipar Euskal Herria, tres en Francia, trece en Catalunya, cuatro en Bizkaia, una en Araba, seis en Gipuzkoa, siete en La Rioja, cinco en Aragón, cuatro Madrid; una fue desaparecida y de tres de ellas no se ha podido constatar su lugar de asesinato.

Este trabajo nos ha ido generando varias dudas y debates que hemos ido resolviendo desde nuestras opiniones y formas de entender la historia y los objetivos de este proyecto. Una de ellas ha sido la de incluir en este listado a las mujeres navarras que fueron asesinadas tanto en Nafarroa como en otros lugares y a las nacidas en otros lugares que murieron en Nafarroa. Otra ha sido en qué año poner el límite temporal. La fecha de defunción más tardía que teníamos era de 1945

ondoriozko errepresioarengatik hildakoak. 75 Nafarroan sortuak ziren, 14 kanpoan sortu baina probintzia horretan hil zituzten eta seiren sorterria ezin izan dugu egiaztatu. Heriotza tokiari dagokionez, 45 Nafarroan hil ziren, bi kontzentrazio-esparru nazietan, bat Ipar Euskal Herrian, hiru Frantzian, hamahiru Katalunian, lau Bizkaian, bat Araban, sei Gipuzkoan, zazpi Errioxan, bortz Aragoin, lau Madrilen; bat desagerrarazi zuten eta horietako hiruren hilketa tokia ezin izan da egiaztatu.

Lan honek zenbait zalantza eta eztabaida sortu dizkigu, gure iritzien, historia ulertzeko formen eta proiektu honen helburuen bitartez konpondu ditugunak. Horietako bat izan da zerrenda honetan Nafarroan zein bertze tokietan erailiko emakume nafarrak eta bertze toki batzuetan sortu baina Nafarroan hil zirenak sartzea. Bertze bat izan da denbora muga zein urtetan paratzea. Heriotza data berantiarrena 1945ekoa genuen, eta aginte militarrek ezarritako gerra bandoa 1948 arte indarrean egon zela jakinik, hortxe paratu dugu muga. Kontziente gara litekeena dela zenbait kasu ihes egin izana eta horregatik azpimarratzen dugu lan hau ez dela zerbait itxia edo bukatua, eta, denbora muga paratzean, historia batzuk ikerketa honetatik kanpo gelditzen zirela. Horren adibidea da Teresa Larreta Garderena. Izaban sortua, PCEren zalea, 1966an,

y, sabiendo que el bando de guerra impuesto por las autoridades militares duró hasta 1948, es ahí donde hemos fijado el límite. Somos conscientes de que es posible que haya casos que se nos han escapado y por ello insistimos en que este trabajo no es algo cerrado ni concluido y que al poner un límite temporal quedan algunas historias fuera de esta investigación, como es el caso de Teresa Larreta Garde, nacida en Izaba, simpatizante del PCE y que en 1966, a los 50 años, se suicidó en Ville Díssy-les Moulineaux (Francia) por la represión sufrida durante la Guerra Civil. Fue desahuciada de su hogar, le cortaron el pelo y al menos fue detenida dos veces en Logroño. Además, asesinaron a su padre, el maestro Juan Larreta Larrea, su hermano José Víctor fue detenido y torturado hasta que consiguió exiliarse y sus dos hermanos pequeños fueron al orfanato de «La Beneficencia de Logroño».

El trabajo en archivos y en fuentes primarias nos ha supuesto un esfuerzo importante de petición y consulta, algunas veces con el resultado deseado y otras no. El haber accedido por primera vez a sumarios y nombres de mujeres asesinadas es una sensación difícil de describir. La buena noticia inicial se convierte en una euforia de la que hemos disfrutado de la manera más consciente posible y la cual nos ha regalado muchas sonrisas y gestos de complicidad. Pero sobre todo nos ha otorgado energía e ilusión por

50 urterekin, Ville Díssy-les Moulineaux-en (Frantzia) bere buruaz bertze egin zuen Gerra Zibilean pairatutako errepresioagatik. Bere etxetik kanporatu zuten, ilea moztu zioten eta, gutxienez ere, bi aldiz atxilotu zuten, Logroñon. Gainera, bere aita, Juan Larreta Larrea maisua, hil egin zuten, bere anaia Jose Victor atxilotu eta torturatua izan zen, atzerriratzea lortu zuen arte, eta bere bi anaia gazteenak Logroñoko «La Beneficencia» umezurtz-etxera joan ziren.

Artxiboetako eta lehen mailako iturrietako lanak eskaera eta kontsultarako esfortzu handia eskatu digu, batzuetan nahi genuen emaitzarekin, bertze batzuetan ez, ordea. Erailiko emakumeen sumarioak eta izenak lehen aldiz eskuratzean sortzen den sentsazioa zaila da deskribatzen. Hasierako berri ona euforia bihurtzen da eta hartaz ahalik eta modu kontzienteen disfrutatu dugu, irribarre eta konplizitate keinu aunitz oparitu baitizkigu. Baina, batez ere, izen horien atzean dauden historietan sakontzen jarraitzeko energia eta ilusioa eman dizkigu. Momentu batzuetan ilusioa hutsaldu da, artxiboetan edo zenbait dokumentutan aurkitutako ezezko erantzuna dela kausa. Batzuetan, artxiboetan informazio zehatzagoa ezin lortzeak edo zenbait emakumeren historiak berreraikitzen nondik segitzeko jakin ezak frustrazioa ekarri digu. Baina sentimendu hori berehala desagertu da munta

seguir profundizando en la historia que hay detrás de esos nombres. Ilusión que en algunos momentos se ha desvanecido por la respuesta negativa encontrada en archivos o en determinados documentos. Algunas veces, el no poder conseguir en archivos información más concreta o el no saber por dónde seguir reconstruyendo la historia de determinadas mujeres nos ha supuesto un sentimiento de frustración. Sentimiento que ha desaparecido rápidamente tras ser conscientes de que es muy difícil poder terminar una investigación de este calado.

Hemos recurrido también a fuentes secundarias que nos han permitido ser más conscientes de cuál fue la represión en general y qué supuso esta a las mujeres en concreto. Los diferentes prismas, debates y conceptos que hemos interiorizado nos permiten conocer un poco mejor esta realidad, pero aún quedan caminos por recorrer. Hemos intentado no abusar de conceptos teóricos ni de referencias bibliográficas, con el objetivo, por un lado, de facilitar la lectura de este texto, y por otro, de darle mayor importancia a las historias de esas mujeres, que presentamos en formato de fichas, una por cada protagonista. En cada una de ellas hemos mostrado su vida, represión y muerte, y también las referencias de la información obtenida y consultada. Hemos añadido el enlace al proyecto *Oroibidea. Camino de Memoria* a través del cual se puede

honetako ikerketa bukatu ahal izatea hagitz zaila dela kontziente izan ondoren.

Bigarren mailako iturrietara ere jo dugu eta horiek ahalbidetu digute kontzienteago izatea errepresioa orokorragoan izan zenari eta, zehazkiago, emakumeentzat ekarri zuenari buruz. Barneratu ditugun ikuspuntu, eztabaida eta kontzeptuek ahalbidetu digute errealitate hori pixka bat hobeki ezagutzea, baina oraindik gelditzen dira bideak ibiltzeko. Saiatu gara kontzeptu teorikoez eta aipu bibliografikoez gehiegi ez baliatzen, alde batetik, testu honen irakurketa errazteko, eta, bertzetik, emakume horien historiei garrantzi handiagoa emateko. Horregatik, fitxa formatuan aurkeztu ditugu, protagonista bakoitzeko bana. Horietako bakoitzean erakutsi ditugu haien bizitza, errepresioa eta heriotza, bai eta erdietsitako eta kontsultatutako informazioari buruzko aipuak ere. *Oroibidea. Camino de Memoria* proiektuaren esteka gehitu dugu. Horren bitartez pertsona horiekin lotutako dokumentuak eskuratu daitezke, haien artean, Nafarroako Unibertsitate Publikoaren (NUP) Nafarroako Oroimen Historikoaren Dokumentazio Funtsean (NOHDF) eskuragarri dagoen informazioa.

Hasierako asmoa izan zen dokumentu, artxibo eta argazkien bilaketa ahozko memoriaren lekukotasunen bilketarekin elkartzea, baina lana korapilatsua izan da azken

acceder a los documentos relacionados con esas personas, entre los cuales se encuentra la información disponible en el Fondo Documental de la Memoria Histórica en Nafarroa (FDMHN) de la Universidad Pública de Nafarroa (UPNA).

La idea inicial fue combinar la búsqueda de documentos, archivos y fotografías con la recogida de testimonios, de la memoria oral, pero ha sido una labor compleja debido a la pandemia que hemos vivido en estos últimos años. Es un trabajo que queda pendiente y confiamos que tras la publicación de este libro pueda llevarse a cabo, para conocer mejor las historias de vida de estas mujeres y añadir, completar o modificar los datos de cada una de ellas.

Adentrarse en las historias de vida de estas mujeres es una manera de interpretar la historia desde una perspectiva de género. De esta manera, las investigaciones pretenden visibilizar y aportar las diferencias, desigualdades y las distintas realidades de las mujeres de las sociedades investigadas. Desde que se empezó a tener en cuenta dicha perspectiva, se está logrando completar y dar mayor envergadura a la historia y a la memoria, que hasta ahora han sido androcéntricas; esto es, han estado centradas en la historia de los varones.

Aplicar la perspectiva de género, entre otras cosas, implica revisar la represión hacia las mujeres urteotan bizi izan dugun pandemia dela eta. Lan hori egiteke dago eta espero dugu, liburu hau argitaratu ondoren, gauzatu ahalko dela, emakume horien bizitza historiak hobeki ezagutzeko eta haietako bakoitzaren datuak gehitu, osatu edo aldatzeko.

Emakume horien bizitza historietan sakontzea historia bera genero ikuspegitik interpretatzeko modu bat da. Ikerketek, horrela, aztertzen dituzten jendarteetako emakumeen desberdintasunak, desparekotasunak eta errealitate askotarikoak ikusarazi eta plazaratzea dute helburu. Ikuspegi hori aintzat hartzen hasi zenetik, historia eta memoria osatu eta haiei munta handiagoa ematea lortzen ari da, orain arte androzentrikoak izan baitira; hots, gizonen historian zentratuta egon dira.

Genero ikuspegia aplikatzeak, bertzeak bertze, emakumeei eragindako errepresioa berrikustea dakar, berezko irizpideak, helburuak, baliabideak... dituen kategoria baten gisara. Errepresio horren helburuetako bat zen eredu patriarkal eta tradizionala birmarraztea, matxinatuen arabera Bigarren Errepublikak eredu hori ahuldu baitzuen. Horregatik uste zuten antolakuntza sozial horretan esleitua zuten rolarekin modu desegokian aritu zirenak zigortu behar zituztela. Ikus daiteke gizonen eta emakumeen aurkako errepresio estrategiak ezberdinak zirela eta berezko ezaugarriak zituztela, nahiz

como una categoría con sus propios criterios, objetivos, instrumentos específicos... Uno de los objetivos de esta represión era el de redibujar el modelo patriarcal y tradicional, modelo que según los sublevados había sido socavado por la Segunda República. Por eso, entendían que debían castigar a aquellas que habían actuado de manera impropia a su rol asignado en esa organización social. Se puede observar cómo las estrategias represivas contra hombres y mujeres eran diferentes y tenían sus características propias, aunque ambas formasen parte de un entramado represivo más amplio que tenía como objetivo imponer un modelo socioeconómico y cultural determinado.

Del mismo modo, esta perspectiva de género también pretende conocer las estrategias de resistencia utilizadas, las formas de supervivencia...; ya que las mujeres no fueron únicamente un elemento a reprimir, sino que también fueron sujetos activos y participativos en la sociedad, con capacidad para desarrollar luchas y estrategias de resistencia al fascismo. Y, de hecho, algunas veces fueron reprimidas por ello. En esta investigación también se pueden apreciar esas luchas y estrategias de resistencia.

La recuperación de sus nombres, sus identidades y sus vidas, los años de prisión, los castigos por tribunales militares, las sentencias por responsabilidades políticas... nos per-

eta biak errepresio egitura zabalago baten parte izan, eredu sozioekonomiko eta kultural zehatz bat ezartzea xede zuenarena.

Modu berean, genero ikuspegi horrek erabilitako erresistentzia estrategiak, bizirauteko moduak... ezagutu gogo du. Izan ere, emakumeak ez ziren erreprimitu beharreko elementu bat soilik; horretaz gain, jendartean subjektu aktibo eta partehartzaile ere izan ziren, faxismoari aurre egiteko borrokak eta estrategiak gauzatzeko gai zirenak. Hain zuzen, batzuetan, horregatik izan ziren erreprimituak. Ikerketa honetan borroka eta erresistentzia estrategia horiek ere hauteman daitezke.

Haien izenak, nortasunak eta bizitzak, espetxe urteak, epaitegi militarren zigorrak, erantzukizun politikoengatiko epaiak... berreskuratzeak ahalbidetzen digu historia eta memorian txertatzea alderdi bikoitzetik, biktima gisa eta erresistente eta borrokalari gisa. Horrela, posible da diktadura frankistaren ezaugarrien analisi sakonagoa egitea, erregimen antidemokratikoa zen aldetik, baina baita ere, eta bereziki, erregimen faxista izan zelako, egituraz bortitza eta patriarkala. Halaber, informazioa emateko forma bat izan nahi du, justizia eta ordaina erdiesteko bidean aitzin-pausuak eman ahal izateko[2].

2. Aguado, Ana María & Verdugo Martí, Vicenta (2021). Historia y memoria de la represión

mite incorporarlas a la historia y a la memoria, desde una doble vertiente, como víctimas y como resistentes y luchadoras. De esta manera es posible un análisis más profundo de las características de la dictadura franquista, no solo como un régimen antidemocrático, sino especialmente como un régimen fascista, estructuralmente violento y patriarcal. También pretende ser una manera de aportar información para poder avanzar en la justicia y la reparación[3].

En definitiva, esta investigación pretende añadir un granito de arena en la labor de analizar la represión que sufrieron las mujeres navarras, además de poner nombres y apellidos, contar sus historias y las de sus familias; rescatar su memoria para que no sigan en el olvido.

Tiempos históricos

Para poder explicar la represión que sufrieron estas mujeres en Nafarroa, es importante situar el contexto histórico europeo que va desde el periodo de entreguerras hasta el final de la Segunda Guerra Mundial.

Utilizaremos indistintamente dos conceptos para hablar de este periodo

3. Aguado, Ana María & Verdugo Martí, Vicenta (2021). Historia y memoria de la represión franquista contra las mujeres: una vertiente imprescindible de la memoria democrática. En *Revista Valenciana d´Estudis Autonòmics*, n.º 66, pp. 270-275.

Finean, ikerketa honek asmoa du bere alea gehitzea nafar emakumeek jasan zuten errepresioa aztertzeko eginkizunean, eta izen-abizenak paratzea, haien historiak eta haien ahaideenak kontatzea; haien memoria berreskuratzea, ahanzturan segi ez dezaten.

Garai historikoak

Emakume horiek Nafarroan jasan zuten errepresioa azaldu ahal izateko, garrantzizkoa da Europako testuinguru historikoa kokatzea, gerren arteko alditik Bigarren Mundu Gerrara doana.

Aldi historiko horretaz mintzatzeko bi kontzeptu erabiliko ditugu. Alde batetik, frankismoa, eta, bertzetik, erregimen diktatoriala. Vicenç Navarro soziologo eta politologoaren ideia partekatzen dugu, azaltzen duenean frankismo terminoarekin protagonismo handia ematen zaiola Franco jeneralari, erregimen horren irizpide definitzaile gisa. Definizio horretan sistema politiko haren buruzagi-ikuspegia erreproduzitu egiten da, garai historiko hartako aldi batean Mendebaldeko Europan izandako bi erregimen diktatorialetatik, nazismoa eta faxismoa, aldenduz. Horregatik, kontzeptu horren bitartez,

franquista contra las mujeres: una vertiente imprescindible de la memoria democrática. *Revista Valenciana d´Estudis Autonòmics*, 66, 270-275. orr.

histórico. Por un lado, franquismo, y por el otro, régimen dictatorial. Compartimos la idea de Vicenç Navarro, sociólogo y politólogo, cuando explica que con el término franquismo se da gran protagonismo a la figura del general Franco como criterio definitorio de tal régimen. En esta definición se reproduce una visión caudillista de aquel sistema político distanciándose así de los dos regímenes dictatoriales que existieron en Europa occidental durante parte de aquel período histórico, el nazismo y el fascismo. Por eso mediante este concepto se permite entender este régimen como un «nacionalismo extremista, un racismo, un anticomunismo y un catolicismo antiliberal y antilaico que intentó configurar una nueva sociedad [...] que invadía todas las dimensiones de la sociedad y del ser humano. Y la Iglesia Católica española jugó un papel fundamental en la reproducción de tal ideología totalizante»[4].

Estos fascismos, totalitarismos, autoritarismos o dictaduras tenían en común otros objetivos y características: eran movimientos contrarios al liberalismo político; tenían una ideología totalitaria; querían construir una nueva sociedad para un nuevo ser humano; tenían un mensaje radical; el Estado tenía el monopolio del poder..., aunque esto último no era

4. Navarro López, Vicenç (2008). ¿Franquismo o fascismo? En Jordi Solé Tura (hom.) *Estudios sobre la Constitución Española homenaje al profesor Jordi Solé Tura,* p. 50. Congreso de los Diputados.

entenditzen ahal da erregimen hori «muturreko nazionalismo gisa, arrazismo, antikomunismo eta katolizismo antiliberal eta antilaiko gisa, jendartearen eta gizakiaren alderdi guztiak inbaditzen zituen jendarte berria taxutzen saiatu zena. Eta Eliza Katoliko espainiarrak funtsezko eginkizuna izan zuen ideologia totalitario hori erreproduzitzen»[3].

Faxismo, totalitarismo, autoritarismo edo diktadura horiek bestelako helburu eta ezaugarriak zituzten komunean: liberalismo politikoaren aurkako mugimenduak ziren; ideologia totalitario bat zuten; jendarte berria eraiki nahi zuten gizaki berri batentzat; mezu erradikala zuten; estatuak boterearen monopolioa zuen... nahiz eta azkeneko hori ez izan faxismoarena bakarrik. Orobat masa mobilizazio handiak sustatu zituzten eta zenbait metodo erabili zituzten herritarrek ideologia faxista bereganatu zezaten lortzeko: propaganda, hezkuntza, indarkeriaren edo izuaren teknika...[4] Ildo horretatik, frankismoa faxismotzat etiketatu daiteke bere homologoek izan zuten eginkizun sozial bera izan zuelako: klase zapaltzaileei beren hegemo-

3. Navarro López, Vicenç (2008). ¿Franquismo o fascismo? Jordi Solé Tura (om.) *Estudios sobre la Constitución Española homenaje al profesor Jordi Solé Tura,* 50. or. Congreso de los Diputados.

4. Villares, Ramon & Bahamonde, Ángel (2004). *Gaur egungo mundua. XIX. eta XX. mendeak,* 227-231. orr. Universidad del País Vasco.

Homenaje a la División Azul en Iruñea, 1942. | Fuente: ARGN, Fondo José Galle.
Dibisio Urdinari omenaldia Iruñean, 1942. | Iturria: NEAN, José Galle funtsa.

exclusivo del fascismo. También promovieron grandes movilizaciones de masas y utilizaron diferentes métodos para conseguir que la ciudadanía interiorizase la ideología fascista: la propaganda, la educación, la técnica de la violencia o del terror...[5] En este sentido, el franquismo puede etiquetarse como fascismo por el hecho de que tuvo una misma función social que sus homólogos: permitir a las clases dominantes mantener o recuperar su hegemonía[6].

5. Villares, Ramon & Bahamonde, Ángel (2004). *Gaur egungo mundua. xix. eta xx. mendeak,* pp. 227-231. Universidad del País Vasco.

6. Casanova Ruiz, Julián (2004). *Morir, matar, sobrevivir. La violencia en la dictadura de franco,* p. 5. Crítica.

nia mantentzen edo berreskuratzen erraztea[5].

1939an, Gerra Zibila bukatu eta europarra hasi zelarik, 28 estatu europarretatik erdiak botere absolutuak zituzten diktadurek menderatzen zituzten. Erregimen horiek jendartea, industria eta politika antolatzeko forma berriak bilatu behar izan zituzten eta, aldi berean, masa politika agertzen ari zen testuinguruan, aldaketa soziala eta iraultza kontrolatzeko arazoari aterabidea eman. Bigarren Mundu Gerra bukatuta, 20ko hamarkadatik nagusi izan ziren

5. Casanova Ruiz, Julián (2004). *Morir, matar, sobrevivir. La violencia en la dictadura de franco,* 5. or. Crítica.

En 1939, tras el final de la Guerra Civil y con el inicio de la europea, más de la mitad de los 28 estados europeos estaban dominados por dictaduras con poderes absolutos. Estos regímenes tuvieron que buscar nuevas formas de organización de la sociedad, la industria y la política, y dar a la vez una solución al problema de cómo controlar el cambio social y la revolución, en un contexto de aparición de la política de masas. Una vez finalizada la Segunda Guerra Mundial, las dictaduras derechistas que habían sido dominantes desde los años 20 desaparecieron, a excepción de las de Antonio Oliveira Salazar y Francisco Franco Bahamonde[7].

En este último caso, la represión tuvo sus características propias. Mediante el golpe y la guerra se creó la oportunidad que otros fascismos no tuvieron para llevar a cabo la represión política de la retaguardia de manera intensiva. Así, se procedió a la depuración masiva de las personas vencidas hasta erradicar todo aquello que tuviera que ver con los valores que promulgaban las fuerzas que sostenían o apoyaban a la República. Las investigaciones llevadas a cabo permiten hablar de la represión franquista como «un fenómeno complejo y poliédrico, cuyo

7. Casanova Ruiz, Julián (2015). Cuarenta años con Franco. En Casanova, J. (ed.) *Cuarenta años con Franco*, pp. 7-14. Crítica.

eskuineko diktadurak desagertu egin ziren, Antonio Oliveira Salazarrena eta Francisco Franco Bahamonderena izan ezik[6].

Azkenaren kasuan, errepresioak berezko ezaugarriak izan zituen. Kolpearen eta gerraren bitartez, bertze faxismo batzuek izan ez zuten aukera sortu zen, erretagoardiaren errepresio politikoa modu trinkoan gauzatzea, alegia. Honela, menderatuen garbiketa masiboari ekin zioten Errepublika sostengatu edo laguntzen zuten indarrek aldarrikatzen zituzten balioekin zerikusia zuen oro errotik kendu arte. Egin diren ikerketei esker, errepresio frankistaz hitz egin daiteke «fenomeno konplexu eta poliedriko gisa, funtsezko helburua zuena estatu berri bat eraikitzea, proiektu errepublikar erreformistaren eta bere sostengu sozialen erauzte bortitzetik abiatuta»[7]. Errepresio horren euskarri nagusiak izan ziren, hain zuzen, Errepublikaren aurka borrokatu ziren eta iragan errepublikar oro deuseztatu, bizitza sozial eta ekonomiko jakin bat ezarri eta jendartea berkatolizatzeko beharrarekin ados zeuden hiru indar: militarrak, Eliza katolikoa eta «Mugimendua».

6. Casanova Ruiz, Julián (2015). Cuarenta años con Franco. Casanova, J. (arg.) *Cuarenta años con Franco*, 7-14. orr. Crítica.

7. Layana Ilundain, Cesar (2021). *Expolio y castigo. La represión económica en Navarra. 1936-1945... 1966*, 29. or. Gobierno de Navarra.

objetivo fundamental era la construcción de un nuevo estado a partir de la extirpación violenta del proyecto reformista republicano y de sus apoyos sociales»[8]. Represión que tuvo su soporte en tres fuerzas que lucharon contra la República y que estaban de acuerdo en la necesidad de acabar con todo pasado republicano, en imponer un tipo concreto de vida social y económica, y en recatolizar la sociedad: los militares, la Iglesia católica y el «Movimiento».

La fuerza militar tuvo una presencia preponderante en la represión y en el posterior régimen dictatorial. Un estado de guerra firmado por la Junta de Defensa Nacional diez días después del golpe militar y que duró hasta 1948 les permitió administrar y controlar la represión de diferentes modos, entre los que destacaron los tribunales militares. En la inmediata posguerra fueron condenadas a muerte y ajusticiadas muchas mujeres, en torno al 3 % del total de ejecuciones, y más de 50.000 fueron encarceladas por delitos políticos; eso sin tener en cuenta los asesinatos extrajudiciales y las muertes en otros contextos diferentes a los señalados[9].

8. Layana Ilundain, César (2021). *Expolio y castigo. La represión económica en Navarra. 1936-1945... 1966*, p. 29. Gobierno de Navarra.

9. Di Febo, Giuliana & Juliá, Santos (2003). *El franquismo. Una introducción*, pp. 29-31. Crítica; Nash, Mary (2015). Vencidas, represaliadas y resistentes: las mujeres bajo el orden patriarcal franquista. En Casanova, Julián (ed.) *Cuarenta años con Franco*, p. 200. Crítica.

Indar militarrak presentzia gailena izan zuen errepresioan eta ondoko erregimen diktatorialean. Kolpe militarra eman eta handik hamar egunetara Defentsa Nazionalaren Juntak sinatutako gerra egoerak, 1948a arte iraun baitzuen, errepresioa zenbait modutan administratu eta kontrolatzea ahalbidetu zien, haien artean epaitegi militarrak nabarmendu zirelarik. Gerraondoan emakume aunitz izan ziren hiltzera kondenatuak eta exekutatuak, exekuzioen % 3 inguru. 50.000tik goiti izan ziren espetxeratuak, hori guztia judizioz kanpoko erailketak eta aipaturikoez bertze testuinguruetan gertatutako heriotzak kontuan hartu gabe[8].

Eliza katoliko espainiarrak eta bere hierarkiak Bigarren Errepublikari aurka egin zioten ezarri zen momentutik. Erakunde horrek formalki sostengatu zituen estatu kolpe militarra eta gerra; zenbait tokitan, hala nola Nafarroan, baita kolpearen aurretik ere. Erakunde horrek errepresioan izan zuen esku-hartze zuzenaren adibide dira, besteak beste, zerrendak egitea, aitormenak hil behar zituzten pertsonei, mojek espetxe barruko errepresioaren administrazioan izan zuten eginkizuna edo apezek suma-

8. Di Febo, Giuliana & Juliá, Santos (2003). *El franquismo. Una introducción*, 29-31. orr. Crítica; Nash, Mary (2015). Vencidas, represaliadas y resistentes: las mujeres bajo el orden patriarcal franquista. Casanova, Julián (arg.) *Cuarenta* años con Franco, 200. or. Crítica.

La Iglesia católica española y su jerarquía rechazaron la Segunda República desde el momento en que esta fue instaurada. Una vez llevado a cabo el golpe de Estado militar e iniciada la guerra, esta institución lo apoyó formalmente; aunque en lugares como Nafarroa ya lo venía haciendo desde los prolegómenos del mismo. La elaboración de listas, las confesiones a las personas que iban a ser asesinadas, el papel que jugaron las monjas en la administración de la represión dentro de las prisiones o la importancia de los informes realizados por los curas en los sumarios militares son algunos de los ejemplos de la participación directa de esta institución en la represión.

La reeducación en los valores tradicionales quedó en manos de la Iglesia católica que tuvo un papel principal en la educación obligatoria tanto de niños como de niñas. El Patronato de Protección a la Mujer fue regentado por órdenes religiosas y los valores de género que se imponían a través del Servicio Social de Sección Femenina tenían connotaciones religiosas. El nacionalcatolicismo enseñaba que debía honrarse a la patria en sus representantes (el caudillo en este caso), y que eran ellos la encarnación de la patria y los que tenían el poder de Dios para gobernar[10]. Además,

10. Raguer i Suñer, Hilari (2012). El Nacionalcatolicismo. En Viñas Martín, Ángel (ed.) *En el combate por la historia. La república, la Guerra*

rio militarretan egindako txostenen garrantzia.

Balio tradizionaletan berriz hezteko eginkizuna Eliza katolikoaren esku gelditu zen, zeinak funtsezko zeregina izan baitzuen haurren derrigorrezko heziketan. Erlijio-ordenak Emakumea Babesteko Patronatuaren arduradunak izan ziren, eta Sección Femenina izenekoaren Zerbitzu Sozialaren bitartez ezartzen ziren genero balioek konnotazio erlijiosoak zituzten. Nazionalkatolizismoak erakusten zuen aberria ohoratu behar zela bere ordezkarien bitartez (Franco, kasu honetan) eta haiek zirela aberriaren haragitzea, eta gobernatzeko Jainkoaren boterea zutenak[9]. Gainera, Eliza, kolpea eta hartatik sortutako estatua sostengatzeaz gain, haren parte bihurtu zen, mota guztietako eginkizunak eginez, salatzaile eta errepresiboetatik doktrinamendukoetara. Hastapenetik Elizaren eta estatuaren arteko sinbiosia ezarri zen, eta hura ez zen honen erakunde osagarria, haren parte baizik. Elizaren buruak diktadoreak izendatzen zituen eta haren apezak estatuak ordaintzen zituen. Hiru indar horien arteko sinbiosiak erregimen diktatoriala 40 urte luzez elikatu eta iraunarazi zuen.

9. Raguer i Suñer, Hilari (2012). El Nacionalcatolicismo. Viñas Martín, Ángel (arg.) *En el combate por la historia. La república, la Guerra Civil, el Franquismo*, 448-460. orr. Pasado y presente.

la Iglesia no solo apoyó el golpe y el Estado que surgió de él, sino que se convirtió en parte del mismo, realizando todo tipo de funciones, desde delatoras y represivas hasta de adoctrinamiento. Desde el principio se estableció una simbiosis entre Iglesia y Estado, no siendo aquella una institución complementaria a este sino parte del mismo. Además, sus dirigentes eran nombrados por el dictador y sus sacerdotes pagados por el Estado. La simbiosis entre estas tres fuerzas alimentó e hizo perdurar al régimen dictatorial durante 40 largos años.

Género, violencia y represiones

Antes de profundizar en el trabajo, consideramos necesario aclarar qué entendemos nosotras por los conceptos de género, violencia y represión. En cuanto a la violencia, una de las propuestas con las que más nos identificamos es la que hace Johan Galtung mediante *el triángulo de la violencia,* descripción que otras autoras han revisado y han adaptado para realizar un análisis de género[11]. En los vértices de dicho triángulo se encuentran tres formas o tipos de

Civil, el Franquismo, pp. 448-460. Pasado y presente.

11. Para entender mejor el triángulo de violencia de Galtung se pueden consultar: La Parra, Tortosa (2003). Violencia estructural: una ilustración del concepto. En *Documentación Social,* n.º 131, pp. 57-71 y Galtung, Johan (2003). *Violencia Cultural.* Gernika Gogoratuz.

Generoa, indarkeria eta errepresioak

Lanean sakondu aitzin, beharrezkotzat jotzen dugu argitzea nola ulertzen ditugun generoa, indarkeria eta errepresioa kontzeptuak. Indarkeriari dagokionez, bat egiten dugu batez ere Johan Galtung-ek *indarkeriaren triangelu* bitartez egiten duen proposamenarekin. Bertze egile batzuek deskribapen hori berrikusi eta egokitu dute, genero analisia egiteko[10]. Triangelu horren erpinetan, elkarren artean lotutako hiru indarkeria forma edo mota daude. Goiko partean edo icebergean (zati ikusgaia) indarkeria zuzena kokatzen da: izaera fisikoa, ahozkoa edo psikologikoa duten jokamoldeak edo ekintzak; haien ondorioak hautemangarriak dira, ezkutuan mantentzen ahal diren bertze batzuk sorrarazi baditzakete ere. Bigarrena, egiturazko indarkeria, menderatze sistemek eragindakoari dagokio, pertsonen beharrak asetzea uzten ez duten eta, hortaz, haien ukaziora daramaten zenbait egituraren bitartez ezarritakoa. Hirugarren tokian indarkeria kulturala dago, gure esperientziaren eremu sinbolikoan aritzen diren elementu kulturalek osatua, eta balio duena bertze bi indarkerien zilegitasun

10. Galtungen triangeluan sakontzeko: La Parra, Tortosa (2003). Violencia estructural: una ilustración del concepto. *Documentación Social,* 131, 57-71. orr. eta Galtung, Johan (2003). *Violencia Cultural.* Gernika Gogoratuz.

violencia relacionadas entre sí. En la parte superior o iceberg (parte visible) se encuentra la violencia directa: comportamientos o actos de naturaleza física, verbal o psicológica; sus efectos son perceptibles, aunque pueden provocar otros que pueden permanecer ocultos. La segunda, la violencia estructural, hace referencia a la ejercida por los sistemas de dominación a través de distintas estructuras que no permiten que se satisfagan las necesidades de las personas, y que conducen a su negación. En tercer lugar está la violencia cultural, que la forman aquellos elementos culturales que actúan en el ámbito simbólico de nuestra experiencia para crear un marco de legitimación de las otras dos violencias, para reprimir las respuestas que puedan darse y justificar su ejercicio por el perpetrador. Este marco de análisis de la violencia nos parece interesante porque la intenta comprender en todas sus dimensiones y no se centra solo en la violencia directa o visible. El régimen nacido tras el golpe militar de 1936 utilizó la violencia directa (los asesinatos, la violencia sexual, los rapados de pelo...), la violencia estructural (los encarcelamientos, los diferentes tribunales...) y la violencia cultural (la reeducación de la sociedad y de las mujeres mediante la cual se justificó un sistema de género desigual).

Respecto al concepto de represión, es difícil desligarlo del concep-

esparrua sortzeko, eman daitezkeen erantzunak erreprimitzeko eta egilearen jarduna justifikatzeko. Indarkeria aztertzeko esparru hori interesgarria iruditzen zaigu, indarkeriaren alderdi guztiak ulertzen saiatzen delako, ez bakarrik indarkeria zuzena edo ikusgaia. 1936ko kolpe militarraren ondotik sortutako erregimenak indarkeria zuzena erabili zuen (erailketak, sexu indarkeria, ilea larru-arras moztea...), baina baita egiturazko indarkeria (espetxeratzeak, epaiketak...) eta indarkeria kulturala ere (jendartearen eta emakumeen berreziketa, zainaren bitartez desberdinkeriako genero sistema justifikatu baitzen).

Errepresioaren kontzeptuari dagokionez, zaila da indarkeriaren kontzeptutik bereiztea, eta, ikusi denez, azken hori askoz zabalagoa da. Errepresioa, bere forma ezberdinak, haien erabilera... kontzeptu horren inguruko ikuspegietako batzuk dira. Errepresioaren berezko ezaugarria da boteretik gauzatzen dela, helburu zehatz batzuekin. CEAR-Euskadik erabiltzen duen definizioak argi islatzen du: «Ekintza edo ekintza multzo bat da, boteretik eragiten ohi dena, indarkeriaz jardun politiko edo sozialei eusteko edo horiek geldiarazteko edo zigortzeko [...] kontrol sozialeko mekanismoa, xede duena eliteen edo ahalmen hertsatzailea duten eragileen interesak kuestionatu edo kaltetzen dituen jardun kolektibo ororen kostuak emendatzea».

Cárcel de Mujeres de Iruñea, 1940. | Fuente: ARGN, Fondo José Galle.
Iruñeko Emakumeen Espetxea, 1940. | Iturria: NEAN, José Galle funtsa.

to de violencia, y como se ha visto, este último es mucho más amplio. La represión, sus diversas formas, su utilización... son algunos de los diferentes puntos de vista en torno a este concepto. Lo característico de la represión es que se ejerce desde el poder y con unos objetivos determinados. La definición que utiliza CEAR-Euskadi lo refleja claramente: «Acto, o conjunto de actos, ordinariamente desde el poder para contener, detener o castigar con violencia actuaciones políticas o sociales [...] mecanismo de control social cuyo objetivo es incrementar los costes de aquella acción colectiva que cuestione o perjudique los intereses de las élites o de actores con capacidad coercitiva».

XX. mendeko azken hamarkadetan hasi ziren gertaera historikoen barnean sexuen arteko harremanei so egiten eta genero faktorea analisietan gehitzen. Hala, generoak munta berria hartuko du, bizi-baldintzek eta testuinguru ekonomiko, politiko eta sozialak alda dezaketen eraikuntza kultural gisa[11]. Generoa jarrera sozial hegemoniko eta mendekoen arteko harreman hierar-

11. Abad Buil, Irene; Heredia Urzaiz, Iván & Marías Cárdenas, Sescún (2012). Castigos «de género» y violencia política en la España de posguerra. Hacia un concepto de «represión sexuada» sobre las mujeres republicanas. Ibarra Aguirregabiria, Alejandra (koord.) *No es país para jóvenes. Encuentro de jóvenes investigadores en historia contemporánea*. Universidad del País Vasco, Instituto de Historia Social Valentín Foronda.

Es en la década de los 90 cuando se empiezan a observar las relaciones entre los sexos dentro de un acontecimiento histórico y el factor género empieza a ser incorporado en los análisis. Adquiere una nueva dimensión como construcción cultural que es modificable por las condiciones de vida y por el contexto económico, político y social[12]. El género es la construcción de una relación jerárquica entre posiciones sociales hegemónicas y subordinadas. Esta relación desigual, que establece lo masculino como dominante y lo femenino como subordinado, se refleja de manera precisa en la estructura estatal y se configura como una hegemonía. Es una categoría social impuesta sobre los cuerpos sexuados. Como construcción social, en el centro de la misma está el poder; de ahí que género y poder sean dos conceptos muy difíciles de desvincular en cualquier análisis. El poder no es natural ni universal, y deja, en esas relaciones sociales de género, a unas personas en situación de inferioridad respecto de las otras[13]. Las relaciones de género sue-

12. Abad Buil, Irene; Heredia Urzaiz, Iván & Marías Cárdenas, Sescún (2012). Castigos «de género» y violencia política en la España de posguerra. Hacia un concepto de «represión sexuada» sobre las mujeres republicanas. En Ibarra Aguirregabiria, Alejandra (coord.) *No es país para jóvenes. Encuentro de jóvenes investigadores en historia contemporánea.*

13. Llona González, Miren & Aresti Esteban, Nerea (2019). Mary Nash, tras las huellas del feminismo histórico. En Ortega López, Teresa María; Aguado Higon, Ana & Hernández Sandoica,

kikoaren eraikuntza da. Harreman ezberdin honek, zeinak ezartzen baitu maskulinoa menderatzaile gisa eta femeninoa mendeko gisa, modu zehatzean du isla estatuko egituran, eta hegemonia gisara taxutzen da. Kategoria sozial bat da, gorputz sexuatuen gainean ezarria. Eraikuntza soziala den aldetik, haren erdigunean boterea dago, eta horregatik da zaila genero eta botere kontzeptuak bereizten edozein analisitan. Boterea ez da ez naturala, ezta unibertsala ere, eta generoko harreman sozialetan pertsona batzuk bertzeekiko gutxiagotasun egoeran uzten ditu[12]. Genero harremanak aldatzen ohi dira espazioaren eta denboraren arabera, eta horregatik garrantzizkoa da gogoan izatea nolakoa den eraikuntza sozial hori analizatu beharreko momentu historikoan. Kasu honetan, garrantzia hartzen dute 1936ko kolpearen ondotik sortu ziren dinamika soziopolitiko eta kulturalek. Horregatik garrantzizkoa da frankismoak ezarri zituen harremanak eta genero eredua laburki azaltzea, horrek laguntzen baitu entenditzen generoarekin zerikusia zuen errepresioa nolakoa izan zen eta nora zuzendu zen.

12. Llona González, Miren & Aresti Esteban, Nerea (2019). Mary Nash, tras las huellas del feminismo histórico. Ortega López, Teresa María; Aguado Higon, Ana & Hernández Sandoica, Elena (arg.) *Mujeres, Dones, Mulleres, Emakumeak. Estudios sobre la historia de las mujeres y del género*, 359-378. orr. Cátedra.

len variar en función del espacio y del tiempo, y por eso es importante tener presente cómo es esa construcción social en el momento histórico a analizar. En este caso adquieren importancia las dinámicas sociopolíticas y culturales que se generaron tras el golpe militar de 1936. Por eso es importante explicar brevemente las relaciones y el modelo de género que el franquismo impuso, pues esto ayuda a comprender cómo y hacia dónde se dirigió la represión que tenía que ver con el género.

Las relaciones de género se redefinieron y la asimetría de género se presentó como algo innato y natural, como un reparto equilibrado de las tareas. Se restableció el orden patriarcal, mediante el cual las mujeres pasaron a ocupar una situación de inferioridad e invisibilidad. Esta remodelación de la identidad femenina no solo pretendía restaurar un antiguo orden simbólico, sino también unas exigencias políticas, económicas y sociales determinadas[14]. Posteriormente, conforme los golpistas iban conquistando territorios se iba imponiendo un modelo normativo de feminidad y unos mecanismos de represión específicos de género dirigidos a castigar y a reeducar a aquellas mujeres transgresoras. Se impuso así

Elena (eds.) *Mujeres, Dones, Mulleres, Emakumeak. Estudios sobre la historia de las mujeres y del género*, pp. 359-378. Cátedra.

14. Di Febo, Giuliana & Juliá, Santos (2003). *El franquismo. Una introducción*, pp. 71-79. Crítica.

Genero harremanak birdefinitu ziren eta genero asimetria zerbait berezko eta natural gisa aurkeztu zen, atazen banaketa orekatu gisa. Ordena patriarkala leheneratu zen eta, haren bitartez, emakumeak gutxiagotasun eta ikusezintasun egoera betetzera pasatu ziren. Nortasun femeninoaren birmoldaketa horrek, antzinako ordena sinbolikoaz gain, eskakizun politiko, ekonomiko eta sozial zehatz batzuk ere berrezarri nahi zituen[13]. Beranduago, kolpistak lurraldeak konkistatzen joan ahala, femeninotasun eredu arautzaile bat ezarriz joan zen, bai eta generoko errepresio mekanismo berariazkoak ere, urratzaile ziren emakumeak zigortu eta berriz heztera zuzenduz. Horrela inposatu zen elementu ideologiko faxisten, tradizionalen eta nazionalkatolikoen baturan oinarritutako diskurtsoa; agintean eta hierarkian, menperatze eta mendekotasunean oinarritutakoa. Ordena berriak pribilegio maskulinoaren hierarkia sostengatzen zuen, eta, horrekin batera, emakumeen gutxiagotasuna; eta horretarako Bigarren Errepublikaren erregimen demokratikoak txertatutako eskubide berdinzaleak sistematikoki laidotuak eta arbuiatuak izan ziren[14].

13. Di Febo, Giuliana & Juliá, Santos (2003). *El franquismo. Una introducción*, 71-79. orr. Crítica.

14. Molinero i Ruiz, Carme (1998). Mujer, franquismo, fascismo. La clausura forzada en un «mundo pequeño». *Historia Social*, 30, 97-117. orr.; y Di Febo, Giuliana (2003). «Nuevo Estado,

un discurso basado en la suma de elementos ideológicos fascistas, tradicionales y nacional-católicos; en la autoridad y la jerarquía; en la dominación y la subordinación. El nuevo orden sostenía una jerarquía de privilegio masculino y una inferioridad de las mujeres; y para ello, los derechos igualitarios introducidos por el régimen democrático de la Segunda República fueron denigrados y rechazados sistemáticamente[15].

Estas relaciones de género no difirieron en los regímenes fascistas, y el antifeminismo fue su eje vertebrador. Partían de la percepción de una radical diferenciación de los sexos muy influida por el determinismo biológico. Cada sexo tenía sus funciones sociales y el concepto de familia fue el más importante como elemento central de organización de la sociedad. Así la mujer era restaurada en sus funciones tradicionales: custodia de la casa, de los afectos, cuidado de los hijos...[16]

Para el imaginario de este Nuevo Estado, el binomio de roja y mujer

15. Molinero i Ruiz, Carme (1998). Mujer, franquismo, fascismo. La clausura forzada en un «mundo pequeño». En *Historia Social*, 30, pp. 97-117; y Di Febo, Giuliana (2003). «Nuevo Estado», nacionalsocialismo y género», en Gloria Nielfa (ed.). *Mujeres y hombres de la España franquista: Sociedad, economía política, cultura*, p. 25. Universidad Complutense de Madrid; Nash, Mary (2015). Vencidas, represaliadas y resistentes: las mujeres bajo el orden patriarcal franquista. En Casanova, Julián (ed.) *Cuarenta años con Franco*, pp.190-227. Crítica.

16. Molinero i Ruiz, Carme (1998). Mujer, franquismo, fascismo. La clausura forzada en un «mundo pequeño». En *Historia Social*, 30, pp. 97-117.

Genero harreman horiek ez ziren desberdinak izan erregimen faxistetan, eta antifeminismoa izan zuten ardatz. Sexuen erabateko bereizketaren pertzepzioa zuten oinarri, eta horrek determinismo biologikoaren eragin handia zuen. Sexu bakoitzak bere eginkizun sozialak zituen, eta familiaren kontzeptua garrantzizkoena zen jendartearen antolaketarako funtsezko elementu gisa. Emakumeak, horrela, bere eginkizun tradizionalak berreskuratzen zituen: etxea, afektuak eta seme-alabak zaintzea, batik bat[15].

Estatu Berri horren irudíteriarentzat, gorri eta emakume binomioa ezarritako ordenaren subertsio bat zen; ordena soziala (gorria) eta ordena morala (emakumea) hausten zituelako. Horregatik ekin zioten emakume antifaxistak estigmatizatzeari, gorri izateak gainbehera morala eta balio katolikoen galera zekarrelako. «Etxeko erregina» eta «andre perfektua» arketipo femeninoak berreskuratu ziren, etxea eta familia arduraz zaintzera eta Espainiaren garbikuntza eta nazionalizatzearen zerbitzura egotera behartu-

nacionalsocialismo y género», Gloria Nielfa (arg.). *Mujeres y hombres de la España franquista: Sociedad, economía política, cultura*, 25. or. Universidad Complutense de Madrid; Nash Baldwin, Mary (2015). Vencidas, represaliadas y resistentes: las mujeres bajo el orden patriarcal franquista. Casanova, Julián (arg.) *Cuarenta años con Franco*, 190-227. orr. Crítica.

15. Molinero i Ruiz, Carme (1998). Mujer, franquismo, fascismo. La clausura forzada en un «mundo pequeño». *Historia Social*, 30, 97-117. orr.

suponía una subversión del orden establecido; orden social (roja) y orden moral (mujer). Se procedió así a la estigmatización de las mujeres antifascistas como rojas, como la decadencia moral y la pérdida de valores católicos. Se recuperaron los arquetipos femeninos de «reina del hogar» y de «perfecta casada», acordes al mandato de una feminidad de obligada y abnegada dedicación al hogar y a la familia, al servicio de la purificación y nacionalización de España. La imposición de este modelo y, por ende, la reeducación de las mujeres se llevó a cabo a través de los medios de comunicación, la Sección Femenina de Falange Tradicionalista y las JONS y la Acción Católica de la Mujer. En el caso de Nafarroa también jugó un papel importante en esta reeducación la rama del carlismo[17] con la agrupación de las mujeres, las conocidas como las «margaritas».

En cuanto a la represión que sufrieron las mujeres, resulta de interés el concepto de «represión sexuada» utilizado por primera vez por Maud Joly en 2002[18] y que sirve para

17. Nash, Mary (2015). Vencidas, represaliadas y resistentes: las mujeres bajo el orden patriarcal franquista. En Casanova, Julián (ed.) *Cuarenta años con Franco*, pp. 190-227. Crítica; y Piérola Narvarte, Gemma (2018). *Mujer e ideología en la dictadura franquista. Navarra 1939-1960*, p. 107. Pamiela.

18 Joly, Maud (2002). Posguerra y represión sexuada: las republicanas rapadas por los franquistas (1936-1950), En VV.AA. *Enfrontaments civils: post-*

tako eta sakrifikatutako feminitatearen aginduari jarraikiz. Eredu horren inposizioa eta, hortaz, emakumeen berreziketa, hedabideen, Falange Tradicionalista y de las JONSen Sección Femenina-ren eta Acción Católica de la Mujer-en bitartez gauzatu zen. Nafarroan, berreziketa horretan egitekizun garrantzizkoa izan zuen karlismoaren adarrak[16], «margaritak» izenaz ezagututako emakumeen elkartearekin.

Emakumeek pairatu zuten errepresioari dagokionez, interesgarria suertatzen da «errepresio sexuatua» kontzeptua, Maud Joly-k 2002an[17] lehen aldiz erabil zuena. Zigorraren espezifikotasun horretaz, emakume izateagatik haiengan eragindako indarkeria horretaz mintzatzeko balio du. Kontzeptu horren barruan sartzen da haien askatasuna, duintasuna, segurtasuna, intimitatea eta integritate moral eta/edo fisikoa[18]

16. Nash Baldwin, Mary (2015). Vencidas, represaliadas y resistentes: las mujeres bajo el orden patriarcal franquista. Casanova, Julián (arg.) *Cuarenta años con Franco*, or 190-227. Crítica; eta Pierola Narvarte, Gemma (2018). *Mujer e ideología en la dictadura franquista. Navarra 1939-1960*, 107. or. Pamiela.

17. Joly, Maud (2002). Posguerra y represión sexuada: las republicanas rapadas por los franquistas (1936-1950), HH.EE. *Enfrontaments civils: postguerras i reconstruccions*, Actas del II Congreso de Investigación, 47, 910-921. orr. Asociación Recerques: Historia, Economía, Cultura.

18. Kelly, Liz (2000). Wars againts Women: Sexual Violence, Sexual Politics and the militarised State. Jacobs, Susie; Jacobson, Ruth & Marchbank, Jennifer (arg.) *States of Conflict: Gender, Violence and Resistance*, 45. or. ZedBooks. Itzulpena hemendik hartu dugu: Prada Rodriguez,

hablar de esa especificidad del castigo, de esa violencia ejercida sobre las mujeres por el hecho de serlo, donde se incluye todo ataque material y simbólico que afecte a su libertad, dignidad, seguridad, intimidad e integridad moral y/o física[19]; esto es, las violencias directa, estructural y cultural mencionadas anteriormente.

El debate teórico en torno a la represión que sufrieron las mujeres también es amplio, pero en lo que sí parece haber coincidencia es en que el carácter sexuado que tuvo esa represión se caracterizó por un perfil político y de género. Se trataba de un doble castigo contra una postura republicana y contra una transgresión a las normas de género, esto es, un castigo por su compromiso antifascista, por su intento de modernización y de ruptura con los patrones de género[20]. La violencia por motivos políticos la sufrieron los hombres y las muje-

guerras i reconstruccions, Actas del II Congreso de Investigación, n.º 47, pp. 910-921. Asociación Recerques: Historia, Economía, Cultura.

19. Kelly, Liz (2000). Wars againts Women: Sexual Violence, Sexual Politics and the militarised State. En Jacobs, Susie; Jacobson, Ruth & Marchbank, Jennifer (eds.) *States of Conflict: Gender, Violence and Resistance,* p. 45. Zed Books. La traducción la hemos tomado de Prada Rodriguez, Julio (2021). «Me pusieron tan bonita que tengo que enseñarme...»: Víctimas, cómplices y verdugos de la represión sexuada en la retaguardia franquista. En Conxita Mir, Ángela Cenarro (eds.) *Mujeres, género y violencia en la guerra civil y la dictadura de Franco,* pp. 45-86. Tirant lo Blanch.

20. Nash, Mary (2015). Vencidas, represaliadas y resistentes: las mujeres bajo el orden patriarcal franquista. En Casanova, Julián (ed.) *Cuarenta años con franco,* pp. 198-199. Crítica.

ukitzen dituen eraso material eta sinboliko oro; hots, arestian aipatutako indarkeria zuzenak, egiturazkoak eta kulturalak.

Emakumeek jasan zuten errepresioaren inguruko eztabaida teorikoa ere zabala da, baina bada kointzidentzia bat: errepresio horrek izan zuen izaera sexuatuak profil politikoa eta generokoa izan zuen ezaugarri. Zigor bikoitza ezartzen zitzaien, jarrera errepublikarra izateagatik eta genero arauak urratzeagatik; hau da, haien konpromiso antifaxistarengatik, eta modernizatzen eta genero ereduekin hausten saiatzeagatik[19]. Arrazoi politikoengatik, gizonek eta emakumeek jasan zuten errepresioa, baina generoarengatik, emakumeek bakarrik, salbuespenen bat izan arren, zenbait gizonek ere pairatu baitzuten, sexu nortasuna eta orientazioa zirela kausa. Edonola ere, emakumeak ez ziren kolektibo homogeneoa izan, eta kontuan hartu beharreko egoera eta esperientzia askotarikoak izan ziren, klase sozialarekin, sinesmen erlijio-

Julio (2021). «Me pusieron tan bonita que tengo que enseñarme...»: Víctimas, cómplices y verdugos de la represión sexuada en la retaguardia franquista. Conxita Mir, Ángela Cenarro (arg.) *Mujeres, género y violencia en la guerra civil y la dictadura de Franco,* 45-86. orr. Tirant lo Blanch.

19. Nash, Mary (2015). Vencidas, represaliadas y resistentes: las mujeres bajo el orden patriarcal franquista. En Casanova, Julián (arg.) *Cuarenta años con franco,* 198-199. orr. Crítica.

res, pero la específica de género solo las mujeres, con alguna excepción, dado que algunos hombres también la sufrieron, por motivos de identidad y de orientación sexual. En cualquier caso, las mujeres no fueron un colectivo homogéneo y hubo también una pluralidad de situaciones y de experiencias a considerar, en relación con la clase social, las creencias religiosas, la militancia política...

Fueron diferentes las formas de represión sexuada, pero siempre tenían un componente altamente simbólico: rapados de pelo, ingestión de aceite de ricino, limpieza de iglesias y cuarteles de la Guardia Civil, paseos humillantes, agresiones sexuales... Estos mecanismos represivos atacaban directamente elementos característicos de la feminidad o del sexo y tenían un sentido de purificación y de apropiación simbólica del cuerpo de la mujer[21].

Otro elemento de esa especificidad de represión que señalan diferentes autoras y que se puede observar en esta investigación es el carácter subsidiario debido a actos ajenos a ellas. Muchas fueron represaliadas por asociación, esto es, por ser esposas, hijas o madres de sus familiares

21. Ginard, David. (2013) Represión y especificidad de género: en torno a la violencia política contra las mujeres en la España del primer franquismo. En Nash, Mary (ed.) *Represión, resistencias, memoria: las mujeres bajo la dictadura franquista*, pp. 23-36. Comares; Piérola Narvarte, Gemma (2018). *Mujer e ideología en la dictadura franquista. Navarra 1939-1960*. Pamiela.

soekin edo militantzia politikoarekin lotutakoak, besteak beste.

Errepresio sexuatuaren formak askotarikoak izan ziren, baina beti osagai sinboliko handia zuten: ilea larru-arras moztea, errizino-olioa irenstera behartzea, elizak eta Guardia Zibilaren kuartelak garbiaraztea, ibilaldi umiliagarriak, sexu erasoak... Errepresio mekanismo horiek zuzenean erasotzen zituzten feminitatearen edo sexuaren berezko elementuak, eta emakumearen gorputza garbitzearen eta jabetze sinbolikoaren zentzua zuten[20].

Zenbait autorek aipatzen duten eta ikerketa honetan ikus daitekeen errepresio espezifikotasun horren bertze elementu bat izaera subsidiarioa da, haienak ez ziren ekintzengatik. Aunitz errepresaliatuak izan ziren elkartze baten ondorioz, hau da, gizon gorri eta errepublikarren emazteak, alabak edo amak izateagatik[21]. Hori argi eta garbi ikus daiteke Erantzukizun Politikoen Epai-

20. Ginard, David (2013). Represión y especificidad de género: en torno a la violencia política contra las mujeres en la España del primer franquismo. Nash, Mary (arg.) *Represión, resistencias, memoria: las mujeres bajo la dictadura franquista*, 23-36. orr. Comares; Pierola Narvarte, Gemma (2018). *Mujer e ideología en la dictadura franquista. Navarra 1939-1960*. Pamiela.

21. Nash, Mary (2015). Vencidas, represaliadas y resistentes: las mujeres bajo el orden patriarcal franquista. Casanova, Julián (arg.) *Cuarenta años con Franco*, 199. or. Crítica; Mir Curcó, Conxita (2021). La presencia de las mujeres en la represión franquista. Mir, Conxita & Cenarro, Ángela (arg.) *Mujeres, Género y Violencia en la Guerra Civil y la Dictadura de Franco*, 13-42. orr.

varones rojos y republicanos[22]. Esto se puede ver claramente en la represión económica sufrida a través de los Tribunales de Responsabilidades Políticas y en los consejos de guerra. Muchas mujeres tuvieron que afrontar expolios, multas económicas... e incluso la muerte, por actividades que habían realizado sus maridos y/o hermanos varones y familiares. Es el ejemplo de Rufina Pérez Castillo, vecina de Azagra. Tantas veces habían ido a su casa en búsqueda de su marido huido, Cándido Pascual, que un día los matones no tuvieron más paciencia y se la llevaron; la asesinaron en Pradejón.

Por último, existió un modo de reprimir a todas las mujeres mediante el control social: el control de la educación, la manera de vestir, sus actividades laborales, sus relaciones dentro del matrimonio... Todo ello, para imponer unos mandatos de género; los modelos de esposa y de mujer descritos anteriormente[23].

22. Nash, Mary (2015). Vencidas, represaliadas y resistentes: las mujeres bajo el orden patriarcal franquista. En Casanova, Julián (ed.) *Cuarenta años con Franco*, p. 199. Crítica; Mir Curcó, Conxita (2021). La presencia de las mujeres en la represión franquista. En Mir, Conxita & Cenarro, Ángela (eds.) *Mujeres, Género y Violencia en la Guerra Civil y la Dictadura de Franco*, pp. 13-42.

23. Moreno Seco, Mónica (2013). La dictadura franquista y la represión de las mujeres. En Nash, Mary (ed.) *Represión, resistencia, memoria. Las mujeres bajo la dictadura franquista*, pp.1-21.

tegien bidez eta gerra kontseiluetan jasandako errepresio ekonomikoan. Emakume aunitzek aurre egin behar izan zieten espoliazioei, isun ekonomikoei... are, heriotzari, haien senarrek eta/edo anaiek eta ahaideek egin zituzten jarduerengatik. Rufina Perez Castilloren adibidea dugu. Azagrako auzokidea, Candido Pascual senar iheslariaren bila etxera horrenbertze aldiz joan ondoren, egun batean matoiek ez zuten pazientzia gehiagorik izan eta emaztea eraman zuten; Pradejonen hil zuten.

Azkenik, emakume guztiak erreprimitzeko modu bat izan zen kontrol soziala: heziketaren, janzkeraren, lan harremanen, ezkontza barruko harremanen... kontrola. Hori guztia genero agindu batzuk ezartzeko; arestian deskribatutako emazte eta emakume ereduak ezartzeko, alegia[22].

Hitz batean, errepresio espezifiko hori «Estatu Berriak» zuen emakume nozioaren arabera ezarri zen, eta zigorrak gauzatu ziren genero izaeragatik, jarrera politikoagatik edo emakume horiek bertze errepresaliatuekin zuten familia harremanagatik. Zigorrak, gehienetan, gizonezkoek gauzatu zituzten.

22. Moreno Seco, Mónica (2013). La dictadura franquista y la represión de las mujeres. Nash, Mary (arg.) *Represión, resistencia, memoria. Las mujeres bajo la dictadura franquista*, 1-21. orr.

En conclusión, esta represión específica se estableció en función de la noción de mujer que tenía el «Nuevo Estado» y los castigos fueron llevados a cabo por la condición de género, el posicionamiento político o la relación familiar de estas mujeres con otros represaliados. Castigos que fueron ejecutados mayoritariamente por hombres.

Represiones en Nafarroa

El entramado represivo, sus diferentes formas de ejecución y, sobre todo, sus consecuencias han sido un tema de interés desde los primeros trabajos realizados en la década de los 80 del siglo pasado en Nafarroa.

El pionero trabajo iniciado por José María Jimeno Jurío durante los últimos años de la dictadura militar podría considerarse el punto de partida en la recuperación de la memoria de lo acaecido a partir de 1936 en Nafarroa. A la par de estos primeros acercamientos a su pasado más cercano también se produjeron las primeras exhumaciones, muchas de ellas realizadas de manera clandestina por familiares de las personas represaliadas. Muchas de estas se realizaron entre 1978 y 1980, por parte de las familias de las víctimas, que recuperaron más de 2.000 cuerpos, según algunas informaciones. A inicios del siglo XXI se retomaron estas labores de búsqueda y exhuma-

Errepresioak Nafarroan

Egitura errepresiboa, hura gauzatzeko moduak eta, batez ere, haien ondorioak, intereseko gaia izan dira Nafarroan, batik bat joan den mendeko 80ko hamarkadan egindako lehen lanez geroztik.

Jose Maria Jimeno Juriok diktadura militarraren azken urteetan hasitako lan aitzindaria abiapuntutzat har liteke Nafarroan 1936tik aitzina gertatutakoaren memoria berreskuratzeko bidean. Iragan hurbilagora lehen hurreratze horiekin batera, lehendabiziko desobiratzeak ere egin ziren, haietako aunitz pertsona errepresaliatuen ahaideek modu klandestinoan eginak. Horietako aunitz 1978tik 1980ra bitarte gauzatu zituzten biktimen senideek, eta, zenbait informazioren arabera, 2.000tik goiti gorpu berreskuratu ziren. XXI. mende hasieran, bilaketa eta desobiratze lan horiei berriz ekin zitzaien eta, gaur egun, horretan dihardute[23]. Halaber, 1986an, *Navarra 1936. De la esperanza al terror* lan kolektiboa argitaratu zen, errepresioa Nafarroan ulertzeko oinarrizko zutabea eta ondorengo ikerketa eta ekimenen abiapuntua izanen zena[24].

23. Franco hil ondorengo lehen urte horietan egindako desobiratze batzuk liburu honetan agertzen dira: Gastón Aguas, José Miguel & Layana Ilundain, Cesar (2019). *Bajo tierra. Exhumaciones en Navarra/Lurazpian. Desobiratzeak Nafarroan. 1939-2019*. Gobierno de Navarra.

24. Altaffaylla (2018). *Navarra 1936. De la esperanza al terror*. Altaffaylla Kultur Taldea.

ción que se siguen realizando hoy en día[24]. Asimismo, en 1986, se publicó el trabajo colectivo *Navarra 1936. De la esperanza al terror*, pilar fundamental para entender la represión en Nafarroa y el punto de partida de investigaciones e iniciativas posteriores[25].

Esta voluntad por recuperar la memoria, puesta en marcha desde la sociedad civil, fue cristalizando en la creación de diferentes grupos. Durante las últimas décadas del siglo xx y primeras del xxi nacieron multitud de asociaciones, colectivos e iniciativas que abordaban la memoria del pasado. La labor incesante realizada por estas personas desde diferentes lugares impulsó la implicación de las instituciones públicas en temas relacionados con la memoria y la represión. Sin esta labor no se pueden entender los pasos que se dieron y se siguen dando en este ámbito.

El siguiente hito en la investigación de la represión en Nafarroa fue la creación, en 2011, del FDMHN mediante un acuerdo entre el Parlamento de Nafarroa y la UPNA, que lleva trabajando más de diez años en la investigación, el cotejo de distintas fuentes, la reflexión sobre la tipología

24. Varias de las exhumaciones que se realizaron en esos primeros años tras la muerte de Franco aparecen en Gastón Aguas, José Miguel & Layana Ilundain, Cesar (2019). *Bajo tierra. Exhumaciones en Navarra/Lur azpian. Desobiratzeak Nafarroan. 1939-2019*. Gobierno de Navarra.

25. Altaffaylla (2018). *Navarra 1936. De la esperanza al terror.* Altaffaylla Kultur Taldea.

Memoria berreskuratzeko borondate hori, jendarte zibilak martxan paratua, zenbait talderen sorreran zertu zen. xx. mendeko azken hamarkadetan eta xxi. mendeko hasierakoetan, iraganaren memoriari ekin zioten elkarte, kolektibo eta ekimen aunitz sortu ziren. Pertsona horiek, hainbat lekutatik, egindako lan etengabeak bultzatu zuen erakunde publikoen inplikazioa memoria eta errepresioarekin lotutako gaietan. Lan hori gabe, ezin daitezke ulertu eremu horretan egin ziren eta egiten ari diren urratsak.

Nafarroako errepresioaren ikerketan ondoko mugarria izan zen NOHDFren sorrera, 2011n, Nafarroako Parlamentuaren eta NUPen arteko hitzarmen baten bitartez. Hamar urtetik goiti eman dute ikertzen, askotariko iturrietan erkatzen, tipologia errepresiboaren gainean hausnartzen... Lan horrek ahalbidetu du Nafarroan, 1936tik 1975era arte, izandako errepresioaren biktimak zenbatzeko lan nekezan aurrera egitea, kontuan hartuta Nafarroako biztanleen aurka eta, egoiliar ez izan arren, probintzia honetan hil zirenen aurka gauzatu zen errepresio (edo ekintza errepresibo) tipologia anitzak.

Heriotza ondorio duen errepresioa aztertzeko, lan honek xede duena, interesgarria da NOHDFk egiten duen bereizketa. Horretarako hiru tipologia ezberdintzen ditu: erailketak (hemen sartzen dira prozedura judizialen barruan zein

represiva... Dicho trabajo ha permitido un acercamiento a la ardua labor de cuantificación de víctimas de la represión en Nafarroa desde el año 1936 hasta el 1975, teniendo en cuenta las diferentes tipologías de represión (o hechos represivos) desatadas contra personas vecinas de Nafarroa y contra personas no residentes, pero que fallecieron en esta provincia.

Para un análisis de la represión con resultado de muerte que tiene como objetivo este trabajo es interesante la distinción que hace el FDMHN. Para ello se vale de tres tipologías: los asesinatos (aquí se incluyen los cometidos al margen de procedimientos judiciales y los que se dieron dentro de dichos procedimientos); las muertes en cautividad (se incluye a las personas que murieron como consecuencia del encierro: enfermedades, suicidios, muertes producidas en el momento de la captura...); y, por último, las muertes en otros contextos represivos (aquellas que no fueron consecuencia directa de la violencia política, como las acaecidas al cruzar las líneas para unirse a las fuerzas republicanas, los suicidios y las muertes que se dieron en el marco de actividades resistentes)[26].

26. Majuelo Gil, Emilio; Mendiola Gonzalo, Fernando et al. (2021). «Fallecido a consecuencia de la pasada lucha nacional contra el marxismo». Víctimas mortales de la represión en Navarra (1936-1975). En *Memòria antifranquista del baix llobregat. La represión franquista en Euskadi y Navarra*, n.º 21, pp. 69-74.

horietatik kanpo gauzatutakoak), heriotzak gatibualdian (preso egotearen ondoriozkoak: eritasunak, suizidioak, atzemate momentuan gertatutako heriotzak...) eta, azkenik, bertze testuinguru errepresibo batzuetan gertatutako heriotzak (indarkeria politikoaren ondorio zuzena izan ez zirenak, bertzeak bertze, indar errepublikarrekin bat egiteko lerroak gurutzatzerakoan gertatutakoak, erresistentzia jardunetan gertatu ziren suizidioak eta heriotzak)[25].

Funtsak 3.490 heriotza zenbatu ditu[26] (3.438 gizon eta 52 emakume), horietatik % 84 1936an jazotakoak. Erribera Garaia da heriotza portzentaje handiena duen eskualdea eta, ondotik, Tuterako Erribera. Hurrengo eskualde zigortuenak Erdialdea, Iruñea eta Lizarrerria izan ziren. Nafarroa, non ez baitzen gerra fronterik izan, lehen momentutik gelditu zen Errepublikaren aurka altxatutako bandoaren mende, eta horrela, oso errepresio latza hasi zen: 3.000tik goiti pertsonaren erailke-

25. Majuelo Gil, Emilio; Mendiola Gonzalo, Fernando et al. (2021). «Fallecido a consecuencia de la pasada lucha nacional contra el marxismo». Víctimas mortales de la represión en Navarra (1936-1975). *Memòria antifranquista del baix-llobregat. La represión franquista en Euskadi y Navarra*, 21, 69-74. orr.

26. INE Espainiako Estatistika Institutu Nazionalaren arabera, Nafarroan, 1930ean, 348.883 pertsona bizi ziren guztira; beraz, orain arte egindako ikerketen arabera, Nafarroako biztanleariaren % 1 inguru errepresioaren ondorioz hil zen. Informazioa hemen eskura daiteke: https://www.ine.es/jaxiT3/Tabla.htm?t=2852

El fondo ha contabilizado 3.490 muertes[27] (3.438 hombres y 52 mujeres), el 84 % de ellas en 1936. La Ribera Alta es la comarca con mayor porcentaje de muertes, seguida de la Ribera tudelana. Las siguientes comarcas más castigadas fueron la Zona Media, Iruñea y Lizarrerria. Nafarroa, donde no hubo frente de guerra, quedó bajo las disposiciones del bando alzado contra la República desde el primer momento, y se inició así una durísima represión: el asesinato de más de 3.000 personas; la detención de varios miles más; la destitución de centenares de personas funcionarias y empleadas públicas (con gran incidencia en el magisterio); la incoación de más de 800 expedientes de responsabilidades políticas; la salida al exilio de centenares de personas...

Tras el trabajo impulsado desde el ámbito académico, se pusieron en marcha políticas públicas relacionadas con la memoria. En 2018 se creó el Instituto Navarro de la Memoria[28], aunque ya desde el 2015 se venían implementando políticas públicas en este ámbito. Dentro de las mismas está el Centro de Documentación de la Memoria, que recoge testimonios, archivos personales, fotografías, cartas; milaka gehiagoren atxilotzeak; ehunka funtzionario eta langile publikoren kargugabetzeak (eragin handiarekin irakaslerian); erantzukizun politikoen 800etik goiti espediente; ehunka pertsonaren erbesteratzea...

27. Para hacerse una idea, según el INE, la población total en Nafarroa en 1930 era de 348.883 personas, por lo que se puede estimar, según las investigaciones hechas hasta el momento, que en torno al 1 % de la población navarra fue víctima de la represión con resultado de muerte. Información disponible en: https://www.ine.es/jaxiT3/Tabla.htm?t=2852

28. De aquí en adelante, INM.

Eremu akademikotik sustatutako lanaren ondotik, memoriarekin lotutako politika publikoak paratu ziren martxan. 2018an Nafarroako Memoriaren Institutua sortu zen[27], nahiz eta eremu horretan 2015etik ari ziren politika publikoak ezartzen. Horien barruan Memoriaren Dokumentazio Zentroa dago, lekukotzak, artxibo pertsonalak, argazkiak, eskutitzak eta beste biltzen dituena. Memoria historikoan ikerketa sustatzea da organismo publiko horren bertze lan ardatz bat, baita dibulgazio lana ere. Hori guztia bilduta dago *Oroibidea* proiektuan, NOHDFrekin egindako lana ere biltzen duena.

Nolanahi ere, emakume nafarrek eta Nafarroan bizitokia zutenek jasan zuten errepresioa orain arte gauzatutako lan batzuetan kontuan hartua izan bada ere, ez da gertatu bertze probintzia batzuetako proportzio berean. Hori horrela, NOHDFk kategoria bat sortu zuen emakumeengana espezifikoki zuzendutako errepresioa jasotzeko. Etengabe gaurkotzen ari diren datuak izan arren, balio dute lehen hurbilpen bat egiteko, Gerra Zibilean eta erregi-

27. Hemendik aurrera, NMI.

tas... La promoción de la investigación en memoria histórica es otro de los ejes de trabajo de dicho organismo público, así como la labor de divulgación. Todo ello está aglutinado en el proyecto *Oroibidea* que incluye el trabajo realizado con en FDMH.

De todos modos, si bien la represión que sufrieron las mujeres navarras y las que residían en Nafarroa ha sido tenida en cuenta en algunos de los trabajos realizados hasta la fecha, esto no se ha dado en la misma proporción que en otras provincias. A estos efectos, el FDMHN ya incluyó una categoría represiva que contemplaba la represión dirigida específicamente hacia las mujeres. Aunque son datos en constante actualización sirven para tener un primer acercamiento sobre qué supuso la represión sexuada en Nafarroa durante la Guerra Civil y el régimen dictatorial.

Finalmente, como ya se ha explicado anteriormente, esta base de datos recoge un total de 52 mujeres muertas en Nafarroa entre 1936 y 1975 frente a 3.438 hombres. Esta gran diferencia probablemente se deba a que la represión dirigida hacia las mujeres tuvo una función ejemplarizante y no de aniquilamiento como la dirigida hacia los hombres[29].

29. Piérola Narvarte, Gemma (2021). La represión de las mujeres durante el franquismo en Navarra. En *Baix Llobregat. La represión franquista en Euskadi y Navarra*, pp. 75-80.

men diktatorialean errepresio sexuatuak Nafarroan suposatu zuena ezagutzeko.

Azkenik, arestian azaldu bezala, datu base horrek Nafarroan 1936tik 1975era hildako 52 emakume biltzen ditu osotara, 3.438 gizonen aurrean. Alde handi hori, segur aski, izan daiteke emakumeengana zuzendutako errepresioak eginkizun eredugarria izan zuelako, gizonengana zuzendutakoa suntsitzekoa zen bitartean[28].

Errepresio sexuatua

NOHDFk errepresio mota hau «genero erasoa-sexudun biolentzia» kategoriaren bitartez biltzen du. 669 kasu bilduta, 663 dira emakumeek jasandakoak eta sei gizonek jasandakoak, baina, agian, gehiago izanen ziren, zenbatzen zaila den errepresio mota bat delako, ohiko jardunbidea baitzen, eta ez zuen aztarna dokumentalik uzten. NOHDFren datuetatik erdietsitako ondoko taula honetan ikus daitezke indarkeria sexuatuari jarraikiz bereizitako datuak Nafarroan:

28. Pierola Narvarte, Gemma (2021). La represión de las mujeres durante el franquismo en Navarra. *Baix Llobregat. La represión franquista en Euskadi y Navarra*, 75-80. orr.

Represión sexuada

El FDMH incluye este tipo de represión mediante la categoría «agresiones de género-violencia sexuada», que arroja 669 casos recogidos, 663 sufridos por mujeres y seis sufridos por hombres; pero probablemente habrían sido más porque es un tipo de represión muy difícil de cuantificar dado que era una práctica habitual y que no dejaba vestigios documentales. En la siguiente tabla obtenida de los datos del FDMH se pueden observar los datos desagregados en función del tipo de violencia sexuada en Nafarroa:

	Mujeres	Hombres	Total
Agresiones sexuales	11	0	11
Paseos humillantes	100	5	105
Rapados de pelo	558	0	558
Total	669	5	674

Los ejemplos más estudiados y que más se recogen en las investigaciones, dada la dureza de los mismos, quizá sean los relacionados con la violencia sexual (violaciones, agresiones sexuales...) y los relacionados con la violencia simbólica (rapados de pelo, ingesta de aceite de ricino...).

En este sentido, es necesario señalar que la violencia sexual siempre es un mecanismo utilizado en toda guerra y conflicto para forzar a las mujeres a vivir en una situación de inferioridad y de subordinación. Su

	Emakumeak	Gizonak	Osotara
Sexu erasoak	11	0	11
Ibilaldi umiliagarriak	100	5	105
Ilea larru-arras moztea	558	0	558
Osotara	669	5	674

Agian, ikerketetan gehien aztertutako eta bildutako adibideak, haien gogortasuna dela kausa, sexu indarkeriari lotutakoak dira (bortxatzeak, sexu erasoak...) eta indarkeria sinbolikoari lotuak (ilea larru-arras moztea, errizino olioa irentsi araztea...).

Ildo honetatik, beharrezkoa da nabarmentzea sexu indarkeria gerra eta gatazka orotan erabilitako mekanismoa dela, emakumeak gutxiagotasun eta mendekotasun egoeran bizitzera behartzeko. Menperatze jardun bat da, biktima menderatu gogo duena izaera sexualeko indar-ekintzen bitartez. Indarkeria hori asetzea botere-harremanean datza. Indarkeria mota hori kontrol patriarkalaren forma hedatuena eta eraginkorrena da, eta, aldi berean, emakumeen bizitza mindu eta mugatzen du[29]. Parado-

29. Prada Rodríguez, Julio (2017). La violencia sexuada sobre las mujeres en la retaguardia franquista. De Juana López, Jesús & Prada Rodríguez, Julio (arg.) *Nuevas perspectivas en el estudio de la mujer durante el franquismo*, 154. or. Sílex; Kelly, Liz (2000). Wars against women: Sexual violence, sexual politics and militarised state. Kelly, Liz. *States of conflict: Gender Violence, and Resistance*, 45. or. Zedbooks.

realización es una actividad de dominación que pretende el sometimiento de la víctima a través de un acto de fuerza de naturaleza sexual. La satisfacción de esta violencia reside en la relación de poder. Este tipo de violencia se considera la forma más extensa y efectiva del control patriarcal que al mismo tiempo daña y limita la vida de las mujeres[30]. Lo paradójico ha sido que, a pesar de mantenerse en silencio, el eco de una agresión sexual traspasaba el ámbito de las aldeas, los municipios... y alcanzaba comarcas enteras. Esto servía para los objetivos planteados por quienes se alzaron contra la legalidad republicana: «castigar al enemigo», paralizar toda muestra de resistencia y promover la colaboración activa de la población.

En el caso navarro, varias mujeres sufrieron este tipo de violencia sexual. El más conocido es el de Maravillas Lamberto Yoldi, nacida en Larraga en 1922 y asesinada junto a su padre Vicente en 1936. Maravillas fue agredida sexualmente delante de su padre antes de ser asesinada. Después llevaron a los dos en un camión y, tras matar a su padre en un paraje de Iru-

30. Prada Rodríguez, Julio (2017). La violencia sexuada sobre las mujeres en la retaguardia franquista. En de Juana López, Jesús & Prada Rodríguez, Julio (eds.) *Nuevas perspectivas en el estudio de la mujer durante el franquismo*, p. 154. Sílex; Kelly, Liz (2000). Wars against women: Sexual violence, sexual politics and militarised state. En Kelly, Liz. *States of conflict: Gender Violence, and Resistance*, p. 45. Zed Books.

xikoena zera da: isilean mantendu arren, herrixken, udalerrien... eremuak zeharkatu eta eskualde osoak hartzen zituen. Horrek balio zuen legezkotasun errepublikarraren aurka matxinatu zirenek planteatutako helburuetarako: «etsaia zigortu», erresistentzia agerraldi oro geldiarazi eta populazioaren lankidetza sustatu.

Nafarroako kasuan, zenbait emakumek jasan zuten sexu indarkeria mota hori. Ezagunena Maravillas Lamberto Yoldirena dugu. Larragan 1922an sortu zen eta 1936an hil zuten, haren aita Vicenterekin batera. Erail aitzin, sexualki eraso zuten haren aitaren aitzinean. Ondoren, biak kamioi batean eraman zituzten eta, haren aita Deierriko Iruñuelako paraje batean hil eta gero, metro batzuk aitzinago, berriro bortxatu eta hil zuten Maravillas. Egun batzuk beranduago, gorpua deskonposizio egoeran aurkitu zuten eta han bertan erretzea erabaki zuten. Hilketa horien ondotik, ama hiru egunez atxilotu zuten, eta hori aprobetxatuz, familiari zuen guztia ebatsi zioten. Maravillasen ama eta ahizpak pobrezian gelditu eta Iruñera joan ziren. Alabak «Auxilio Social» izenekoan sartu zituzten. Josefinak urte aunitz Pakistanen eman zituen, moja gisa, 67 urterekin Iruñera itzuli zen arte. Orduz geroztik, Pilar ahizpa bezala, memoria historikoaren aldeko borrokan aritu zen urte aunitzez.

ñuela Deierri, unos metros más adelante, volvieron a abusar de ella y la asesinaron. Días más tarde el cuerpo fue descubierto en un avanzado estado de descomposición y decidieron quemarlo allí mismo. Tras estos asesinatos la madre fue detenida durante tres días, momento en el cual aprovecharon para llevarse todo lo que tenía la familia. La madre y las hermanas de Maravillas quedaron en la indigencia y se fueron a Iruñea, y las hijas entraron en el Auxilio Social. Josefina pasó muchos años en Pakistán como monja hasta que volvió a Iruñea con 67 años. Desde entonces fue una luchadora en favor de la memoria histórica, como lo fue su hermana Pilar, durante muchos años.

También el caso de Carmen Lafraya Fernández, nacida en Alesbes (Villafranca) y a la que le raparon el pelo 27 días antes de ser agredida sexualmente delante de su padre, miembro de la UGT. Fueron asesinados padre e hija en Cadreita. Al parecer, según varios testimonios, el cura coadjutor de la iglesia, Luis Igoa, estuvo presente en todo momento.

Otra de las expresiones de represión sexuada contra las mujeres, quizá la más utilizada en diferentes períodos históricos, es el rapado de pelo, práctica sistemática llevada a cabo por los golpistas y usada también en Nafarroa. Este castigo se empezó a realizar por influencia del fascismo italiano y fue incorporado por la Falange y las JONS, pero ciertamente es una práctica que aparece documentada ya en la Biblia,

Orobat, Carmen Lafraya Fernandezen kasua dugu. Alesbesen sortua, ilea larru-arras moztu zioten haren aitaren aitzinean (UGTko kidea bera), sexualki eraso baino 27 egun lehenago. Aita eta alaba Cadreitan hil zituzten. Lekukotza batzuek diotenez, elizako apez lagunkidea, Luis Igoa, han egon zen denbora guzian.

Emakumeen aurkako errepresio sexuatuaren bertze adierazpen bat, segur aski garai historiko guztietan erabiliena, ilea larru-arras moztea da, kolpistek gauzatutako jardun sistematikoa eta Nafarroan ere erabilia. Zigor hori aplikatzen hasi zen faxismo italiarraren eraginez, eta Falange y de las JONSek bere egin zuen. Baina, egia erranda, jardun hori dokumentaturik agertzen da dagoeneko Biblian, bisigodoen artean eta Erdi Aroan, emakume adulteriogileen aurka. XX. mendeko lehen erdialdean Alemanian, Frantzian, Italian, Herbehereetan eta Norvegian gauzatu zuten[30].

Jardun horrek hedadura handia izan zuen eta, kasu aunitzetan, lagun ohi zituen ibilaldi edo erakuste publikoa, errizino olioa irentsi araztea edo, are, tratu txar fisikoa. Nortasun femeninoaren suntsiketa zen horren helburuetako bat, eta, orobat, garai hartan nagusi ziren eginkizunak urratu zituzten emaku-

30. Prada Rodríguez, Julio (2017). Escarmentar a algunas disciplinar a las demás. Mujer, violencia y represión sexuada en la retaguardia sublevada. *Historia Social*, 87, 67-83. orr.

entre los visigodos y durante la Edad Media contra las mujeres adúlteras. En la primera mitad del siglo xx se llevó a cabo en Alemania, Francia, Italia, Países Bajos y Noruega[31].

Esta práctica tuvo una gran extensión y en muchos casos solía ir acompañada de un paseo o de exposición pública, ingestión de aceite de ricino o incluso maltrato físico. La destrucción de la identidad femenina era uno de sus objetivos, pero también lo era señalar a las mujeres que habían transgredido los roles de género dominantes durante aquella época y a las mujeres que tuvieron un protagonismo político (las obreras, las comprometidas y activas, las maquis, las intelectuales, las que apoyaron a los presos...). La parálisis que producía en la disidencia era el paso previo a la reeducación. Escarmentando a algunas se conseguía disciplinar a las demás[32]. En algunos casos también parece que pudo ser más una manera de castigar al esposo, al hijo o al hermano que a la propia víctima del acto, otro ejemplo más del carácter subsidiario de la represión ejercida contra las mujeres.

Los testimonios orales son la fuente principal, si no la única, que constata este tipo de represión y el recuerdo de aquello quedó grabado de tal

31. Prada Rodríguez, Julio (2017). Escarmentar a algunas disciplinar a las demás. Mujer, violencia y represión sexuada en la retaguardia sublevada. En *Historia Social*, n.º 87, pp. 67-83.

32. Ibidem.

meak eta protagonismo politikoa izan zutenak seinalatzea (langileak, konprometituak eta aktiboak, makiak, intelektualak, presoak sostengatu zituztenak...). Disidentzian sorrarazten zuen paralisia berreziketaren aldez aurreko urratsa zen. Batzuei eskarmentua emanda, gainerakoak diziplinatzea lortzen zen[31]. Halaber, zenbait kasutan, irudi du ekintzaren biktima baino, senarra, semea edo anaia zigortzeko modua izan zitekeela, emakumeen aurka gauzatutako errepresioaren izaera subsidiarioaren bertze adibide bat gehiago.

Errepresio mota hori egiaztatzen duen iturri nagusia, bakarra ez bada, ahozko testigantzak dira, eta haren inguruko oroitzapena horren grabaturik gelditu zen ezen horregatik agertzen baita makina bat lekukotza eta elkarrizketatan. Praktika mota hori jasan zuten emakumeen kopurua zenbatzea konplexua da, baina hurbiltze bat izan dezakegu Nafarroako errepresioaren inguruan egin diren lanak eta ikerketak behatuta. Ugariak dira Jimeno Juriok eta *Navarra 1936. De la esperanza al terror* obran jasotako testigantzak, baita jada aipatutako *Oroibidea. Camino de Memoria* proiektuak bildutakoak ere. Azken honek ikus-entzunezko zenbait ikerketa proiektu biltzen ditu, eta ilea larruarras moztu zieten emakume nafa-

31. Ibidem.

manera que aparece en numerosos testimonios y entrevistas. Es complejo cuantificar el número de mujeres que sufrieron este tipo de práctica, pero se puede tener una aproximación observando los diferentes trabajos e investigaciones que se han realizado sobre la represión en Nafarroa. Son numerosos los testimonios recogidos por Jimeno Jurío y en la obra *Navarra 1936. De la esperanza al terror*; también el ya mencionado proyecto *Oroibidea. Camino de Memoria,* que engloba diferentes proyectos de investigación audiovisuales y recoge testimonios de o sobre mujeres navarras que sufrieron el rapado de pelo. El trabajo realizado por el FDMH de la UPNA recoge 557 registros de esta clase.

Hubo mujeres que sufrieron la represión sexuada y que posteriormente fueron asesinadas, como por ejemplo Misericordia Abad Alcega, a la cual raparon el pelo y obligaron junto a su madre y hermanas a desnudarse para comprobar si tenían tatuados la hoz y el martillo en el cuerpo. Después fue asesinada en la carretera de Zaragoza, entre Cortes y Ribaforada.

Represión socioeconómica

Otro ámbito en el que se aplicó la represión contra las personas vencidas fue el socioeconómico, también conocido como «represión económica». Dentro del mismo se pusieron

rren edo haiei buruzko lekukotzak biltzen ditu. NUPen NOHDFk osatutako lanak mota horretako 557 erregistro biltzen ditu.

Emakume batzuk, errepresio sexuatua pairatu eta gero, erailak izan ziren. Horren adibide dugu Misericordia Abad Alcega. Ilea moztu zioten eta, haren ama eta ahizpekin batera, biluztera behartu zuten, gorputzean igitaia eta mailua tatuaturik ote zituen egiaztatzeko. Ondoren Zaragozako errepidean hil zuten, Cortes eta Ribaforada artean.

Errepresio sozioekonomikoa

Menderatutako pertsonen aurkako errepresioa gauzatu zen beste eremu bat sozioekonomikoa da, «errepresio ekonomiko» ere esaten zaiona. Horren barruan, eragin ekonomikoa zuten zigor neurriak martxan paratu ziren, adibidez, preso eta gatibuen lan-indarra erabiltzea (Langileen Batailoiak, Soldatu Langileen Diziplinazko Batailoiak eta Zigorrak Luditzeko Sistema) estatuaren eta enpresa pribatuen mesedetan. Errepresio mota horrek milaka pertsonarengan izan zuen eragina[32].

32. Hainbat dira bortxazko lanei buruz egindako lanak, baina honako hauek nabarmenduko ditugu, Nafarroarekin duten harremanagatik: Mendiola Gonzalo, Fernando & Beaumont Esandi, Edurne (2006). *Esclavos del franquismo en el Pirineo,* Txalaparta; Gastón Aguas, José Miguel & Mendiola Gonzalo, Fernando (koor.) (2007). *Los trabajos forzados en la dictadura franquista/ Bortxazko lanak diktadura frankistan,* Instituto Gerónimo de Uztáriz; García Funes, Juan Carlos

en marcha medidas de castigo que implicaban una afección económica, como por ejemplo la utilización de la fuerza de trabajo de prisioneros y presos (Batallones de Trabajadores, Batallones Disciplinarios de Soldados Trabajadores y Sistema de Redención de Penas) en beneficio del Estado y de empresas privadas, que afectó a decenas de miles de personas[33].

Dentro de la represión económica también se llevó a cabo la depuración de muchas personas que trabajaban en ámbitos públicos de los que fueron expulsadas. La que más afectó a las mujeres fue la depuración de maestras. Las personas que han investigado sobre este tema en Nafarroa prefieren hablar de una represión planificada y de un control de la ideología puesto en marcha contra el magisterio navarro, ya que el término «depuración» fue utilizado por el franquismo[34]. Esta

33. Son varios los trabajos realizados sobre los trabajos forzados, aunque destacamos los siguientes por su relación con Nafarroa: Mendiola Gonzalo, Fernando & Beaumont Esandi, Edurne (2006). *Esclavos del franquismo en el Pirineo*, Txalaparta; Gastón Aguas, Jose Miguel & Mendiola Gonzalo, Fernando (coord.) (2007). *Los trabajos forzados en la dictadura franquista/Bortxazko lanak diktadura frankistan*, Instituto Gerónimo de Uztáriz; García Funes, Juan Carlos (2017). *Espacios de castigo y trabajo forzado del sistema concentracionario franquista*, Tesis Doctoral.

34. Para saber más sobre la situación de la educación y la represión del magisterio navarro se pueden consultar: Berruezo Albéniz, Reyes (1991). *Política educativa en Navarra 1931-1939*, Gobierno de Navarra; Berruezo Albéniz, Reyes; Casanova Landívar, Juan José et al. (2020). *Militancia y represión. La Federación Española de Trabajadores de la enseñanza (FETE) en Navarra, 1931-1936*, Gobierno de Navarra.

Errepresio ekonomikoaren baitan, orobat, eremu publikoetan lan egiten zuten pertsona aunitzen garbiketa egin zen, lanpostuetatik kanporatuak izan baitziren. Emakumeengan, maistren garbiketak izan zuen eraginik handiena. Nafarroan gai hori ikertu dutenek nahiago izaten dute planifikaturiko errepresioaz mintzatu, bai eta irakasleria nafarraren aurka abiatutako ideologia kontrolaz ere, «garbiketa» hitza frankismoak erabili baitzuen[33]. Diputazioak, 1936ko uztail bukaeran, Nafarroako Hezkuntza Batzorde Nagusiaren eskuduntzak baliatu eta zabaldu zituenean hasi zen errepresio hori.

Batzordeak, institutuetako, Iruñeko Normal Eskolako, Nekazaritza-Perituen Eskola Profesionaleko, Lehen Irakaskuntzako Ikuskarien Kidegoko eta Instrukzio Publikoko langile guztiei lana eta soldata kentzea dekretatu zuen. Irakasle guztiak suspenditurik, tokietako agintariei eta Elizari irakasleei buruzko datuak eskatu zizkieten, beharrezko errepresio neurriak hartze aldera. Errepresio

(2017). *Espacios de castigo y trabajo forzado del sistema concentracionario franquista*, Tesis Doctoral.

33. Hezkuntzaren egoeraren eta Nafarroako irakasleriaren errepresioaren inguruan gehiago jakiteko, honako hauek kontsulta daitezke: Berruezo Albeniz, Reyes (1991). *Política educativa en Navarra 1931-1939*, Gobierno de Navarra; Berruezo Albeniz, Reyes; Casanova Landivar, Juan Jose et al. (2020). *Militancia y represión. La Federación Española de Trabajadores de la enseñanza (FETE) en Navarra, 1931-1936*, Gobierno de Navarra.

represión se inició con la utilización y la ampliación de las atribuciones de la Junta Superior de Educación de Nafarroa, por parte de la Diputación, a finales de julio de 1936.

La citada Junta decretó la suspensión de empleo y sueldo de todo el profesorado de instituto, la Normal, la Escuela Profesional de Peritos Agrícolas, el Cuerpo de Inspectores de Primera Enseñanza y el personal de Instrucción Pública. Una vez suspendido todo el profesorado solicitaron datos a las autoridades locales y a la Iglesia sobre el magisterio, a fin de adoptar las medidas represivas oportunas. Esta represión tuvo entre sus objetivos acabar con el modelo educativo que había instaurado la Segunda República y su laicismo, siendo ejemplo de ello la Orden del 27 de julio de 1936 para volver a colocar el crucifijo en las escuelas, restablecer la enseñanza católica, ordenar la apertura de centros educativos dirigidos por órdenes religiosas... Para ello, esta Junta disponía con anterioridad de un listado con información relativa al magisterio de primaria: localidad donde estaban destinados, categoría profesional, calificaciones sobre su religiosidad y moralidad, prensa que leían...[35]

Esta represión expedientó a 357 maestros y maestras, profesores y profesoras de instituto y de la Escuela

35. Este listado se puede consultar en el Archivo Real y General de Navarra (ARGN).

horrek xede izan zuen, bertzeak bertze, Bigarren Errepublikak ezarritako hezkuntza eredua eta haren laikotasuna deuseztatzea. Horren adibide dugu 1936ko uztailaren 27ko Agindua, ezartzen zuena eskoletan gurutzea berriz paratzea, irakaskuntza katolikoa berrezartzea, erlijio-ordenek zuzendutako ikastetxeak irekitzea... Horretarako, Batzordeak, aldez aurretik, bazuen zerrenda bat, lehen mailako irakasleei buruzko informazioarekin: zer herritara destinatuta zeuden, haien kategoria profesionala, haien erlijiotasun eta moralitatearen inguruko kalifikazioak, irakurtzen zituzten komunikabideak...[34]

Errepresio horren bitartez, 357 maisu-maistra, institutuko eta Normal Eskolako irakasle eta lehenhezkuntzako ikuskari espedientatu zituzten. Espedientea irekia zuten pertsona guztiak ez ziren zigortuak izan, baina, NEANen eta NMIren Dokumentazio Zentroko datu basean dauden dokumentuetako datuen arabera, 128 izan ziren zigortutako emakumeak[35].

Errepresio ideologiko honetaz gain, maistra aunitzek bestelako

34. Zerrenda hau Nafarroako Errege Artxibo Nagusian kontsultatu daiteke.

35. Zifra horretan Uriz Pi ahizpak kontuan izan dira. Ahizpa horiek jasan zuten errepresioari buruz gehiago jakiteko: Martorell, Manuel; Marquès, Salomó & Agulló, M.ª Carmen (2018). *Pioneras. Historia y compromiso de las hermanas Úriz Pi*, Txalaparta. NMIk egindako erakusketa online kontsulta daiteke: https://pazyconvivencia.navarra.es/es/hermanas-uriz-pi-accesibilidad.

Normal de Magisterio e inspectoras de primera enseñanza. No a todas las personas a las que se les incoó un expediente fueron sancionadas, pero según los datos que se han obtenido consultando los documentos que hay en el ARGN y la base de datos del Centro de Documentación de la Memoria del INM, el número de mujeres sancionadas fue de 128[36].

Aparte de esta represión ideológica, muchas maestras también sufrieron otras prácticas represivas, como la incoación de expedientes de responsabilidades políticas, la prisión o incluso el asesinato. De las 32 personas navarras dedicadas a la docencia que fueron asesinadas, una era mujer: Camino Oscoz Urriza. Sufrió varias formas de represión, y su caso demuestra cómo las diferentes represiones podían confluir en una misma persona. Camino, nacida en Iruñea en abril de 1910, ejerció de maestra en Gorza y era secretaria del PCE. Estuvo presa en el módulo de mujeres de la Cárcel Provincial de Iruñea desde el 31 de julio de 1936 hasta el 10 de agosto del mismo año. Ese mismo día fue fusilada en Urbasa. Su compañero, líder también del

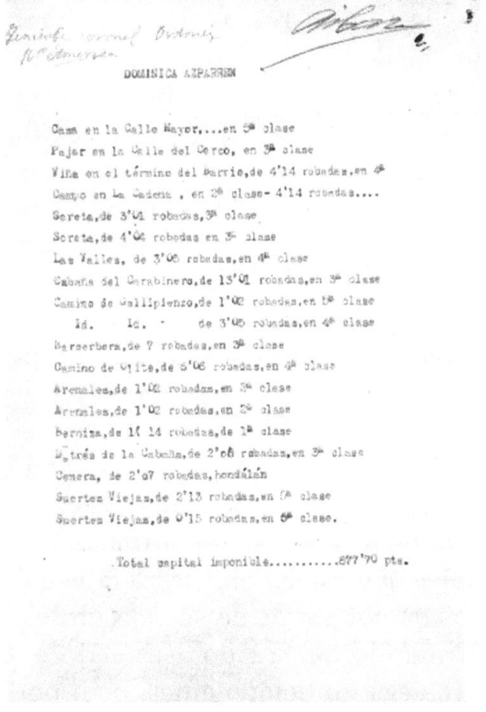
DOMINICA AZPARREN

Casa en la Calle Mayor,...en 5ª clase
Pajar en la Calle del Cerco, en 3ª clase
Viña en el término del Barrio,de 4'14 robadas,en 4ª
Campo en La Cadena , en 2ª clase- 4'14 robadas....
Soreta,de 3'01 robadas,3ª clase
Soreta,de 4'04 robadas en 3ª clase
Las Valles, de 3'06 robadas,en 4ª clase
Cabaña del Carabinero,de 13'01 robadas,en 3ª clase
Camino de Gallipienzo,de 1'02 robadas,en 5ª clase
Id. Id. de 3'05 robadas,en 4ª clase
Barserbera,de 7 robadas,en 3ª clase
Camino de [illegible],de 5'06 robadas,en 4ª clase
Arenales,de 1'02 robadas,en 3ª clase
Arenales,de 1'02 robadas,en 2ª clase
Berniza,de 1'14 robadas,de 1ª clase
Detrás de la Cabaña,de 2'08 robadas,en 3ª clase
Cenera, de 2'07 robadas,hondalán
Suertes Viejas,de 2'13 robadas,en 5ª clase
Suertes Viejas,de 0'15 robadas,en 5ª clase.

Total capital imponible..........877'70 pts.

Relación de propiedades a incautar a Dominica Azparren Gil. | Fuente: ARGN. Tribunal RRPP, caja 119659, pp. 1, 12.

Dominica Azparren Gili konfiskatu beharreko ondasunen zerrenda. | Iturria: NEAN. EEPP Auzitegia, 119659 kutxa, 1., 12. orr.

praktika errepresiboak jasan zituzten; adibidez, erantzukizun politikoengatik espedienteak ireki zizkieten, espetxeratuak izan ziren, eta are erailak ere. Irakaskuntzan aritu eta erailak izan ziren 32 nafarretatik, bat emakumea zen: Camino Oscoz Urriza. Errepresio forma batzuk jasan zituen eta haren kasuak frogatzen du errepresio ezberdinak elkartzen ahal direla pertsona bakar batengan. Camino, 1910eko apiri-

36. En esta cifra están incluidas las hermanas Úriz Pi. Para conocer más sobre la represión que sufrieron estas hermanas: Martorell, Manuel; Marquès, Salomó & Agulló, M.ª Carmen (2018). *Pioneras. Historia y compromiso de las hermanas Úriz Pi*, Txalaparta. La exposición realizada por el INM que se puede consultar online: https://pazyconvivencia.navarra.es/es/hermanas-uriz-pi-accesibilidad.

PCE de Iruñea, Tomás Ariz, también fue fusilado, en el monte Ezkaba. Otra de ellas era Cecilia Álvarez Calvo, natural de Iruñea y maestra en Villalangua (Huesca) y que tras ser torturada en septiembre de 1936 decidió suicidarse junto con su hermana Araceli.

También hemos encontrado la historia de una mujer dedicada a la docencia que fue asesinada en Elo y de la que a día de hoy no conocemos su identidad. Según algunos testimonios se trataba de una maestra de la Escuela Normal de Iruñea. Una mujer que estaba embarazada y fue violada por varios de sus ejecutores. Su marido había sido asesinado en Erreniega un tiempo antes, pero por el momento no se ha podido confirmar su asesinato. La hemos introducido como ficha por ser un testimonio recogido por Jimeno Jurío en junio de 1978 y por si alguien pudiera facilitar más información sobre ella.

La apropiación de bienes de las personas represaliadas se hizo de diferentes formas, pero en todas ellas prevaleció la dimensión punitiva y el carácter recaudatorio. La labor más intensa fue la llevada a cabo en primer lugar por las Comisiones de Incautación de Bienes y después de la guerra mediante la Ley de Responsabilidades Políticas. Esta norma permitía en muchos casos que el castigo se impusiera de forma subsidiaria a las familias de

lean Iruñean sortua, Gorzan aritu zen maistra eta PCEko idazkaria izan zen. 1936ko uztailaren 31tik urte bereko abuztuaren 10a arte egon zen preso Iruñeko Espetxe Probintzialean. Egun horretan bertan, Urbasan fusilatu zuten. Haren laguna, Tomas Ariz, Iruñeko PCEko buruzagia, Ezkaba mendian fusilatu zuten.

Bertze kasu bat Cecilia Alvarez Calvorena dugu. Iruñekoa zen, eta Villalanguan (Huesca) maistra. 1936ko irailean torturaturik izan ondoren, Araceli ahizparekin bere buruaz bertze egitea erabaki zuen.

Halaber, irakaskuntzan aritutako emakume baten historia aurkitu dugu, Elon hil zutena. Oraindik ez dakigu nor zen. Lekukotza batzuen arabera, Iruñeko Normal Eskolako maistra bat zen. Haurdun zegoen eta haren borreroetako batzuek bortxatu egin zuten. Haren senarra lehenago hil zuten, Erreniegan, baina, gaur den egunean, erailketa ezin izan da egiaztatu. Fitxetan sartu dugu, Jimeno Juriok 1978ko ekainean bildutako testigantza delako, eta, badaezpada ere, inork hari buruzko informazio gehiago eman balezake.

Errepresaliatutako pertsonen ondasunak jabetzea modu aunitzetan egin zen, baina, guztietan, zigor-dimentsioa eta diru-bilketa izaera gailendu ziren. Lanik handiena, alde batetik, Ondasunak Konfiskatzeko Batzordeekin egin zuten, eta, gerra ondoan, Erantzukizun Politikoen Legearen bitartez. Araudi horrek,

las personas que habían sido asesinadas o condenadas a largas penas de prisión[37]. También este tribunal cumplió con uno de los objetivos claves de la represión: crear un estado generalizado de terror entre las personas derrotadas, sin necesidad de actuar contra todas ellas.

La represión llevada a cabo por el Tribunal Regional de Responsabilidades Políticas en Nafarroa fue dirigida contra 1.086 personas, de las cuales 867 fueron condenadas. El número de expedientes fue menor porque hubo algunos que fueron colectivos. Del total de personas, 1.012 eran hombres y 74 mujeres, esto es, un 7,3 % del total. Muchas de estas mujeres fueron sancionadas subsidiariamente, ya que sus parejas masculinas habían sido asesinadas o estaban en la cárcel[38]. En realidad, suponemos que esta represión afectó a muchas más personas.

Uno de estos casos es el de Dominica Azparren Gil, nacida en Oibar, que trabajaba en 1936 como conserje y estaba afiliada a la UGT, a la cual

37. Layana Ilundain, César (2021). *Expolio y castigo. La represión económica en Navarra. 1936-1945... 1966*, pp. 33-36. Gobierno de Navarra.

38. Información obtenida del *Censo Provisional de Personas afectadas por la represión económica en Navarra (1936-1966)* publicado por el Instituto Navarro de la Memoria, y del artículo de César Layana Ilundain en «La represión económica en el entramado represivo del franquismo inicial. Reflexiones teóricas y metodológicas», en *La represión estatal en Navarra: un análisis multidisciplinar*, pp. 51-91. Gerónimo de Uztáriz, 2019.

kasu aunitzetan, ahalbidetzen zuen zigorrak, subsidiarioki, erailiko edo espetxealdi luzeetara kondenatutako pertsonen ahaideei ezartzea[36]. Orobat, epaitegi horrek errepresioaren funtsezko helburuetako bat bete zuen: garaitutako pertsonen artean izu egoera orokortua sorraraztea, haien guztien aurka jo beharrik izan gabe.

Nafarroan, Erantzukizun Politikoen Eskualdeko Epaitegiak gauzatutako errepresioa 1.086 pertsonaren aurka zuzendu zen, eta horietatik 867 kondenatu zituzten. Espediente kopurua txikiagoa izan zen, batzuk kolektiboak zirelako. Pertsona guztietatik, 1.012 gizonak ziren eta 74 emakumeak, hau da, % 7,3. Emakume horietako aunitzek zigor subsidiarioa jaso zuten, haien bikotekideak erailak izan zirelako edo espetxean zeudelako[37]. Egia erran, errepresio horrek hagitz pertsona gehiago ukitu zuelakoan gaude.

Kasu horietako bat Dominica Azparren Gilena da. Oibaren sortua, 1936an atezain ari zen eta UGTn afiliaturik zegoen. Ondasunak Konfiskatzeko Epaitegi Bereziak espediente

36. Layana Ilundain, César (2021). *Expolio y castigo. La represión económica en Navarra. 1936-1945... 1966*, 33-36. orr. Gobierno de Navarra.

37. Nafarroako Memoriaren Institutuak argitaratutako *Errepresio ekonomikoak Nafarroan kaltetutako pertsonen behin-behineko errolda (1936-1966)* eta Cesar Layana Ilundainen «La represión económica en el entramado represivo del franquismo inicial. Reflexiones teóricas y metodológicas», *La represión estatal en Navarra: un análisis multidisciplinar* liburuan, 51-91. orr. Gerónimo de Uztáriz, 2019.

el Juzgado Especial de Incautación de Bienes le incoó un expediente en abril de 1937, inventariando todos sus bienes en un ramo de embargo. También se adjuntan varias declaraciones de personas vecinas que denunciaban que era «roja». Dicho tribunal le proponía una multa de 40.000 pesetas y, en caso de no pagarla, el embargo de sus bienes. Finalmente, el expediente fue sobreseído en 1944. Pero había sido asesinada años antes, en septiembre de 1936, en Nardoze Alduate (Nardués Aldunate). A través de esta historia, se evidencia cómo se iniciaban procesos de represión económica contra personas que ya habían sido asesinadas, buscando así extender el castigo y la venganza a las familias. Este es el único caso en Nafarroa que hemos encontrado de una mujer a la que se le incoó un expediente de Responsabilidades Políticas habiendo sido previamente fusilada[39].

Cautividad

En el periodo analizado también se ha constatado el encierro de 601 mujeres, que estuvieron en la Prisión Provincial de Iruñea, en cárceles locales o de Partido Judicial, comisarías locales o cuarteles, conventos...; aunque podemos afirmar que fueron

39. El sumario de Dominica se puede consultar en el ARGN, Audiencia, Fondo Responsabilidades Políticas, exp. 711.

bat ireki zion 1937ko apirilean, eta haren ondasun guztiak inbentariatu zituen, enbargatzeko. Auzokoen deklarazio batzuk ere erantsi zituzten, «gorria» zela salatuz. Epaitegiak 40.000 pezetako isuna proposatzen zion eta, ordaindu ezean, haren ondasunen enbargoa. Azkenean, espedientea artxibatu zen 1944an. Alabaina, urte batzuk lehenago, 1936ko irailean, hil zuten, Nardoze Alduaten. Historia honen bitartez agerian paratzen da nola irekitzen ziren errepresio ekonomikoko prozesuak ordurako erailak izan ziren pertsonen aurka, zigorra eta mendekua familiengana zabaltzea bilatuz. Hau da Nafarroan aurkitu dugun kasu bakarra, Erantzukizun Politikoen espediente bat aldez aurretik fusilaturik zegoen emakume bati ireki ziotenekoa[38].

Gatibualdia

Aztertutako aldian 601 emakumeren gatibualdia egiaztatu dugu, Iruñeko Espetxe Probintzialean, tokian tokiko edo barruti judizialeko espetxeetan, komisarietan edo kuarteletan, komentuetan... egon direnak, espetxeratutakoak aunitz gehiago izan zirela baieztatzen ahal badugu ere. Izan ere, ia ezinezkoa da zenbatzea inprobisatutako atxi-

38. Dominicaren sumarioa Nafarroako Errege Artxibo Nagusian (NEAN) kontsulta daiteke, Audiencia, Fondo Responsabilidades Políticas, exp. 711.

muchas más las detenidas, ya que es prácticamente imposible cuantificar las mujeres que estuvieron cautivas en lugares de detención improvisados como ayuntamientos, escuelas... El FDMHN, la obra colectiva *Navarra 1936. De la esperanza al Terror* y los testimonios recogidos por Jimeno Jurío demuestran que muchas mujeres estuvieron presas en diferentes lugares de detención improvisados a lo largo de la geografía navarra, como también se puede comprobar en los datos obtenidos para esta investigación.

La prisión formaba parte de la maquinaria represiva del franquismo donde reinaban las penosas condiciones de estancia y la masificación. Dentro del universo carcelario femenino estaba, además, la especificidad de que las madres se encontraban con criaturas a su cargo (de entre cero y tres años), y el grado de violencia sobre las presas madres se acentuaba, ya que en muchos casos se procedía a su ejecución una vez nacida la criatura.

Este es el caso de Julia Lázaro Echeverría, agredida sexualmente por nueve policías en las dependencias de Gobernación de Madrid y que quedó embarazada. Posteriormente fue ingresada en la Cárcel de Mujeres de Ventas donde esperaron a que diese a luz para ejecutar su sentencia de muerte. Quince días pasaron entre el alumbramiento y su fusilamiento en el cementerio del Este de Madrid. Su hermana María, también presa y posteriormen-

lotze tokietan –herriko etxeak edo eskolak, kasurako– gatibu izan ziren emakumeen kopurua. NOHDFk, *Navarra 1936. De la esperanza al Terror* lan kolektiboak eta Jimeno Juriok jasotako testigantzek frogatzen dute, nafar geografian zehar, emakume aunitz inprobisatutako atxilotze tokietan egon zirela preso, ikerketa honetarako erdietsitako datuetan egiaztatzen ahal denez.

Espetxea frankismoaren errepresio makineriaren parte zen eta, presondegietan egoera penagarria izaten zen. Espetxeko unibertso femeninoaren barruan, gainera, bazen berezitasun bat, emakume batzuek haurrak zituztela haiekin (zero eta hiru urte bitartekoak), eta, gainera, ama presoen gaineko indarkeria maila kasu aunitzetan areagotzen zen, haurra jaio ondoren exekutatzen zutelako.

Hori da Julia Lazaro Echeverriaren kasua. Madrilgo Gobernazio aretoetan bederatzi poliziak sexualki eraso zuten eta haurdun gelditu zen. Ventasko Emakumeen Espetxera eraman zuten, eta erditu arte itxoin zuten heriotza epaia gauzatzeko. Erditu zenetik Madrilgo Ekialdeko kanposantuan fusilatu arte hamabortz egun iragan ziren. Maria ahizpa, presoa eta ondoren fusilatua bera ere, ez zen ilobarekin gelditu, eta, hortaz, inklusara eraman zuten. Aipu batzuen arabera, Julia, Iruñean sortua eta Madrilen bizi zena, PCEko militantea eta Madrilgo Milizia

te fusilada, no se quedó con su sobrino, por lo que fue llevado a la Inclusa. Julia, según algunas referencias, nacida en Iruñea y residente en Madrid, era militante del PCE y miliciana del 5º Regimiento del Batallón de Acero de las Milicias Populares de Madrid.

La prisión servía como espacio para la «purificación moral» de las mujeres, a las que se les negaba la condición de presas políticas, dado que las consideraban como prostitutas y desviadas morales que había que «purificar»[40]. Para ello, todas las reformas realizadas en este ámbito por los gobiernos republicanos fueron anuladas y una de las características de este sistema fue el regreso de las monjas a las cárceles femeninas.

Otra característica del universo carcelario femenino fue su falta de apoyos desde el exterior, por lo que sufrieron un mayor aislamiento. Así como los varones presos sí que tuvieron el apoyo de redes de solidaridad de mujeres y de su entorno político, en el caso de las mujeres presas no sucedió esto de la misma manera[41].

40. Nash, Mary (2015). Vencidas, represaliadas y resistentes: las mujeres bajo el orden patriarcal franquista. En Casanova, Julián (ed.) *Cuarenta años con Franco*, pp. 200-202. Crítica.

41. Existe una amplia historiografía sobre el universo carcelario de mujeres durante el franquismo: Hernández Holgado, Fernando (2003). *Mujeres encarceladas: la prisión de Ventas: de la República al franquismo, 1931-1941*. Marcial Pons; (2011) «La Prisión Militante. Ventas (Madrid) y Les Corts (Barcelona)». En *Studia Historica*. Universidad de Salamanca. Monográfico «Cárceles de mujeres. Las prisiones franquistas para

Herritarren Altzairuzko Batailoiko 5. Erregimentuko milizianoa zen.

Espetxea emakumeen «garbikuntza moralerako» esparru gisa erabiltzen zen, haiei preso politikoen izaera ukatuta, «garbitu» beharreko prostitutatzat eta moralki desbideratutzat hartzen baitzituzten[39]. Horretarako, gobernu errepublikarrek eremu horretan gauzatutako erreforma guztiak indargabetu zituzten. Sistema horren ezaugarrietako bat izan zen mojak espetxe femeninoetara itzultzea.

Espetxeko unibertso femenino horren bertze ezaugarri bat izan zen kanpoko sostengurik eza, eta, horregatik, isolamendu handiagoa pairatu zuten. Gizon presoek emakumeen eta haien inguru politikoaren sare sostengua izan zuten, baina emakumeen kasuan ez zen modu horretan gertatu[40].

Julia bezala, izan ziren bertze probintzietan, kolpe militarraren garaian, bizitokia zuten bertze emakume batzuk ere. Espetxeraturik izan ziren eta haietako batzuk gatibualdian hil ziren. Adibide bat Rafaela Baigorri Ibañezena da, Mañerukoa, Madrilen

39. Nash, Mary (2015). Vencidas, represaliadas y resistentes: las mujeres bajo el orden patriarcal franquista. Casanova, Julián (arg.) *Cuarenta años con Franco*, 200-202. orr. Crítica.

40. Frankismo garaiko emakumeen kartzela unibertsoari buruzko historiografia zabala dago, besteak beste, Fernando Hernández Holgado, Angeles Egido Leon, Jose Luis de la Cuesta, Francisco Etxeberria Gabilondo, Ana Isabel Perez Machio eta abarrek egindako lanek lagundu digute.

Cárcel de Mujeres de Iruñea, 1940. | Fuente: ARGN, Fondo José Galle.
Iruñeko Emakumeen Espetxea, 1940. | Iturria: NEAN, José Galle funtsa.

Al igual que Julia, también hubo mujeres navarras que residían en otras provincias en el momento del golpe militar, que fueron encarceladas y algunas de ellas murieron en cautividad. Como, por ejemplo, Rafaela Baigorri Ibáñez, natural de Mañeru, residente en Madrid y afiliada al PCE, encausada en un procedimiento sumarial referente a la Checa comunista de San Bernardo (Madrid), junto con otras 439 personas. Estuvo dos veces presa en la Cárcel de Mujeres de Ventas; la primera en 1939,

mujeres (y para sus hijos) en la guerra y en la posguerra». Vol. 29, 2011, pp. 195-236; Egido León, Ángeles (ed.) (2017). *Cárceles de mujeres. La prisión femenina en la posguerra*. Editorial Sanz y Torres.

bizi zena eta PCEn afiliatua. Bertze 439 pertsonarekin batera San Bernardoko (Madril) Txeka komunistari buruzko sumario prozedura batean auzipetu zuten. Bi aldiz egon zen preso Ventasko Emakumeen Espetxean; lehendabizikoa 1939an, matxinadari atxikimendua ematea leporatuta, 1942ko otsailaren 2ra arte. Bi egun beranduago, berriro sartu zuten espetxean, matxinada egotzita, eta 12 urte eta egun bateko espetxealdia ezarri zioten. Ziurtagiri medikoaren arabera, espetxean hil zen, kolitis kroniko akutu baten ondorioz.

Felisa Arguiñano Arzoz ere, Zudairekoa eta Madrilen bizitokia zuena, Ventasko Espetxean sartu zuten. UGT sindikatukoa, matxinada

acusada de adhesión a la rebelión, hasta el 2 de febrero de 1942. Dos días más tarde volvió a ingresar en prisión acusada de rebelión y condenada a 12 años y un día de reclusión menor. Según certificación médica, murió en prisión a consecuencia de una colitis crónica agudizada.

También Felisa Arguiñano Arzoz, natural de Zudaire y residente en Madrid, fue encarcelada en la Prisión de Ventas. Sindicada en la UGT, fue acusada de rebelión militar. Cuando el juez solicitó que se ampliara la indagatoria de Felisa, ya había fallecido, con 36 años de edad y, según certificado médico, a consecuencia de anemia aguda hemorrágica producida por el alumbramiento de un varón.

Exilio

Otra de las consecuencias de la represión fue el exilio, pues se relaciona la huida con el miedo a padecer represalias. Gracias a la investigación realizada por Josu Chueca Intxusta y según el censo provisional elaborado por el INM, fueron 408 personas las que tuvieron que cruzar la muga y huir. Este censo recoge los nombres de las personas originarias de Nafarroa o residentes en la comunidad que tuvieron que marchar al extranjero, de las cuales 305 son mujeres, esto es, un 21,6 % del total[42].

42. El censo elaborado por el INM parte de la investigación de Josu Chueca Intxusta junto con otras

militarra egotzi zioten. Epaileak Felisaren ikerketa prozesua zabaltzeko eskatu zuenerako, hila zen, 36 urterekin. Ziurtagiri medikoaren arabera, mutil batez erditzearen ondorioz sorraraziko anemia hemorragiko akutua zela kausa hil zen.

Erbestea

Errepresioaren bertze ondorio bat erbestea izan zen, ihes egitea errepresaliak pairatzeko beldurrarekin lotzen baita. Josu Chueca Intxustak egindako ikerketari esker NMIk egindako behin-behineko erroldaren arabera, 408 pertsonak muga zeharkatu eta alde egin behar izan zuten. Errolda horrek Nafarroa sorlekua zuten edo erkidego horretan bizi ziren eta atzerrira joan behar izan zuten pertsonen izenak biltzen ditu. Horietarik 305 emakumeak dira, guztien % 21,6[41].

Atzerrira joan behar izan zuten emakume nafarrei dagokienez, Frantziako kontzentrazio-esparruetan hil ziren pertsona batzuen izenak berreskuratu ditugu. Carmen Chia Vidalen kasua da, adibidez. Azkoienen sortua, 1870ean, Frantzian, Argelès-Sur-Mer-eko kontzentrazio-esparruan, hil zen, 69 urte zituela. Toki horretan bertan, 1945ean, Ziritzako Antonia Caballe hil zen, 72 urterekin. Mico Miralles, Alesbeskoa, hamar urtere-

41. NMIk egindako errolda Josu Chueca Intxustaren ikerketatik abiatzen da, beste iturri batzuekin batera: senideek eta elkarteek emandako informazioa, errepresio ekonomikoaren zerrenda...

Grupo de mujeres, huyendo hacia la frontera francesa, al finalizar la guerra. | Fuente: Biblioteca Histórica de la UCM. Archivo Histórico del PCE.

Emakume talde bat, Frantziako mugarantz ihes egiten, gerra amaitzean. | Iturria: UCMko Liburutegi Historikoa. PCEren Artxibo Historikoa.

De las mujeres navarras que tuvieron que exiliarse hemos podido recuperar e incorporar algunos nombres nuevos de personas que murieron en campos de concentración franceses. Es el caso de Carmen Chia Vidal, nacida en Azkoien (Peralta) en 1870, que falleció a los 69 años en el campo de concentración de Argelès-Sur-Mer en Francia. En este mismo lugar murió, también en 1945, Antonia Caballé, a sus 72 años, natural de Ziriza. Mico Miralles, nacida en Alesbes, murió a los diez años en Perpignan (Francia). Igualmente, la tudelana

———

fuentes: informaciones aportadas por familiares y asociaciones, listado de represión económica...

kin hil zen Perpignanen (Frantzia). Orobat, Tuterako Maria Josefa Eguaraz Errandorena 1938ko urtarrilean hil zen, Bidarteko La Roseraie ospitalean.

Emakume horien inguruko informazioa urria da, baina espero dugu, ikerketa honetatik abiatuta, haien historiak osatu ahal izatea.

Bertze testuinguru errepresibo batzuk

Kategoria hau zaila da zedarritzen, baina, NOHDFk azaltzen duen bezala, ulertzen dugu une hartan zegoen testuinguru politikotik kanpo konprenitu ezin diren heriotzak biltzen dituela. Kasu honetan aire-bonbardaketen

María Josefa Eguaraz Errandorena murió en enero de 1938 en el hospital de La Roseraie en Bidarte.

Es poca la información que aparece de estas mujeres, pero esperamos que a partir de esta investigación podamos completar sus historias.

Otros contextos represivos

Esta categoría es difícil de limitar, pero tal y como señala el FDMH, entendemos que recoge aquellas muertes que no se comprenden fuera del contexto político que existía en aquel momento. En este caso hemos incluido las muertes como resultado de los bombardeos aéreos y los suicidios. Al introducirlas, entendemos que sin este escenario determinado no se hubiesen producido dichas muertes.

Hemos encontrado el caso de Marisa Sánchez Luri, residente en Azagra y madre de cuatro hijos e hijas, que se suicidó dos años después de que asesinaran a su marido. Según el auto del juzgado, se arrojó al río por «encontrarse trastornada y, desde luego, disgustada»[43]. También hemos hallado la historia de Amada Mateo que, después de que fusilaran a su compañero Tirso, se suicidó dejando de comer.

Respecto a las víctimas de los bombardeos aéreos, la mayoría de los casos encontrados han sido en

43. ARGN, Juzgado Instrucción de Estella/Lizarra, Exp. 17/1938.

ondoriozko heriotzak eta suizidioak sartu ditugu. Izan ere, uste dugu testuinguru jakin hori gabe heriotza horiek ez zirela gertatuko.

Marisa Sanchez Luriren kasua aurkitu dugu. Azagran bizi zen eta lau seme-alabaren ama zen; haren senarra erail eta handik bi urtera bere buruaz bertze egin zuen. Epaitegiaren autoaren arabera, ibaira bota zuen bere burua «nahasia zegoelako eta, noski, atsekabetua»[42]. Amada Mateoren kasua ere aurkitu dugu. Tirso haren laguna fusilatu ondotik, bere buruaz beste egin zuen jateari uko eginda.

Aire-bonbardaketen biktimei dagokienez, kasu gehienak Katalunian aurkitu ditugu. Informazioa Memorial Democràtic erakundeak eman digu, eta, haren datu baseari esker, 11 emakumeren nortasuna ezagutu ahal izan dugu. Egiaztatutako datuak oinarrizkoak dira, baina konfiantza dugu argitaratzearen bitartez historia horiek sakonago ezagutu ahal izanen ditugula.

Atal hau itxi aitzin, fitxa formatuan sartu ez ditugun historiak aipatu gogo genuke: harrapatze militarrekin eta leherrarazi gabeko bonben leherketarekin zerikusia dutenak. Bi kasuistika hauetan ezin izan dugu jakin nahitasunik izan ote zen, baina bai uste dugu aipatu behar ditugula gerrarik gabeko testuinguru batean ez baitziren gertatuko. Bertze artxibo

42. NEAN, Juzgado Instrucción de Estella/Lizarra, Exp. 17/1938.

Cárcel de Mujeres de Iruñea, 1940. | Fuente: ARGN, Fondo José Galle.
Iruñeko Emakumeen Espetxea, 1940. | Iturria: NEAN, José Galle funtsa.

Catalunya. Esta información ha sido facilitada por el Memorial Democràtic de la Generalitat de Catalunya y gracias a su base de datos hemos podido conocer la identidad de 11 mujeres. Los datos contrastados son básicos, pero confiamos que a través de su publicación podamos conocer estas historias más en profundidad.

Antes de cerrar este apartado, nos gustaría mencionar las historias que no hemos incluido en formato de ficha y son las relacionadas con atropellos militares y explosión de bombas no detonadas. Son dos casuísticas en las que no hemos podido conocer si existió intencionalidad, pero sí que creemos que tenemos que nombrarlas porque en

batzuk berrikusteak antzeko kasuak agertzeko bidea eman lezake.

Idelfonsa Amatriain Ruiz, Maria Jesus Cia Matache, Martina Valencia Zapata eta Maria Lecuna Mariezcurrenari dagozkie. Harrapatze militarren ondorioz hil ziren lau emakume, zeinen instrukzio sumarioak NEANen aurkitu baititugu.

Idelfonsa kamioi militar batek harrapatu zuen 1938ko apirilean, Andosillan, Lodosatik Marcillara doan errepideko 22. kilometroan. Maria Jesusek bortz urte zituen Falangeren ibilgailu batek Mañerun harrapatu zuenean, Iruñetik Logroñorako errepidean. Martina, hiru urtekoa, kamioi militar batek harrapatu zuen San Martin Unxen,

un contexto de no guerra no habrían sucedido. Una revisión de diferentes archivos podría dar lugar a la aparición de casos parecidos.

Hacen referencia estos a Idelfonsa Amatriain Ruiz, María Jesús Cía Matache, Martina Valencia Zapata y María Lecuna Mariezcurrena. Cuatro mujeres que fallecieron a causa de atropellos militares y de los que hemos encontrado el sumario de instrucción en el ARGN.

Idelfonsa fue atropellada por un camión militar en abril de 1938 en Andosilla en el kilómetro 22 de la carretera de Lodosa a Martzilla. María Jesús tenía cinco años cuando en junio de 1939 fue atropellada por un automóvil de la Falange en Mañeru, en la carretera de Iruñea a Logroño. Martina, de tres años de edad, fue atropellada en San Martín de Unx por un camión militar en noviembre de 1937, y, por último, María, vecina de Ziordia de 65 años, fue atropellada por otro camión militar en noviembre de 1939.

Por último, también hemos conocido que en junio de 1938, en el pueblo de Olatz, la niña María Dolores Erdozain Portillo se encontró en el campo con una bomba de mano y cuando la tenía en sus manos esta explotó causándole la muerte a ella y a su amiga María Jesús Larraya. También resultaron heridas otras cuatro niñas que estaban con ellas. Aunque el sumario apunta la sospecha de que los responsables de la

1937ko azaroan, eta, azkenik, Ziordiko Maria, 65 urtekoa, bertze kamioi militar batek harrapatu zuen 1939ko azaroan.

Orobat, ezagutu dugu Olatz herrian, Maria Dolores Erdozain Portillo haurrak, 1938ko ekainean, soro batean esku-bonba bat aurkitu zuela; eskuetan zuela, hura lehertu egin zen eta Maria Doloresen eta Maria Jesus Larraya lagunaren heriotza eragin zuen. Haiekin zeuden bertze lau haur ere zauriturik suertatu ziren. Sumarioak, lehergailua paratu izanaren erantzuleak zonaldeko bi falangista izan ziren susmoa agertzen badu ere, ez zuten inor inputatu.

Denbora zeharkatzen duten emakumeak

Eskuratutako datuek erailiko emakumeen gaineko deskribapen kuantitatiboa egiteko aukera ematen dute, errealitate hori hobeki ezagutzeko. Oro har, landa eremuko emakumeak dira, familia xumekoak, 30 eta 60 urte bitartekoak. Gehienak etxeko lanetan aritzen ziren eta, aunitzek ezkerreko ideiekin bat egiten bazuten ere, soilik heren bat ziren mugimenduren bateko kide edo haietan engaiatuak.

Aldagaien azterketan sakontzean, ikusten da bi adin-talde gailentzen direla: 31tik 45 urte bitartekoa eta 46tik 60 urte bitartekoa. Adin horietako 53 emakume daude, hau da, erdiek baino gehiagok 31 eta 60 urte

colocación fueron dos falangistas de la zona, no se imputó a nadie.

Mujeres que recorren el tiempo

Los datos obtenidos permiten realizar una descripción cuantitativa sobre las mujeres asesinadas para conocer mejor esta realidad. En líneas generales nos encontramos con mujeres rurales, de familias humildes y con edades comprendidas entre los 30 y los 60 años. La mayoría se dedicaba al trabajo en el hogar y, aunque muchas se identificaban con ideas izquierdistas, una tercera parte de ellas militaba o estaba implicada en diferentes movimientos.

Al profundizar en el análisis de las variables se observa que predominan los grupos de edad comprendidos entre 31 y 45 años y entre 46 y 60 años, con 53 mujeres de estas edades; esto es, más de la mitad de ellas tenían entre 31 y 60 años. En la siguiente tabla se muestran las frecuencias en relación a los rangos de edad.

RANGOS DE EDAD	N.º
0-15	8
16-30	18
31-45	28
46-60	25
Mayores de 60	11
No consta	5
Total	95

bitartean zituzten. Ondoko taulan kopuruak erakusten dira, urte tarteei dagokienez.

ADIN TARTEAK	KOPURUA
0-15	8
16-30	18
31-45	28
46-60	25
60tik goitikoak	11
Ez da azaltzen	5
Osotara	95

Sorterriari dagokionez, kontuan hartutako emakume guztietatik % 78,95, hots, 75, ziren Nafarroan sortuak. Haietako seiren sorterria ezin izan dugu egiaztatu eta bertze bat (Iruñeko Normal Eskolako maistra, arestian aipatutakoa) Nafarroan sortu zela badakigu, baina ez zein herritan. Haietako hamalau ez ziren Nafarroan sortu, baina haien bizitokia bertan zuten edo lurraldearekin harremanen bat zuten. Bat Kantabrian jaio zen, bertze bat Gipuzkoan, lau Errioxan, bat Sorian eta sei Zaragoza probintziako zenbait herritan.

Bizitokiak bidea ematen du urte haietako Nafarroako errealitate demografikoa egiaztatzeko. Populazio landatarraren nagusitasuna nabarmena izan zen industrializatze prozesua hasi arte. Horrela, 1900. urtean, populazio nafarraren % 17,4 soilik bizi zen hirietan, eta jardu-

En cuanto al lugar de nacimiento, un 78,95 % del total de mujeres que se han tenido en cuenta, esto es, 75 mujeres, eran nacidas en Nafarroa. De seis de ellas no se ha podido contrastar su lugar de nacimiento y de otra –la maestra de la Escuela Normal de Iruñea a la que hemos mencionado en párrafos anteriores– se tiene conocimiento de que nació en Nafarroa, pero no en qué localidad. Catorce de ellas no nacieron en Nafarroa, pero o bien este era su lugar de residencia o tenían algún tipo de relación con el territorio. Una nació en Cantabria, otra en Gipuzkoa, cuatro en La Rioja, una en Soria y seis en diferentes pueblos de la provincia de Zaragoza.

El lugar de residencia permite comprobar la realidad demográfica de Nafarroa de aquellos años. El predominio de la población rural fue notorio hasta que comenzó a darse el proceso de industrialización. Así, en 1900 solo el 17,4 % de la población navarra residía en las ciudades y siete de cada diez personas en situación laboral activa trabajaban en la agricultura. Nafarroa vio emigrar a una buena parte de su población hasta 1960; concretamente, unas 110.000 personas abandonaron la provincia durante este período[44].

De las 95 mujeres a las que se ha hecho antes referencia, 46 resi-

44. Datos obtenidos de García-Sanz Marcotegui, Ángel & Mikelarena Peña, Fernando (2000). Evolución de la población navarra durante el siglo xx. Een *Gerónimo de Uztariz*, n.º 16, pp. 125-138.

neko lan egoeran zeuden hamar pertsonatik zazpi nekazaritzan aritzen ziren. Nafarroako populazioaren parte handi batek migratu egin zuen 1960ra arte; zehazki, 110.000 pertsona inguruk utzi zuten probintzia aldi horretan[43].

Arestian aipatu ditugun 95 emakumeetatik 46 Nafarroan bizi ziren, eta bederatziren bizitokia ezin izan da berretsi. Emakume horietako ia erdiak Nafarroatik kanpo bizi ziren, segur aski lehenago azaldu denarengatik. Nafarroan bizi ziren 46 horietatik, bik Iruñean eta lauk Tuteran zuten bizitokia (1900ean hiru udalerririk populatuenetako bi). Gainerako 40ak herrietan bizi ziren, hortaz, Nafarroan bizi ziren hildakoen ia % 90 landa eremuan bizi ziren.

Erailiko emakume horiek bizi ziren eskualdeei buruzko datuak aztertzen, egiazta dezakegu ezen, gizonekin gertatzen zen bezala, hilketa horiek maizago gertatu zirela Tuterako Erriberan, mendebaldeko Erriberan eta ekialdeko Erdialdean[44]. Hildakoen % 34,04 erdiguneko eta Tuterako Erriberan bizi ziren eta % 29,78 mendebaldeko Erriberan; hortaz,

43. García-Sanz Marcotegui, Angel & Mikelarena Peña, Fernando (2000). Evolución de la población navarra durante el siglo xx, *Gerónimo de Uztariz*, 16, 125-138. orr.

44. Fernando Mikelarenak *Sin Piedad. Limpieza política en Navarra,1936. Responsables, colaboradores y ejecutores* liburuan erabiltzen dituen eskualde beberak erabili dira. Kasu honetan Erdialdeko Erribera eta Tuterako Erribera elkartu dira.

dían en Nafarroa y de nueve no se ha podido confirmar su lugar de residencia. Casi la mitad de estas mujeres vivían fuera de Nafarroa, lo cual se puede deber a lo explicado anteriormente. De esas 46 que residían en Nafarroa, dos lo hacían en Iruñea y cuatro en Tutera (dos de los tres municipios más poblados en 1900). Las otras 40 vivían en núcleos rurales, por tanto, casi el 90 % de las asesinadas que residían en Nafarroa lo hacían en el mundo rural.

Analizando los datos en relación a las comarcas en las que residían estas mujeres asesinadas, podemos comprobar que, al igual que sucedía con los varones, estos asesinatos se dieron con más frecuencia entre la población que residía en la Ribera tudelana, la Ribera occidental y en la Zona Media oriental[45]. Un 34,04 % de las asesinadas residían en la Ribera central y tudelana y un 29,78 % lo hacían en la Ribera occidental, por lo que solo en la Ribera navarra fueron asesinadas el 63,82 % de estas mujeres. El resto de comarcas en las que residían son la Zona Media oriental, con el 12,76 %; la Zona Media occidental, con el 10,63 %; los valles cantábricos, con el 8,51 %; y la ciudad de Iruñea, con un 4,25 %. Excep-

45. Se han utilizado las mismas comarcas que utiliza Fernando Mikelarena en el análisis que realiza en su libro *Sin Piedad. Limpieza política en Navarra,1936. Responsables, colaboradores y ejecutores.* En este caso se han unificado la Ribera central y la Ribera tudelana.

Nafarroako Erriberan soilik, emakume horien % 63,82 hil zituzten. Bizitokia zuten bertze eskualdeak honako hauek dira: ekialdeko Erdialdean bizi ziren % 12,76; mendebaldeko Erdialdean, % 10,63; Kantauri isuriko haranetan, % 8,51; eta Iruñean, % 4,25. Nafarroako iparraldea kenduta, non Gazteluko leizeko hilketa gertatu baitzen eta Berroetan bertze emakume bat hil baitzuten, nafar geografiako iparraldean ez zen hilketarik izan. Gainerako heriotzak Nafarroako erdialdetik hegoalderantz bizi ziren pertsonenak izan ziren.

Faktore batzuek azal lezakete hilketa horiek zergatik gertatu ziren gehiago landa eremuetan eta, zehazki, Nafarroako erdialdean eta hegoaldean bizi ziren emakumeen artean. Erriberan errepresioa handiagoa izan zen, bertzeak bertze, ezkerrak presentzia handiena zuen tokia zelako. Fronte Popular koalizioa botoen % 37,8 izatera iritsi zen 1936an[45]. Eskualde horren barruan, eremu landatarrean errepresioa handiagoa izan zen, agian, atxilotuak izateko erraztasunagatik, inguru haietan anonimotasunik ez baitzen[46].

Pertsona horien lanbide eta enpleguei dagokienez, haietako

45. Mikelarena Peña, Fernando (2015). *Sin piedad. Limpieza política en Navarra, 1936. Responsables, colaboradores y ejecutores*, 26. or. Pamiela.

46. Francisca Moya Alcañizek arrazoi hau aipatzen du landa eremuetan jasandako errepresioarekin lotuta. *Que vuestro nombre no se olvide. Mujeres condenadas a muerte en los consejos de guerra franquistas (1936-1945)*, 14. or. Comares historia.

tuando el norte de Nafarroa, donde se da el asesinato de la sima de Gaztelu y otra mujer es asesinada en Berroeta, no ocurren asesinatos de mujeres en la parte norte de la geografía navarra. El resto de muertes fue de personas que residían de la mitad de Nafarroa hacia el sur.

Varios factores podrían explicar por qué estos asesinatos se dieron más entre mujeres que residían en entornos rurales y en concreto en la Zona Media y el sur de Nafarroa. El hecho de que la represión en la Ribera fuera mayor se debió, entre otras cosas, a que era el lugar donde más presencia tenía la izquierda, llegando el Frente Popular al 37,8 % de los votos en 1936[46]. Dentro de esta comarca, el hecho de que la represión se diese más en el ámbito rural se puede deber a la facilidad con la que podían ser detenidas dada la ausencia de anonimato existente en aquellos entornos[47].

Respecto a las profesiones y empleos que ejercían estas personas, de 35 de ellas no se ha podido constatar en qué trabajaban. De las 60 sobre las que sí se tiene constancia de la profesión que ejercían, 38 se dedicaban al trabajo en el hogar, siendo el primer

35en kasuan ezin izan da egiaztatu zertan egiten zuten lan. 60ren kasuan egiaztatu da zuten lanbidea. 38 etxeko lanetan aritzen ziren, hori delarik lehendabiziko blokea enplegu eta lanbideei dagokienez. Horrela izendatzea erabaki dugu etxe barruan egiten zen lan oro edo hari loturik zegoena, hau da, baratzea, azienda gobernatzea, ahaideak zaintzea...

Hurrengo taldea prestakuntza eta profesionalizazioa eskatzen zuten lanak egiten zituzten emakumeena dugu. Errateko, sei maistrak ziren, bat idazlea eta bertze bat biologia ikaslea. Juana Mir Garcia, Iruñean sortua eta Bilbon bizi zena, EAJko kidea, kazetari, idazle eta antzerkigilea zen. *La Tarde* egunkariko zutabegilea, 1937an atxilotu zuten, tropa faxistek Bilbo hartu ondoren, eta prozesu judizial baten eraginpean paratu zuten. Kasu bakarra da non heriotza-epai irmoa izanik, ondoren epaia exekutatu egiten den. Bertze 14 pertsona gehiagorekin batera hil zuten, Vista Alegre hilerrian, 1937ko abuztuaren 5eko goizaldean. Bertze alde batetik, Concepcion Labarga Melero, 20 urtekoa, Ablitaseko bizilaguna eta Biologiako ikaslea, Madrilen hil zen, bonbardaketa baten ondorioz.

Langile-klaseari dagozkion jarduera hauek ere egiaztatu dira: kantinera, jostuna, fabrikako enplegatua... Ondorioz, ikus daiteke gehien errepikatzen diren lanbideak emaku-

46. Mikelarena Peña, Fernando (2015). *Sin piedad. Limpieza política en Navarra, 1936. Responsables, colaboradores y ejecutores*, p. 26. Pamiela.

47. Francisca Moya Alcañiz alude a este motivo en la represión sufrida en los entornos rurales en el libro *Que vuestro nombre no se olvide. Mujeres condenadas a muerte en los consejos de guerra franquistas (1936-1945)*, p. 14. Comares historia.

bloque en cuanto a empleos y profesiones. Hemos decidido denominarlo de esta manera, entendiéndolo como todo aquel trabajo que se realizaba dentro del hogar o estaba relacionado con el mismo, esto es, la huerta, el cuidado de los animales y familiares...

El siguiente grupo de mujeres que se puede observar es el de las que realizaban trabajos que requerían formación y profesionalización. Por ejemplo, seis eran maestras, una era escritora y otra era estudiante de biología. Juana Mir García, nacida en Iruñea, residente en Bilbo, afiliada al PNV, era periodista, escritora y autora teatral. Columnista del periódico bilbaíno *La Tarde*, fue detenida en 1937 tras la toma de Bilbo por parte de las tropas fascistas, y sometida a un proceso judicial. Es el único caso encontrado con sentencia a muerte firme donde posteriormente esa sentencia es ejecutada. Será asesinada junto con otras 14 personas más en el cementerio de Vista Alegre la madrugada del 5 de agosto de 1937. Por otro lado, Concepción Labarga Melero, vecina de Ablitas de 20 años y estudiante de Biología, falleció en Madrid en 1937 a causa de un bombardeo.

También se han podido constatar las siguientes actividades propias de la clase obrera: cantinera, costurera, empleada de fábrica, sastra... A estos efectos, se puede observar cómo las profesiones que más se repiten eran aquellas en las que las mujeres tenían más presencia.

meek presentzia handiagoa zuten horiek direla.

Ezkerreko erakundeetako militantzia politikoari dagokionez, ikus daiteke ez zela iritsi hil zituzten emakume guztiengana. Berez, gaur arte ezin izan da egiaztatu horietako 65ren militantzia politikoa, eta badakigu hiruk ez zutela engaiamendu politikorik. Segurantzia dugu soilik % 28,42 zeudela politikoki konprometiturik.

Militantziak eta konpromiso politikoak erran nahi dutenari buruz egin daitezkeen interpretazioak askotarikoak dira. Autore batzuek bereizten dituzte kide zirenak eta zale zirenak. Benetako afiliatutzat hartzen dira kuota bat ordaintzen zutenak eta zaletzat, berriz, interes politikoa izan eta prestakuntza edo kultura ekitaldietara, Herriko Etxera... joaten zirenak[47]. Ikerketa honetan ezin izan dugu bereizi afiliatuen eta zaleen artean. Argi gelditu da haietako heren batek konpromiso politikoa zeukatela, nahiz eta honek ez duen erran nahi gainerakoek ezkerreko erakundeekin lotura edo zaletasun motaren bat ez zutenik.

Partaide izan zituzten erakundeei dagokienez, bederatzi UGT sindikatuko kideak ziren, bortz PCEkoak, lau CNTkoak, hiru Euskal Milizia Antifaxistetakoak, bat FETE sindikatukoa,

47. Moya Alcañiz, Francisca (2023). *Que vuestro nombre no se olvide. Mujeres condenadas a muerte en los consejos de guerras franquistas (1936-1945)*. Comares historia.

En cuanto a la militancia política en las organizaciones de izquierdas, se puede comprobar que no alcanzó a todas las mujeres que fueron asesinadas. De hecho, hasta el momento no se ha podido comprobar la militancia política de 65 de ellas y sabemos que tres de ellas no tenían implicación política. Tenemos constancia tan solo de que el 28,42 % estaban comprometidas políticamente.

Son diferentes las interpretaciones que se pueden realizar sobre qué significa la militancia y el compromiso político, y algunas autoras hacen diferenciaciones entre las que eran afiliadas y las que eran simpatizantes. Por afiliación efectiva se entiende aquellas que pagaban una cuota y por simpatizantes aquellas que tenían un interés político y asistían a actos culturales o formativos, a la Casa del Pueblo...[48] En el caso de esta investigación no hemos podido diferenciar entre las que estaban afiliadas o eran simpatizantes. Lo que queda claro es que casi una tercera parte de ellas tenían un compromiso político, aunque esto no quiere decir que el resto no tuvieran algún tipo de vinculación o simpatía con organizaciones de izquierdas.

Respecto a las organizaciones de las que formaron parte, nueve pertenecían al sindicato UGT, cinco al PCE, bat Ezker Errepublikarrekoa, bat EAJkoa, bat PSOEkoa, bat Frantziako PCkoa eta bat Red Comètekoa.

Bestalde, haietako zazpi miliziaanoak izan ziren eta errepresioa pairatu zuten horregatik. Haietako hiru erail zituzten, hiru gatibualdian hil ziren eta bat hiltzera kondenatua eta exekutatua izan zen. Partaide izan zituzten miliziei dagokienez, hiruk Euskal Milizia Antifaxistetan hartu zuten parte, bik Madrilgo Milizia Herritarretan, batek Nazioarteko Brigadetan eta batek Red Comètean. Sare horrek hegazkinlari britainiarrak laguntzen zituen naziek okupatutako Frantziako muga modu klandestinoan pasatzen, Britainia Handira itzuli ahal zitezen.

Gatibualdiari dagokionez, lortutako datuek islatzen dute emakume horien % 30,53 preso izan zirela erailak izan aitzin, hau da, 29 emakume. Horietatik hiru Argelès-sur-Merko kontzentrazio-esparruan egon ziren gatibu eta bertan hil ziren.

Bertze bi, Frantzian bizi zirenak, atxilotu zituzten haien engaiamendu politikoarengatik. Haietako bat Higinia Luz Goñi Ayestaran dugu. Ziraukin sortua, etxeko langilea eta Frantziako Alderdi Komunistako kidea zen. 1936an Espainiara joan zen eta bertan Nazioarteko Brigadetan hartu zuen parte, lan osagarrietan eta gerrako osasun-lanetan. Gerra bukatuta, Frantziara itzuli zen eta Erresistentzia frantziarrean hartu zuen

48. Moya Alcañiz, Francisca (2023). *Que vuestro nombre no se olvide. Mujeres condenadas a muerte en los consejos de guerras franquistas (1936-1945).* Comares historia.

cuatro a la CNT, tres a las Milicias Vascas Antifascistas, una al sindicato FETE, una a Izquierda Republicana, una al PNV, una al PSOE, una al Partido Comunista Francés, y una a la Red Comète.

Por otro lado, siete de ellas fueron milicianas y sufrieron la represión por ello. Tres de ellas fueron asesinadas, tres murieron en cautividad, y una de ellas fue condenada a muerte y ejecutada. En cuanto a las milicias en las que participaron, tres lo hicieron en las Milicias Vascas Antifascistas, dos en las Milicias Populares de Madrid, una en las Brigadas Internacionales y una en la Red Comète, dedicada a ayudar a los aviadores británicos a cruzar clandestinamente la muga de la Francia ocupada por los nazis para poder regresar a Gran Bretaña.

En cuanto a la cautividad, los datos obtenidos reflejan que un 30,53 % de estas mujeres estuvieron presas antes de ser asesinadas, esto es, 29 mujeres. De estas, tres estuvieron cautivas en el campo de concentración de Argelès-sur-Mer, donde fallecieron.

Otras dos, que vivían en Francia, fueron detenidas por su implicación política. Una de ellas es Higinia Luz Goñi Ayestaran, nacida en Zirauki, empleada en el hogar en París y miembro del Partido Comunista Francés. En 1936 se trasladó a España donde participó en las Brigadas Internacionales realizando trabajos auxiliares y de sanidad de guerra. Terminada la guerra regresó a Francia donde participó en la Resistencia francesa. Fue deteni-parte. 1941ean atxilotu zuten eta La Santé espetxean eta Romainvilleko gotorlekuan egon zen preso. Azkenik, Auschwitz-Birkenau kontzentrazio-esparrura eraman zuten eta bertan hil zen, 1943ko maiatzean.

Bertzea Francisca Romana Halzuet Alzate izan zen. Beran sortua baina Urruñako auzokidea zen eta haren senide bat Red Comèteko gidaria zen. Hark ere sare horretan parte hartu zuen 1942tik 1943an atxilotua izan zen arte, Royal Air Forceko hiru hegazkinlarirekin batera. Romainvilleko gotorlekuan egon zen preso eta, beranduago, Ravensbrückeko emakumeen kontzentrazio-esparrura eraman zuten. Han hil zen 1945eko apirilean.

Bestalde, egiaztatu ahal izan dugu Jesusa Lesbur Geres ez zela Dachauko kontzentrazio-esparruan hil, orain arte pentsatzen zen bezala, eta haren benetako izena Micaela Del Campo Goñi zela, Eugikoa. Zerrenda honetan ez sartzea erabaki dugu zeren eta, 1953 urtera arte gutxienez, Frantzian bizi izan baitzen. Urte hartan deportatu-egoiliar titulua emateko eskaera sinatu zuen, Borrokalari Ohien eta Gerra-Biktimen Ministerioan. Dena den, interesgarria iruditu zaigu fitxa bat eranskin gisara gehitzea, eskuratu dugun informazioarekin.

Tuterako espetxean lau emakume egon ziren gatibu eta bi Madrilgo Ventasko Emakumeen Espetxean. 28 emakume horietako gainerakoak

da en 1941 y estuvo presa en la Prisión La Santé y el Fuerte de Romainville, y, por último, fue trasladada al campo de concentración de Auschwitz-Birkenau, donde murió en mayo de 1943.

La otra fue Francisca Romana Halzuet Alzate, nacida en Bera pero residente en Urruña, quien tenía un familiar que era guía de la Red Comète. Ella participó en esta red desde 1942 hasta que fue detenida en 1943 junto a tres aviadores de la Royal Air Force. Estuvo presa en el Fuerte de Romainville y posteriormente fue deportada al campo de concentración de mujeres de Ravensbrück, donde murió en abril de 1945.

Por otro lado, hemos podido comprobar que Jesusa Lesbur Geres no murió en el campo de concentración de Dachau, como se venía pensando hasta ahora, y que su nombre verdadero era Micaela Del Campo Goñi, natural de Eugi. Hemos decidido no incluirla en este listado porque estuvo residiendo en Francia por lo menos hasta el año 1953, cuando ella misma firmó una solicitud de otorgamiento del título de deportada resistente al Ministerio de los Excombatientes y Víctimas de la Guerra. En cualquier caso, nos ha parecido interesante añadir como anexo una ficha con la información que hemos obtenido.

También en la cárcel de Tutera estuvieron cautivas cuatro mujeres y dos en la Cárcel de Mujeres de Ventas de Madrid. El resto de esas 28 mujeres estuvieron presas en cárceles provin-

Delfina Gil Arbizu, miliciana navarra que no ha sido incluida en el listado porque no fue asesinada. | Fuente: Archivo Histórico de Defensa.

Delfina Gil Arbizu miliziano nafarra. Ez da zerrendan gehitu ez zutelako erail. | Iturria: Defentsako Artxibo Historikoa.

espetxe probintzialetan (Iruñekoa kasu) eta tokian tokiko espetxeetan egon ziren preso: Azkoien, Cabanillas, Allo, Martzilla, Lizarra, Mendabia...

Hil ziren tokiarekin lotuta, ikus daiteke kasu aunitzetan bizi ziren tokitik hurbil dagoela. Bi emakume Alemanian hil ziren, kontzentrazio-eremu nazietan; bat Iparraldean, hiru Frantzian; 13 Katalunian, haietako batzuk bonbardaketen ondorioz; lau Bizkaian, bat Araban, sei Gipuzkoan, zazpi Errioxan, lau Madrilen, bortz Aragoin... Hiru kasutan ezin izan dugu heriotza-tokia egiaztatu.

ciales como la de Iruñea y en las cárceles locales de Azkoien, Cabanillas, Allo, Martzilla, Lizarra, Mendabia...

Con relación al lugar donde fallecieron, se puede observar que en muchos casos es cercano al lugar donde residían. Dos mujeres murieron en Alemania en campos de concentración nazis; una en Iparralde, tres en Francia, 13 en Catalunya, algunas de ellas a consecuencia de bombardeos; cuatro en Bizkaia, una en Araba, seis en Gipuzkoa, siete en La Rioja, cuatro en Madrid, cinco en Aragón... De tres de ellas no se ha podido constatar su lugar de fallecimiento.

En último lugar, nos ha parecido interesante contabilizar cuántas de estas mujeres fueron exhumadas. Como se ha mencionado anteriormente, las exhumaciones tempranas se empezaron a realizar en Nafarroa en el año 1978, hasta el 1980. Estas se hicieron de manera clandestina en muchos casos y fueron llevadas a cabo por los familiares. A partir del año 2003 se inició una segunda fase de exhumaciones impulsadas por las asociaciones memorialistas. Fue a partir de 2016 cuando las políticas públicas en el ámbito de las exhumaciones empezaron a desarrollarse. Del total de las 95 mujeres que se han incluido en este trabajo 29 fueron exhumadas, un 31,18 %. Este dato refleja la importancia que tiene la recuperación de los restos de las personas asesinadas para los familiares, y también que muchos años

Azkenik, interesgarria iruditu zaigu zenbatzea emakume horietako zenbat desobiratu zituzten. Arestian aipatu bezala, desobiratze goiztiarrak Nafarroan 1978an hasi ziren egiten, 1980ra arte. Kasu aunitzetan, ahaideek egin zituzten, modu klandestinoan. 2003tik aitzina desobiratzeen bigarren fasea hasi zen, memoria-elkarteek sustaturik. 2016tik aitzina hasi ziren garatzen politika publikoak desobiratzeen eremuan. Lan honetan sartu ditugun 95 emakumeetatik 29 desobiratu zituzten, % 31,18. Datu horrek islatzen du eraildako pertsonen gorpuzkinak berreskuratzeak ahaideentzat duen garrantzia, eta, halaber, urte aunitz iragan ondoren, pertsona asko gelditzen direla bilatzeko eta desobiratzeko.

Ildo horretatik, ikerketa honen momenturik hunkigarrienetako bat izan zen Felisa Palacios Burgueteren gorpuzkinak desobiratzen ikustea, Farasduesko hilerrian (Zaragoza), 2021eko irailean. Orobat, Blasa Roncal Alonsoren bilaketa sutsua izan zen 2022an; prospekzio batzuk egin ziren Allo-Lerin-Larragako errepidean, haren ahaideek bildutako lekukotza berriei esker. Prospekzio horiek guztiek emaitza negatiboa izan zuten.

Jarraitu beharreko urratsak

Lan honek ikerketa eta analisi ildo aunitz uzten ditu irekita, eta inte-

después aún queda un gran número de personas por buscar y exhumar.

En este sentido, uno de los momentos más emotivos de esta investigación fue presenciar la exhumación de los restos de Felisa Palacios Burguete en el cementerio de Farasdués (Zaragoza) en septiembre de 2021. También ha sido intensa la búsqueda de Blasa Roncal Alonso durante el año 2022; se realizaron varias prospecciones en la carretera de Allo-Lerin-Larraga gracias a los nuevos testimonios recogidos por sus familiares. Todas estas prospecciones tuvieron un resultado negativo.

Pasos a seguir

Este trabajo deja muchas líneas de investigación y de análisis abiertas que sería interesante poder seguir desarrollando y ampliando. Siendo conscientes de que es posible que aparezca, por un lado, más información, y por otro, más casos de mujeres que fueron asesinadas, consideramos que hemos realizado un acercamiento a la represión que sufrieron las mujeres navarras y que hemos podido contar las historias de vida de muchas de ellas. Sobre todo, creemos que esta investigación saca del olvido algunas historias que podían haber seguido así durante más tiempo. Nos ha gustado reconstruir parte de esas historias olvidadas, que ahora se hacen públicas y que esperamos continúen completándose y expandiéndose. Es el momento de seguir aportando

resgarria litzateke garatzen eta zabaltzen segitu ahal izatea. Kontziente izanik litekeena dela, batetik, informazio gehiago, eta, bertzetik, erailiko emakumeen kasu gehiago agertzea, uste dugu emakume nafarrek pairatu zuten errepresiora hurbildu garela eta haietako aunitzen bizi historiak kontatu ahal izan ditugula. Batez ere, uste dugu ikerketa honek ahanzturatik atera dituela zenbait historia, bestela denbora gehiago ahantzirik jarraitu ahalko zutenak. Gustatu zaigu ahantziriko eta orain plazaratu ditugun historia horien parte bat berreraikitzea, eta espero dugu osatzen eta zabaltzen jarraitzea. Unea da historia horiei ekarpenak egiten eta haietan sakontzen jarraitzeko. Espero dugu lan hau argitaratzeak testigantzei, historiei, elkarrizketei, argazkiei... bideak irekitzea, isiltasunaren murrua dinamitatzen segitu ahal izateko. Orobat, artxiboen munduan arakatzen jarraitzea beharrezkoa izanen da, historia horiei ekarpenak egiten segitzeko, aldi berean, zenbait artxibotan eta dokumentutan sarbidea izateko eta gardentasunerako beharra azpimarratuz. Finean, Trantsizioan sortutako inpunitate sistema salatzen jarraitzea, urte hauetan, maizegi, haren kontra talka egin baitugu. Halaber, espero dugu informazio hau gaur egun familia aunitz egiten ari diren duintze prozesuetan erabilgarri izatea.

Viudas, hijas e hijos cargaron durante años con el recuerdo oculto de sus seres queridos asesinados. Azagra, 10-12-1978. | Fuente: Fondo Josefina Campos.

Alargunek eta seme-alabek hainbat urtez eraman zuten gainean erailak izandako beren pertsona maiteen oroitzapen ezkutua. Azagra, 1978-10-12. | Iturria: Josefina Campos funtsa.

y profundizando en estas historias de diferentes formas. Esperamos que la publicación de este trabajo abra caminos a testimonios, historias, conversaciones, fotografías... que puedan seguir dinamitando el muro del silencio. También será necesario seguir indagando en el mundo archivístico para continuar aportando a estas historias y, asimismo, insistiendo en la necesidad de acceso y de transparencia en algunos archivos y documentos. En definitiva, seguir denunciando el sistema de impunidad creado en la Transición y con el cual nos hemos chocado en no pocas ocasiones durante estos años. También esperamos que toda esta información pueda ser utilizada en los

Lan mota hauetan gertatzen ohi den bezala, ez dugu bukatu nahi eskerrak eman gabe ibilbide honetan lagundu eta informazioa eman diguten pertsona orori. Txalaparta argitaletxeari eta, bereziki, Ane Eslava Serranori, lehendabiziko momentutik proiektu hau ilusioz hartzeagatik, NMIri eta, zehazki, Josemi Gaston Aguas, Cesar Layana Ilundain eta Manolo Ibañez Navascuesi, behar izan dugun guztian laguntzeagatik; Aranzadi Zientzia Elkarteari; NUPeko NOHDFen partaideei; IUA eta NEANeko langileei, bereziki, Miriam Echeverria Larari, bere pazientzia, inplikazio eta ezagutzagatik; Tuterako Iñigo Perez Ochoari; Sergio Perezi, Blasa

procesos de dignificación que en la actualidad muchas familias siguen llevando a cabo.

Como suele suceder en este tipo de trabajos, no queremos terminar sin agradecer a todas aquellas personas que han hecho posible que hayamos podido recorrer este camino y que nos han aportado información. A la editorial Txalaparta y especialmente a Ane Eslava Serrano, por acoger desde el primer momento este proyecto con ilusión, al INM y en concreto a Josemi Gastón Aguas, César Layana Ilundain y Manolo Ibáñez Navascués, por ayudarnos en todo lo que hemos necesitado; a la Sociedad de Ciencias Aranzadi; a las personas que forman parte del FDMHN de la UPNA; al personal del AMP y ARGN y en especial a Miriam Echeverría Lara, por su paciencia, implicación y conocimiento; a Iñigo Pérez Ochoa, de Tutera; al familiar de Blasa Roncal Alonso, Sergio Pérez, por su lucha en la recuperación de la memoria de su familia; a Fernando Hernández Holgado, por facilitarnos la información de las mujeres navarras presas en la Cárcel de Ventas de Madrid; y a todas nuestras amigas, que siempre han estado dispuestas a escuchar nuestras discusiones, reflexiones, dudas... Y, cómo no, a nuestras familias y compañeras de Sanfermines 78 Gogoan!, por sus aportaciones y por el cariño que nos han mostrado durante estos años. Eskerrik asko!

Roncalen ahaideari, bere familiaren memoria berreskuratzeko borrokagatik; Fernando Hernandez Holgadori, Madrilgo Ventasko Espetxeko emakume preso nafarrei buruzko informazioa emategatik; eta gure lagun guztiei, gure eztabaidak, hausnarketak, zalantzak... beti entzuteko prest egon baitira. Eta, nola ez, gure familiei eta Sanfermines 78 Gogoan! elkarteko lagunei, haien ekarpenengatik eta urte hauetan erakutsi diguten maitasunagatik. Eskerrik asko!

Familiares de Peralta con un cráneo, exhumado en el cementerio del Milagro en el año 1979. | Fuente: Fondo Josefina Campos.

Azkoiengo senideak, 1979an Milagroko hilerrian lurpetik ateratako garezur batekin. | Iturria: Josefina Campos funtsa.

NOMBRES QUE RECORREN EL TIEMPO

MUJERES ASESINADAS EN NAFARROA 1936-1948

MISERICORDIA ABAD ALCEGA

Familia conocida como «Los Chavarrías»

Fecha y lugar de nacimiento: 1905, Agón (Zaragoza).
Lugar de residencia: Cortes.
Estado civil: Casada con Macario Huerta.
Hijas/os: Dos.
Profesión: Trabajo en el hogar.
Afiliación política:

MUERTE

Lugar: Cortes. En la carretera de Zaragoza, entre Cortes y Ribaforada.
Fecha: 09-09-1936.
Edad: 31 años.
Observaciones: Fue asesinada junto con Enolasca Vela Salvador, de Cortes. Fue exhumada en 1979 e inhumada en el panteón de personas fusiladas en Cortes.

REPRESIÓN

Represión sexuada: Según los datos obtenidos y la información consultada, le raparon el pelo y le obligaron junto a su madre y sus hermanas a desnudarse para comprobar si tenían tatuados la hoz y el martillo en el cuerpo.
Represión familiar: Su hermano Casildo, de 33 años, casado y con dos hijos/as, fue asesinado en el término de Ribaforada el 27-07-1936.

INFORMACIÓN COMPLEMENTARIA

«A varias mujeres les quitaron las alpargatas por ser de color rojo; una madre con cuatro hijas fueron obligadas a desnudarse porque decían que tenían tatuados en los cuerpos la hoz y el martillo. A una de las hijas, Misericordia Abad, la fusilaron en la Carretera de Zaragoza junto con Enolasca Vela después de haber sido maltratadas. La inscripción de Misericordia Abad en el Juzgado, realizada en 1975, consta como fallecida "a consecuencia de lesión de alguna víscera de importancia vital o de algún vaso de gran calibre"». (Altaffaylla Kultur Taldea, 2018, p. 279)

«Hermana de Casildo. A esta la llevaron con la Enolasca. Casada; dos hijos. El marido murió hace pocos años de enfermedad. Murió en la carretera de Zaragoza». «Muerte: Con Misericordia Abad, juntas, las dos solas, en la Venta de Ribaforada, antes del parador Sancho el Fuerte, a la orilla derecha de la carretera general hacia Tudela. Las mataron los de Cortes». (Jimeno Jurío, 2021b, pp. 524 y 538)

FUENTES CONSULTADAS

Altaffaylla Kultur Taldea (2018). *Navarra 1936. De la esperanza al terror.* Altaffaylla Kultur Taldea.

APJN, Juzgado Comarcal de Tudela, exp. 11/1975.

Asociación Pueblo de las Viudas de Sartaguda (2009). *Parque de la memoria.* [Página web]. parquedelamemoria.org

Herrera Torres, Ramón (2017). *Diccionario audiovisual de la memoria histórica en Navarra.* Pamiela.

Instituto Navarro de la Memoria (2023). *Oroibidea. Camino de Memoria.* [Página web]. https://oroibidea.es/es/search/victim/54

Jimeno Jurío, José M.ª (2021). *La represión en Navarra (1936-1939): Trabajo de campo y archivo (2a. parte) (1973-1983). Tomo IV, Ibero-Zuza, apéndice de Álava, Bizkaia y Gipuzkoa.* Pamiela.

ABAD ALCEGA, Misericordia CORTES

Hermana de Casildo. A esta la llevaron con la Nolasca.
Casada; dos hijos. El marido murio hace pocos años de enfermedad.
Les llamaban "los Chavarrías".
MURIO: En la carretera de Zaragoza,

Ficha de José María Jimeno Jurío. | Fuente: Oroibidea, Paz y Convivencia. Gobierno de Navarra.

FELISA AGUADO SAINZ

Fecha y lugar de nacimiento: 1872, Murchante.
Lugar de residencia: Cabanillas.
Estado civil: Casada con Alfonso Calleja.
Hijas/os: Tres (entre ellas, Simona y Proceso).
Profesión: Trabajo en el hogar.
Afiliación política: PCE.

MUERTE

Lugar: Valtierra, en la carretera entre Valtierra y Cadreita.
Fecha: 12-08-1936.
Edad: 64 años.
Observaciones: Fue asesinada junto con su hija Simona y su hijo Proceso.

REPRESIÓN

Represión sexuada: Según los datos obtenidos y la información consultada, le raparon el pelo y fue agredida sexualmente.
Cautividad: Estuvo presa en la cárcel local de Cabanillas.
Represión familiar: Su hija Simona Calleja Aguado, de 18 años, fue fusilada. Su hijo Proceso Calleja Aguado, de 26 años, fue fusilado. Su hermano Pedro Luis Aguado Sainz fue asesinado unos días antes que Felisa, cuando tenía 46 años; estaba casado y tenía seis hijos e hijas.

INFORMACIÓN COMPLEMENTARIA

«Fueron detenidas y fusiladas con el pelo cortado, junto con otros de Fustiñana, en el término de Valtierra». (Altaffaylla Kultur Taldea, 2018, pp. 217-218)

«En Navarra, las violaciones de Maravillas Lamberto, Carmen Lafraya y las Hermanas Asunción y Adela Campaña causaron una gran conmoción por el hecho de que luego fueron asesinadas, y dejaron un recuerdo imborrable en la memoria popular. [...] En Cabanillas, una muchacha de 19 años llamada Simona Calleja, fue asesinada junto a su madre Felisa Aguado, de 64 años. La familia era de ideología comunista. A Simona le cortaron el pelo y le encerraron en la cárcel del pueblo. Parece que ese era el castigo que le tenían previsto. Pero una noche fue violada repetidamente. Los vecinos oyeron los gritos desgarradores de la pobre Simona. Los violadores, temerosos de una denuncia, decidieron terminar con su vida». (Egaña, 2009, pp. 238-239)

«Simona era una chica guapísima. Tendría 17 o 18 años. La metieron a la cárcel. Se dice que la violaron. Daba unos gritos espantosos. Venían dos de Cortes; también los de Cabanillas intervinieron. Pedía a gritos auxilio a Don Carlos, el párroco, que vivía enfrente. Toda la noche chillando, con alaridos: "¡No me hagáis más! ¡No me hagáis más!". De la manera que ella hablaba y por lo que decía, las vecinas pensaron que la estaban violando continuamente. La mataron para que no descubriera a los que la violaron. Si no, no la hubieran matau. La llevaron en el camión con su madre, un hermanico y con unos de Fustiñana». (Jimeno Jurío, 2021b, p. 336)

FUENTES CONSULTADAS

Altaffaylla Kultur Taldea (2018). *Navarra 1936. De la esperanza al terror.* Altaffaylla Kultur Taldea.

Egaña Sevilla, Iñaki (2009). *Los crímenes de Franco en Euskal Herria 1936-1940.* Txalaparta.

Herrera Torres, Ramón (2017). *Diccionario audiovisual de la memoria histórica en Navarra.* Pamiela.

Instituto Navarro de la Memoria (2023). *Oroibidea. Camino de Memoria.* [Página web]. https://oroibidea.es/es/search/victim/90

Jimeno Jurío, José M.ª (2021). *La represión en Navarra (1936-1939): Trabajo de campo y archivo (2a. parte) (1973-1983). Tomo IV, Ibero-Zuza, apéndice de Álava, Bizkaia y Gipuzkoa.* Pamiela.

CADDEJA AGUADO. Simona — Cabanillas

Fusilada con su madre, Felisa Aguado, entre Valtierra y Cadreita.
Simona era una chica guapísima. Tenria 17 o 18 años.
La metieron a la cardel. Se dice quela violaron. Daba unos gritos espantodos. Venian dos de Cortes; tambien los de Cabanillas intervinieron. Pedia a gritos auxilio a don Carlos, el parroco, que vivia enfrente. Toda la noche chillando, con alaridos: "No me hagais mas! No me hagais mas!". De la manera que ella hablaba y por lo que decia, las vecinas pensaron que la estaban violando continuamente.
La mataron para que no descubriera a los que la violaron.Si no, no la hubieran matau. La llevaron en el camion con su madre, un hermanico, y con unos de Fustiñana. XX, 78

Ficha de José María Jimeno Jurío. | Fuente: Oroibidea, Paz y Convivencia. Gobierno de Navarra.

FRANCISCA ALONSO PRADO

Fecha y lugar de nacimiento: 04-06-1896, Azagra.
Lugar de residencia: Azagra.
Estado civil: Casada con Filemón Losantos San Bartolomé.
Hijas/os: Tres.
Profesión: Trabajo en el hogar.
Afiliación política: IR.

MUERTE

Lugar: Rincón de Soto (La Rioja).
Fecha: 05-09-1936.
Edad: 40 años.
Observaciones: Fue asesinada junto con su marido Filemón y su hermano Gregorio. Fue exhumada en el año 1978 e inhumada en el panteón de personas fusiladas de Azagra.

REPRESIÓN

Represión familiar: Su marido, Filemón Losantos San Bartolomé, de 43 años, fue fusilado. Su hermano Gregorio Alonso Prado, de 38 años, casado con Florencia Palacios Gurrea y con tres hijos e hijas, fue fusilado. Su hermano Amancio Alonso Prado, maestro de 25 años, fue fusilado en Zaragoza.

INFORMACIÓN COMPLEMENTARIA

«El cinco de septiembre una nueva familia iba a quedar destrozada, posiblemente por móviles económicos. El matrimonio Francisca Alonso y Filemón Losantos, con tres hijos, habían arrendado unas tierras que según testimonios, codiciaban otros. A Gregorio Alonso, hermano de Francisca y ganadero bien situado, le quitaron el rebaño y la carnicería. Se los llevaron a los tres, (Francisca en camisón), al otro lado del Ebro y en el término de Recuenco en Calahorra, los fusilaron. Francisca quedó malherida y arrastrándose dos kilómetros llegó hasta el corral de Ontanon donde pidió

ayuda. En vez de hacerlo fueron a dar parte y volvieron a rematarla. A Amancio Alonso, hermano menor de los anteriores, lo fusilaron en Zaragoza al día siguiente. Había estudiado para fraile y ejercía de maestro». (Altaffaylla Kultur Taldea, 2018, pp. 138 y 140)

Fotografía de Francisca Alonso Prado. | Fuente: Altaffaylla Kultur Taldea, 2018, p. 138.

FUENTES CONSULTADAS

Altaffaylla Kultur Taldea (2018). *Navarra 1936. De la esperanza al terror.* Altaffaylla Kultur Taldea.

ARGN, Juzgado de Primera Instancia e Instrucción n.º 1 de Estella/Lizarra, exp. 0000039/1940.

Egaña Sevilla, Iñaki (2009). *Los crímenes de Franco en Euskal Herria 1936-1940.* Txalaparta.

Herrera Torres, Ramón (2017). *Diccionario audiovisual de la memoria histórica en Navarra.* Pamiela.

Instituto Navarro de la Memoria (2023). *Oroibidea. Camino de Memoria.* [Página web]. https://oroibidea.es/es/search/victim/194

Jimeno Jurío, José M.ª (2020). *La represión en Navarra (1936-1939): Trabajo de campo y archivo (finales de 1974-principios de 1981). Tomo I, Ablitas-Marcilla.* Pamiela.

Mikelarena Peña, Fernando (2015). *Sin piedad: Limpieza política en Navarra, 1936, responsables, colaboradores y ejecutores.* Pamiela.

ARACELI ÁLVAREZ CALVO

Fecha y lugar de nacimiento: 27-06-1894, Iruñea. Estuvo empadronada en la calle Tejería 36, 2º.
Lugar de residencia: Villalangua (Huesca).
Estado civil: Soltera.
Hijas/os:
Profesión: Costurera.
Afiliación política:

MUERTE

Lugar: Villalangua (Huesca), en la Casa de la Maestra.
Fecha: 13-09-1936.
Edad: 27 años.
Observaciones: Según el registro de defunción, falleció a consecuencia de suicidio por intoxicación aguda.

REPRESIÓN

Represión sexuada: Según los datos obtenidos y la información consultada, le raparon el pelo junto con su hermana Cecilia, y ambas fueron duramente represaliadas.
Represión familiar: Se suicidó junto a su hermana Cecilia.

FUENTES CONSULTADAS

AMP, Padrón de diciembre de 1920 a diciembre de 1924 y de diciembre de 1924 a diciembre de 1930.
Lafoz Rabaza, Herminio (31 de enero de 2007). El atroz desmoche. *Montborg.* https://montborg.blogia.com/2007/013101-el-atroz-desmoche.php.
RCV, Defunciones, 1936, tomo 9, página 13 de la sección 3º, n.º 13.

Folio 13

ACTA DE DEFUNCION

Registro civil de Salinas de Jaca

Número 13 DISTRITO DE Salinas de Jaca

NOMBRE Y APELLIDOS

Araceli Álvarez Calvo falleció el día 14 septiembre del 1936 a los 27 años. [illegible] por intoxicación aguda

En Salinas de Jaca, provincia de Huesca, a las once y — minutos del día quince de septiembre de mil novecientos treinta y seis ante D. [illegible], Juez municipal, y D. [illegible] Secretario —, se procede a inscribir la defunción de D. Araceli Álvarez Calvo de veintisiete años, natural de Pamplona, provincia de íd, hijo de D. Antonio Álvarez y de D.ª Cecilia [illegible], domiciliado en Villalangua — de —, número —, piso —, de profesión sus labores y de estado (1) soltera

fallecido en (3) domicilio el día catorce de septiembre actual a las once y — minutos, a consecuencia de (3) intoxicación aguda, según resulta de la autopsia practicada y reconocimiento practicado, y su cadáver habrá de recibir sepultura en el cementerio de Villalangua.

Esta inscripción se practica en virtud de (5) manifestación personal de [illegible]

consignándose además (6) —

habiéndola presenciado como testigos D. [illegible] y D. Matías [illegible] mayores de edad y vecinos de este distrito.

Leída esta acta se sella con el del Juzgado y la firman el Sr. Juez, los testigos (7) manifestante, de que certifico.

El juez municipal — El manifestante — Testigo

Testigo

JUZGADO MUNICIPAL DE SALINAS DE JACA

Registro de defunción de Araceli Álvarez Calvo. | Fuente: Registro Civil de Villalangua (Peñas de Riglos), defunciones, 1936, tomo 9, p. 13 de la sección n.º 3, n.º 13.

CECILIA ÁLVAREZ CALVO

Fecha y lugar de nacimiento: 20-01-1897, Iruñea. Al igual que su hermana, estuvo empadronada en la calle Tejería 36, 2º.
Lugar de residencia: Villalangua (Huesca).
Estado civil: Soltera.
Hijas/os:
Profesión: Maestra en Villalangua.
Afiliación política: FETE.

MUERTE

Lugar: Villalangua (Huesca), en la Casa de la Maestra.
Fecha: 13-09-1936.
Edad: 37 años.
Observaciones: Según el registro de defunción, falleció a consecuencia de suicidio por intoxicación aguda.

REPRESIÓN

Represión familiar: Se suicidó junto a su hermana Araceli.

INFORMACIÓN COMPLEMENTARIA

Según los datos obtenidos y la información consultada, se suicidaron tras ser duramente represaliadas y raparles el pelo. Según un informe sobre su conducta, firmado por el cura de Villalangua del 26 de diciembre de 1936 (ya fallecida), aparece que Cecilia «fue castigada por la autoridad militar y se suicidó premeditadamente en miras de su hermana el 13 de septiembre de 1936». En un informe posterior realizado en el año 1937 por el Guardia Civil Francisco Ara Villanúa, escribe que «la interesada se suicidó en el mes de septiembre último por adversidades políticas». (AHPHU, 1936-1938)

FUENTES CONSULTADAS

AHPHU, Expediente depuración Cecilia Álvarez. Años 1936-1938.

AHPHU. «Mujeres en tiempos de guerra». En el *Archivo Nos Cuenta,* n.º 7, 2020.

AMP, Padrón de diciembre de 1920 a diciembre de 1924 y de diciembre de 1924 a diciembre de 1930.

RCV, Defunciones, 1936, tomo 9, página 12 de la sección 3º, n.º 12.

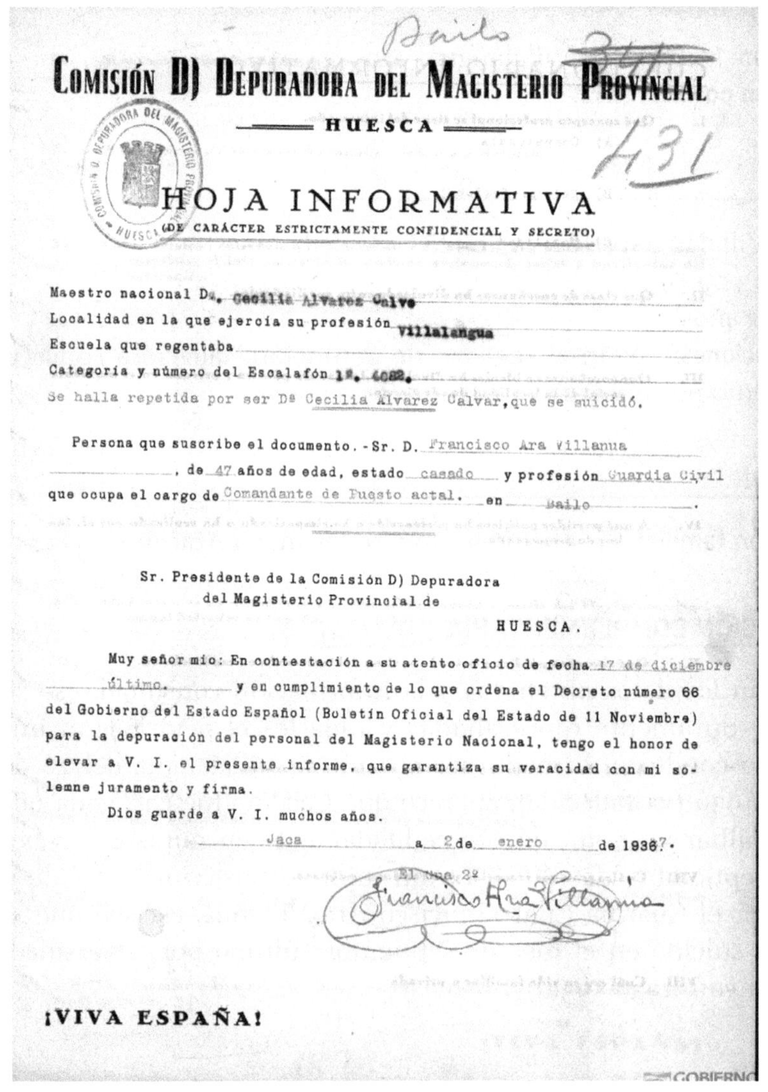

Bailo

431

COMISIÓN D) DEPURADORA DEL MAGISTERIO PROVINCIAL

HUESCA

HOJA INFORMATIVA

(DE CARÁCTER ESTRICTAMENTE CONFIDENCIAL Y SECRETO)

Maestro nacional Dª. Cecilia Alvarez Calvo

Localidad en la que ejercía su profesión Villalangua

Escuela que regentaba

Categoría y número del Escalafón 1ª. 4082.

Se halla repetida por ser Dª Cecilia Alvarez Calvar, que se suicidó.

Persona que suscribe el documento. - Sr. D. Francisco Ara Villanua, de 47 años de edad, estado casado y profesión Guardia Civil que ocupa el cargo de Comandante de Puesto actal. en Bailo.

Sr. Presidente de la Comisión D) Depuradora del Magisterio Provincial de HUESCA.

Muy señor mío: En contestación a su atento oficio de fecha 17 de diciembre último. y en cumplimiento de lo que ordena el Decreto número 66 del Gobierno del Estado Español (Boletín Oficial del Estado de 11 Noviembre) para la depuración del personal del Magisterio Nacional, tengo el honor de elevar a V. I. el presente informe, que garantiza su veracidad con mi solemne juramento y firma.

Dios guarde a V. I. muchos años.

Jaca a 2 de enero de 1937.

El Cmte 2º

Francisco Ara Villanua

¡VIVA ESPAÑA!

Expediente de Depuración de maestra, n.º 11. | Fuente: AHPHU. I-00810_0003 Expediente de depuración de Cecilia Álvarez. Años 1936-1938.

ANTONIA (Apellidos desconocidos)

«La Soriana»

Fecha y lugar de nacimiento: 1877, Soria.
Lugar de residencia: Sin hogar.
Estado civil: Viuda. Su marido Conrado, conocido como el «Carpintero», había fallecido en Los Arcos hacía 16 años.
Hijas/os:
Profesión:
Afiliación política:

MUERTE

Lugar: Zirauki, en una bajera del hospital.
Fecha: 13-01-1937.
Edad: 60 años.
Observaciones: No fue identificada por ningún vecino ni vecina y fue enterrada en el cementerio de Zirauki al día siguiente de su defunción. El juez solicitó su exhumación para la realización de una autopsia el 18 de enero de ese mismo año. Los resultados de la autopsia fueron los siguientes: «En ausencia de toda huella de violencia, nuestras observaciones nos permiten suponer que la muerte fue debida a una congestión cerebral favorecida por la influencia de su alcoholismo crónico y frío». Tras la autopsia, fue enterrada en dicho cementerio, en una fosa común.

INFORMACIÓN COMPLEMENTARIA

Según el sumario falleció por congestión cerebral a consecuencia de alcoholismo crónico y frío. Encontraron a Antonia en una bajera tendida encima de la paja y la descripción de ella era la siguiente: «Vestida con un pañuelo negro en la cabeza, una capa negra con medallas, un mantón de cuadros y otro negro, medias grises, un jersey claro y alpargatas blancas, cuyas señas son las siguientes: como unos 60 años de edad, color moreno, pelo canoso, nariz chata, de una estatura de 1,65 metros». (ARGN, 1937)

«Finalmente, la versión oficial recogida por la prensa provincial decía que la causa de la muerte de Antonia "la Soriana", una gitana que solía aparecer frecuentemente por la zona, fue "congestión cerebral producida por alcoholismo crónico", mientras la voz popular sostenía que fue asesinada». (Altaffaylla Kultur Taldea, 2018, p. 401)

FUENTES CONSULTADAS

Altaffaylla Kultur Taldea (2018). *Navarra 1936. De la esperanza al terror.* Altaffaylla Kultur Taldea.

ARGN, Juzgado de Instrucción de Estella/Lizarra, sumario n.º 5. Año de 1937.

Ayuntamiento de Cirauqui (19 de enero de 2018). *Declaración institucional del Ayuntamiento de Cirauqui/Zirauki en reconocimiento a sus vecinos asesinados el año 1936. In memoriam.* [Página web]. https://n9.cl/2u510

BOPS, 27-01-1937.

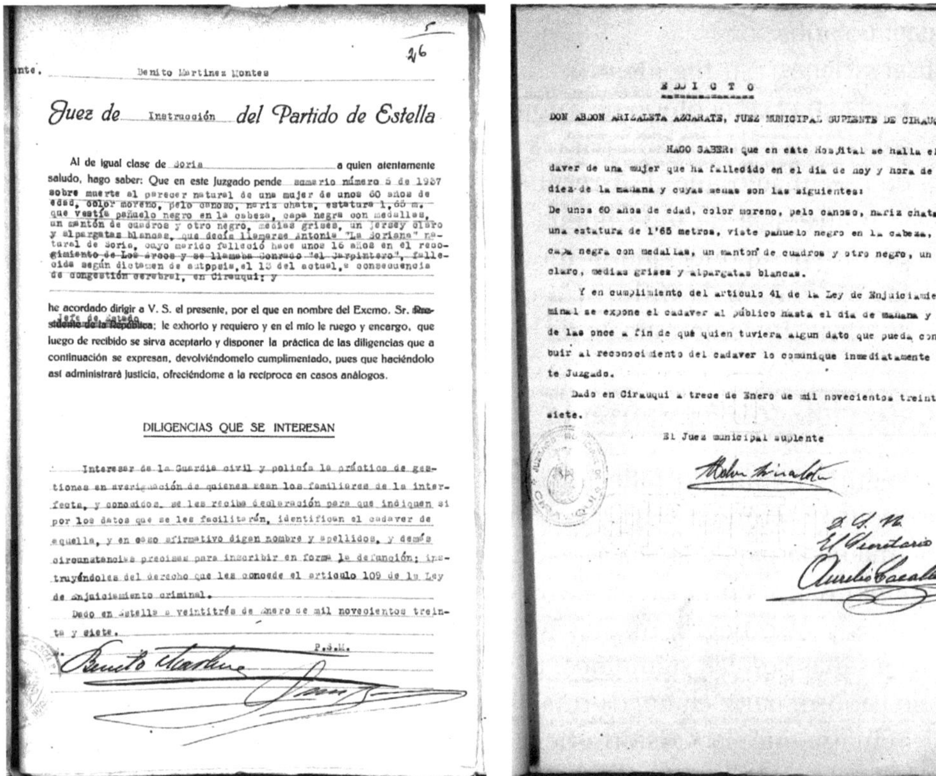

5
26

...nte. Benito Martínez Montes

Juez de Instrucción del Partido de Estella

Al de igual clase de Soria a quien atentamente saludo, hago saber: Que en este Juzgado pende sumario número 5 de 1937 sobre muerte al parecer natural de una mujer de unos 60 años de edad, color moreno, pelo canoso, nariz chata, estatura 1,65 m. que vestía pañuelo negro en la cabeza, capa negra con medallas, un mantón de cuadros y otro negro, medias grises, un jersey claro y alpargatas blancas, que decía llamarse Antonia "La Soriana" natural de Soria, cuyo marido falleció hace unos 16 años en el recogimiento de Los Arcos y se llamaba Conrado "el Carpintero", fallecida según dictamen de autopsia, el 13 del actual, a consecuencia de congestión cerebral, en Cirauqui: y

he acordado dirigir a V. S. el presente, por el que en nombre del Excmo. Sr. ~~Presidente de la República~~ Jefe de Estado; le exhorto y requiero y en el mío le ruego y encargo, que luego de recibido se sirva aceptarlo y disponer la práctica de las diligencias que a continuación se expresan, devolviéndomelo cumplimentado, pues que haciéndolo así administrará justicia, ofreciéndome a la recíproca en casos análogos.

DILIGENCIAS QUE SE INTERESAN

Interesar de la Guardia civil y policía la práctica de gestiones en averiguación de quienes sean los familiares de la interfecta, y conocidos, se les reciba declaración para que indiquen si por los datos que se les facilitarán, identifican el cadaver de aquella, y en caso afirmativo digan nombre y apellidos, y demás circunstancias precisas para inscribir en forma la defunción; instruyéndoles del derecho que les concede el artículo 109 de la Ley de Enjuiciamiento criminal.

Dado en Estella a veintitrés de Enero de mil novecientos treinta y siete.

P.S.M.

7

EDICTO

DON ABDON ARIZALETA AZCARATE, JUEZ MUNICIPAL SUPLENTE DE CIRAUQUI.

HAGO SABER: que en este Hospital se halla el cadaver de una mujer que ha fallecido en el día de hoy y hora de las diez de la mañana y cuyas señas son las siguientes:

De unos 60 años de edad, color moreno, pelo canoso, nariz chata, de una estatura de 1'65 metros, viste pañuelo negro en la cabeza, una capa negra con medallas, un mantón de cuadros y otro negro, un jersey claro, medias grises y alpargatas blancas.

Y en cumplimiento del artículo 41 de la Ley de Enjuiciamiento criminal se expone el cadaver al público hasta el día de mañana y hora de las once a fin de qué quien tuviera algun dato que pueda contribuir al reconocimiento del cadaver lo comunique inmediatamente a este Juzgado.

Dado en Cirauqui a trece de Enero de mil novecientos treinta y siete.

El Juez municipal suplente

Sumario de investigación sobre su muerte. | Fuente: ARGN. Caja 44780, Juzgado de Instrucción de Estella, sumario 5, 1937. pp. 8, 25.

FELISA ARGUIÑANO ARZOZ

Fecha y lugar de nacimiento: 03-05-1903, Zudaire.
Lugar de residencia: Vicálvaro (Madrid), domiciliada en la calle Samaniego, n.º 55.
Estado civil: Casada durante la guerra con Manuel Cuvas Fajardo.
Hijas/os: Un hijo recién nacido en la Prisión de Mujeres de Ventas de Madrid.
Profesión: Empleada del Hotel Ritz de Madrid.
Afiliación política: Afiliada a la UGT.
Observaciones: Su madre, Celedonia Arzoz Echevarría, de 63 años, residente en Beasain, se trasladó hasta la Cárcel de Mujeres de Ventas para hacerse cargo del niño recién nacido.

MUERTE

Lugar: Madrid, Prisión de Mujeres de Ventas.
Fecha: 24-07-1939.
Edad: 36 años.
Observaciones: El documento que certifica la muerte afirma que la «reclusa de la prisión de Mujeres de esta capital, ha fallecido a la una y treinta minutos del día de la fecha a consecuencia de anemia aguda hemorrágica producida en el alumbramiento de un varón de término y vivo».

REPRESIÓN

Cautividad: Estuvo presa en la Prisión de Mujeres de Ventas de Madrid.

INFORMACIÓN COMPLEMENTARIA

«[...] 31 Mayo 1939: Ingresa en esta prisión, procedente de Jefatura S, N, S. entregado por agente en concepto de Detenida a disposición de Juez Militar de Guardia con orden que se une. [...] 7 junio de 1939: Queda a disposición del Auditor de Guerra según orden que se une. [...] 24 julio de 1939: Ha fallecido en el día de hoy en este establecimiento la reclusa a que se refiere este expediente, según certificado del Tocólogo que se une». (AGMI, 1939)

Según información obtenida, Felisa fue detenida y acusada de rebelión militar por la denuncia de Manuel Gómez Barzanallana. Su declaración es la siguiente: «Comparecencia (en Madrid el 10/5/1939) del Excmo. señor D. Manuel Gómez Barzanallana, Marqués de Barzanallana y Ministro de España en Berlín, con domicilio accidental en esta capital, Hotel Ritz y manifiesta que al iniciarse el Glorioso Movimiento Nacional, las milicias rojas se incautaron de un hotel de su propiedad, se apoderaron de todos los muebles, ropas y efectos y manifiesta: Que al apoderarse las citadas milicias de su casa una de las sirvientas, precisamente en la que tenía más confianza, fue la que convivió en más perfecta armonía con las hordas y la que se llama FELISA ARGUIÑANO, domiciliada en Principe de Vergara número once, tercero. [...] También se hace constar que entre las ropas y efectos de FELISA hay ropas de ellos. Por tanto denuncia a la tan repetida FELISA AGUADO, como sabedora de las personas que tomaron parte en el saqueo de su casa, y querer ocultarlas».

Ante esta acusación y según la declaración de Felisa Aguiñano Arzoz, el sumario dice que «no ha pertenecido a ningún partido político, que ha estado sindicada en la UGT hace unos seis meses poco más o menos, que la inculpada no se negó nunca a entregar las ropas que una asistente de la Sra. Marquesa de Barzanalma iba a recoger; que la inculpada se enteró que fueron por dicha ropa cuando regresó al Hotel en el que vivía como refugiada y las milicias que en el vivían la dijeron que habían ido por dicha ropa y que ellos se habían negado a entregarla; que la inculpada como doncella que era de la Sra. duquesa de Barzanallana, en unión de otras dos sirvientas más se quedaron a vivir en el hotel; que en efecto la inculpada tenía en su poder ropa de la Sra. Marquesa, que se la había reclamado a los milicianos para su uso particular, para con la intención de poderlas guardar a la señora marquesa; que tan pronto como las tropas nacionales entraron en Madrid, la inculpada estaba haciendo averiguaciones si la marquesa estaba en Madrid para hacerle entrega de todo lo que la había podido salvar, y que cuando estaba haciendo dichas averiguaciones se presentó la hija de la Sra. Marquesa en casa de la inculpada a preguntarla si tenía algunas ropas de su madre; que la inculpada le entregó una manta con varias prendas [...].

El auto resumen dice que «Felisa Arguiñano Arzoz, de treinta y seis años de edad, casada, sus labores y vecina de esta capital que con anterioridad a iniciarse el GM prestaba servicios en la casa del Marqués de Barzanallana, se le imputa que durante el dominio marxista convivió con las hordas que se incautaron del domicilio de dicho señor y que al hacerle la esposa de dicha Marques la petición de que entregara a otra sirvienta que enviaba alguna ropa de invierno para abrigarse en ocasión de encontrarse refugiada en una Embajada, se negó a entregárselo aduciendo que había dado palabra de honor de no sacar nada del domicilio. También se le imputa que en su equipaje le fueron encontradas algunas prendas de la propiedad del Marqués de Barzanallana. Considerando que los hechos expuestos pueden ser estimados como constitutivos de delito previstos y penados en el Bando declaratorio del Estado de Guerra y que a juicio del juez instructor se hallan concluidas y completas las actuaciones, remítase al Consejo de Guerra Permanente a los fines de vista y fallo». (AGHD, 1939)

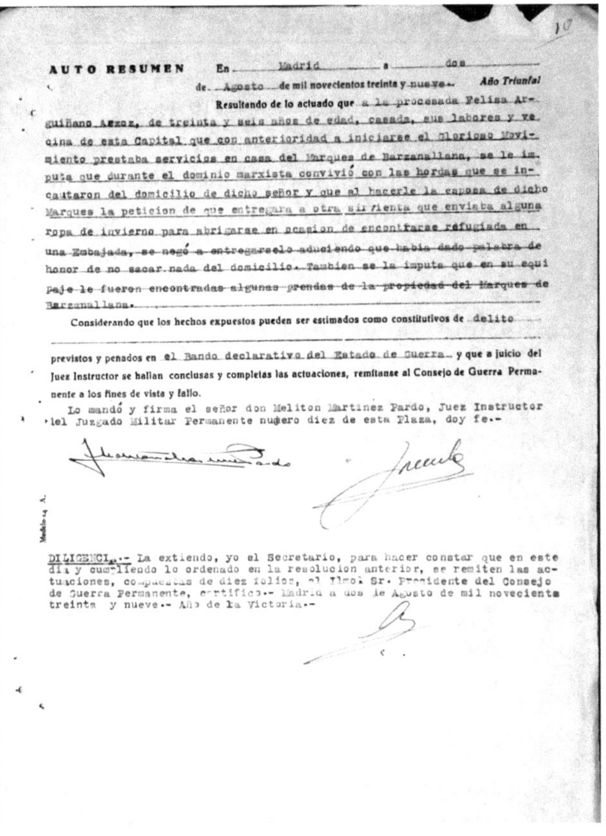

10

AUTO RESUMEN En Madrid a dos de Agosto de mil novecientos treinta y nueve.- Año Triunfal

Resultando de lo actuado que a la procesada Felisa Arguiñano Arzoz, de treinta y seis años de edad, casada, sus labores y vecina de esta Capital que con anterioridad a iniciarse el Glorioso Movimiento prestaba servicios en casa del Marques de Barzanallana, se le imputa que durante el dominio marxista convivió con las hordas que se incautaron del domicilio de dicho señor y que al hacerle la esposa de dicho Marques la peticion de que entregara a otra sirvienta que enviaba alguna ropa de invierno para abrigarse en ocasion de encontrarse refugiada en una Embajada, se negó a entregarselo aduciendo que habia dado palabra de honor de no sacar nada del domicilio. Tambien se la imputa que en su equipaje le fueron encontradas algunas prendas de la propiedad del Marques de Barzanallana.

Considerando que los hechos expuestos pueden ser estimados como constitutivos de delito previstos y penados en el Bando declarativo del Estado de Guerra y que a juicio del Juez Instructor se hallan conclusas y completas las actuaciones, remítanse al Consejo de Guerra Permanente a los fines de vista y fallo.

Lo mandó y firma el señor don Meliton Martinez Pardo, Juez Instructor del Juzgado Militar Permanente numero diez de esta Plaza, doy fe.-

Modelo-14 A.

DILIGENCIA.- La extiendo, yo el Secretario, para hacer constar que en este dia y cumpliendo lo ordenado en la resolucion anterior, se remiten las actuaciones, compuestas de diez folios, al Ilmo. Sr. Presidente del Consejo de Guerra Permanente, certifico.- Madrid a dos de Agosto de mil novecientos treinta y nueve.- Año de la Victoria.-

Auto Resumen del Sumario Militar de Felisa Arguiñano. | Fuente: AAGHD. Sumario del Tribunal Militar 1. Sumario 20905, año 1939, p. 15.

Cuando el Juez solicita que se amplíe la indagatoria de Felisa, ella ya ha fallecido por lo que finalizan el sumario con el sobreseimiento definitivo de la causa.

«Detenida por los franquistas, ingresó en la cárcel de Ventas, en Madrid, el 31 de mayo de 1939, con 36 años de edad. Falleció en esta prisión el 24 de julio de 1939. Murió tras dar a luz a su hijo que fue entregado aquel mismo día a su abuela Celedonia Arzoz Echevarría». (Ortiz Mateos, 2014)

FUENTES CONSULTADAS

AGHD, Tribunal Militar Territorial 1.º, sumario 20905, año 1939.

AGMI, Expediente Procesal 61207, 1939.

ACZ, Nacimientos, 1903, folio 185, n.º 1138.

Hernández Holgado, Fernando (2003). *Mujeres encarceladas: La prisión de Ventas, de la República al franquismo, 1931-1941*. Marcial Pons Historia.

Ministerio de la Presidencia, Justicia y Relaciones con la Cortes. *Memoria democrática. Localización de personas desaparecidas*. [Página web]. https://n9.cl/hahmy

Ortiz Mateos, Antonio (28 de mayo de 2014). España: Memorial Antifranquista y Democrático. *La H/historia en la memoria*. https://n9.cl/2g3d5

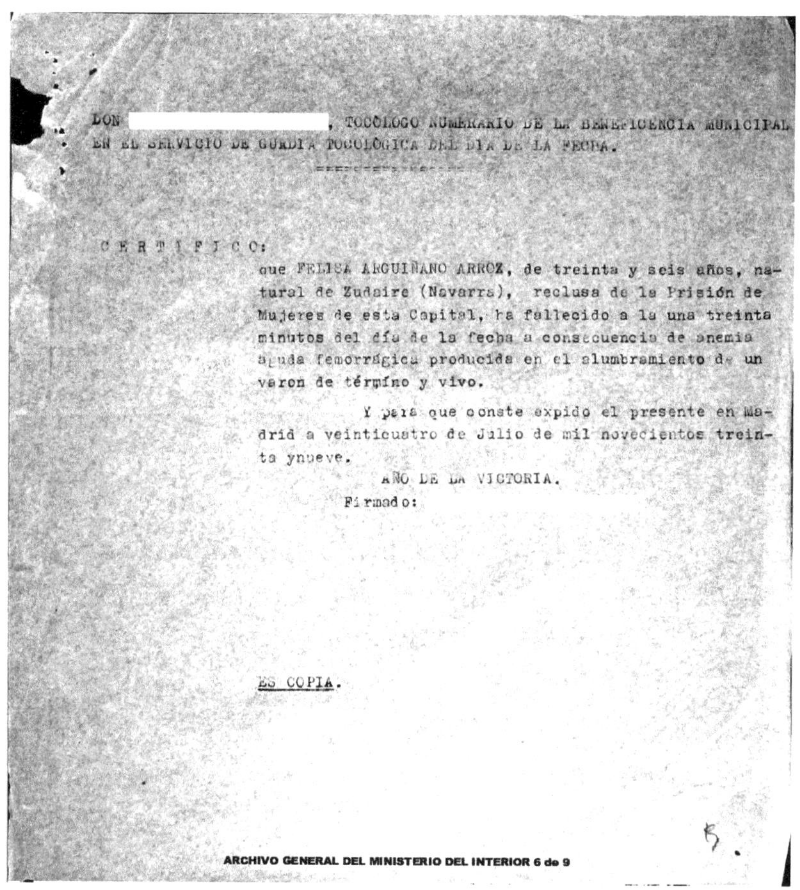

DON [nombre tachado], TOCÓLOGO NUMERARIO DE LA BENEFICENCIA MUNICIPAL EN EL SERVICIO DE GUARDIA TOCOLÓGICA DEL DÍA DE LA FECHA.

C E R T I F I C O:

que FELISA ARGUIÑANO ARROZ, de treinta y seis años, natural de Zudaire (Navarra), reclusa de la Prisión de Mujeres de esta Capital, ha fallecido a la una treinta minutos del día de la fecha a consecuencia de anemia aguda hemorrágica producida en el alumbramiento de un varon de término y vivo.

Y para que conste expido el presente en Madrid a veinticuatro de Julio de mil novecientos treinta ynueve.

AÑO DE LA VICTORIA.

Firmado:

ES COPIA.

ARCHIVO GENERAL DEL MINISTERIO DEL INTERIOR 6 de 9

5.

Comunicación de defunción de Felisa Arguiñano. | Fuente: AGMI. Expediente Procesal 61207, 1939, p. 5.

EMILIA ARRAIZA GARÍN

Fecha y lugar de nacimiento: 08-08-1894, Zirauki.
Lugar de residencia: Lizarra.
Estado civil: Casada con Cesáreo Goyena.
Hijas/os: Dos (César Alberto y Emilia).
Profesión: Trabajo en el hogar.
Afiliación política: UGT.

MUERTE

Lugar: Undio, Erreniega.
Fecha: 30-08-1936.
Edad: 42 años.

REPRESIÓN

Represión familiar: El mismo día que fusilaron a Emilia, asesinaron entre Lorka, Lakar y Villatuerta a su marido Cesáreo Goyena y a su hijo César Alberto (casado con Presentación Escobar Iribas y con un hijo llamado Rubén César). Su hija Emilia, casada por lo civil con Rubén Frías Cartagena en 1936, se exilió en Argentina.

INFORMACIÓN COMPLEMENTARIA

«Cesáreo Goyena era presidente de UGT y un prestigioso electricista. Su mujer Camila Arraiza (no coincide el nombre), que había escrito algún artículo en la prensa socialista sobre el control de la natalidad, fue muerta la primera...». (Altaffaylla Kultur Taldea, 2018, p. 304)

«Hija de Braulio Arraiza Gastón y Remigia Garín Caro, ambos de Cirauqui. En diciembre de 1928 se casó en la iglesia de San Nicolás de Pamplona con el socialista Cesáreo Goyena Salaverri. Sus hijos, R. César y Emilia Goyena Arraiza, también fueron socialistas. La segunda casó civilmente, en mayo de 1936, con Rubén Frías Cartagena (1911), hijo del republicano Guillermo Frías Arizaleta. Estuvo afiliada a la UGT. En 1932 dio dos pesetas para las víctimas de los sucesos de Arnedo. Al igual que su marido y su citado hijo, fue fusilada por los alzados en agosto de 1936. Por su parte, su citada hija junto con su marido, huyeron clandestinamente de España el último día de ese año y se trasladaron a Argentina». (A. García-Sanz Marcotegui, 2007, pp. 234-236)

«La asesinarán, sin juicio, el 30 de agosto, en una de las curvas del Perdón. Dicen que como había escrito algún artículo sobre el control de natalidad, la mataron la primera, la echaron en la fosa y encima a los hombres que asesinaron con ella: "¿no querías hombres? ¡Pues toma!". [...] A su marido, Cesáreo Goyena del PSOE, presidente de la UGT, lo asesinarán en Lorca, ese mismo día, junto a su hijo R. César Goyena Arraiza». (Sánchez-Ostiz, 2013, pp. 405-406)

FUENTES CONSULTADAS

Altaffaylla Kultur Taldea (2018). *Navarra 1936. De la esperanza al terror.* Altaffaylla Kultur Taldea.

Ayuntamiento de Cirauqui (19 de enero de 2018). *Declaración institucional del Ayuntamiento de Cirauqui/Zirauki en reconocimiento a sus vecinos asesinados el año 1936. In memoriam.* [Página web]. https://n9.cl/2u510

García-Sanz Marcotegui, Ángel (2007). *Diccionario biográfico del socialismo histórico navarro.* Universidad Pública de Navarra.

Herrera Torres, Ramón (2017). *Diccionario audiovisual de la memoria histórica en Navarra.* Pamiela.

Instituto Navarro de la Memoria (2023). *Oroibidea. Camino de Memoria.* [Página web]. https://oroibidea.es/es/search/victim/375

Jimeno Jurío, José M.ª (2020). *La represión en Navarra (1936-1939): Trabajo de campo y archivo (finales de 1974-principios de 1981). Tomo I, Ablitas-Marcilla.* Pamiela.

Sánchez-Ostiz, Miguel (2013). *El escarmiento.* Pamiela.

ARRAIZA GARIN ? Emilia Estella

"Esposa de Goyena" (Rel. Paris)
Emilia de Goyena. Informe parroquia)

Emilia era natural de Cirauqui. Casada con Cesareo Goyena, que era de Pamplona. Su hijo se llamaba Cesar.
Tendria unos 44 años o 45.
MUERTA: en el Perdon, con 13 hombres.de Estella. A ella la tiraron debajo del monton y a los hombres encima, en cachondeo. Y le decian: -que no hubiera mujer mas honrada-: "Puta! Hombres querias, hombres tienes!"
Si salen los restos ya se podra saber cual es ella.

X. Arraiza, 78

Ficha de José María Jimeno Jurío. | Fuente: Oroibidea, Paz y Convivencia. Gobierno de Navarra.

JOSEFINA ASCUE SAGARDIA

Fecha y lugar de nacimiento: 09-08-1887, Ituren.
Lugar de residencia: Barcelona, domiciliada en la calle Diputación.
Estado civil: Casada con Juan Lasaga.
Hijas/os:
Profesión:
Afiliación política:

MUERTE

Lugar: Barcelona, en el Hospital de la Santa Creu i Sant Pau, procedente del Hospital de Arnaude Vilanova.
Fecha: 11-06-1938.
Edad: 50 años.

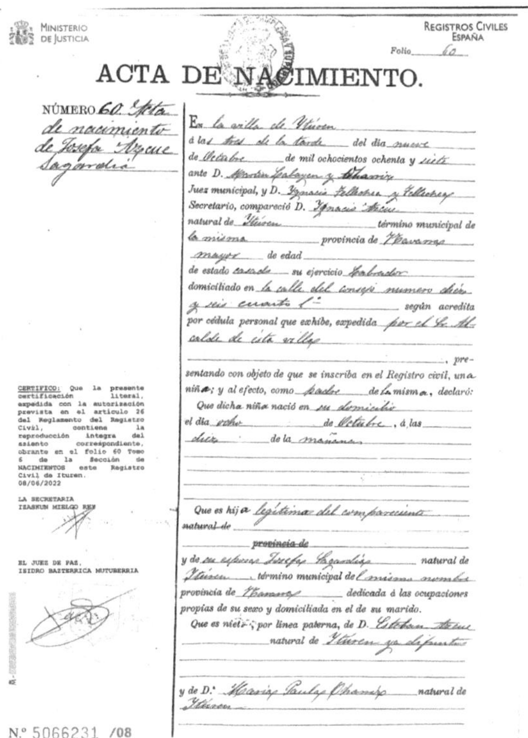

MINISTERIO DE JUSTICIA

REGISTROS CIVILES ESPAÑA

Folio 60

ACTA DE NACIMIENTO.

NÚMERO 60 Acta de nacimiento de Josefa Ascue Sagardia

En la villa de Ituren á las tres de la tarde del dia nueve de Octubre de mil ochocientos ochenta y siete ante D. Martin Zabaleta y Ohamiz Juez municipal, y D. Ygnacio Echeberria y Echeberria Secretario, compareció D. Ygnacio Ascue natural de Ituren término municipal de la misma provincia de Navarra mayor de edad de estado casado su ejercicio labrador domiciliado en la calle del concejo numero diez y seis cuarto 1.º según acredita por cédula personal que exhibe, expedida por el Sr. Alcalde de esta villa, presentando con objeto de que se inscriba en el Registro civil, una niña; y al efecto, como padre de la misma, declaró:

Que dicha niña nació en su domicilio el dia ocho de Octubre, á las diez de la mañana.

Que es hija legítima del compareciente ~~natural de~~ ~~provincia de~~ y de su esposa Josefa Sagardia natural de Ituren término municipal del mismo nombre provincia de Navarra dedicada á las ocupaciones propias de su sexo y domiciliada en el de su marido.

Que es nieta por línea paterna, de D. Esteban Ascue natural de Ituren ya difunto y de D.ª Maria Paula Ohamiz natural de Ituren

CERTIFICO: Que la presente certificación literal, expedida con la autorización prevista en el artículo 26 del Reglamento del Registro Civil, contiene la reproducción íntegra del asiento correspondiente, obrante en el folio 60 Tomo 6 de la Sección de NACIMIENTOS este Registro Civil de Ituren.
08/06/2022

LA SECRETARIA
IZASKUN MIELGO REY

EL JUEZ DE PAZ.
ISIDRO BAZTERRICA MUTUBERRIA

N.º 5066231 /08

Registro de nacimiento en Ituren. | Fuente: Registro Civil de Ituren, nacimientos, 1887, folio 60, n.º 60.

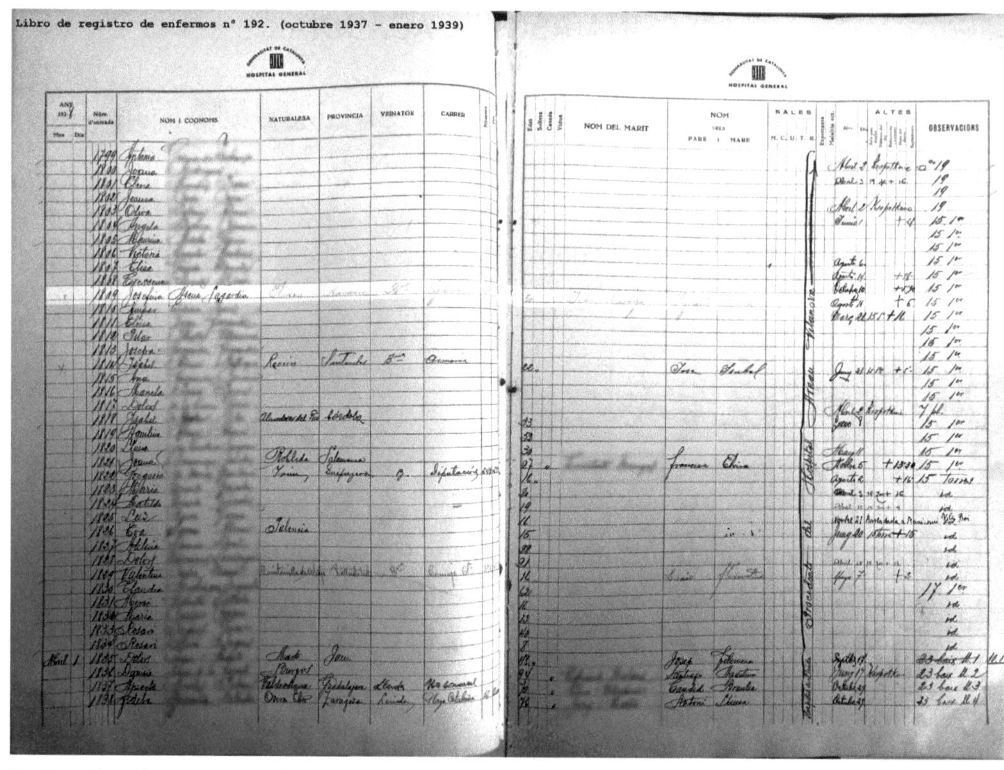

Libro de registro de enfermos n° 192. (octubre 1937 - enero 1939)

HOSPITAL GENERAL

ANY	Núm. d'entrada	NOM I COGNOMS	NATURALESA	PROVINCIA	VEINATGE	CARRER

HOSPITAL GENERAL

NOM DEL MARIT	NOM DELS PARE I MARE	SALES	ALTES	OBSERVACIONS

Registro de Defunción de Josefina en el Hospital de la Santa Creu i Sant Pau de Barcelona. | Fuente: AHSCP. Libro de entradas, salidas y defunciones. Libro de registro de enfermos (octubre de 1937 a enero de 1939), n.º 1921.

INFORMACIÓN COMPLEMENTARIA

«Año 1938. N.º de entrada 1809. Josefina Ascue Sagardia. Natural de Ituren, Navarra. Profesión [...] 50 años. Casada con Juan Lasaga. Nombre del padre: Ignacio. Madre Juana. Murió el 11 de agosto. A las 6 de la mañana». (Archivo Histórico del Hospital de Santa Creu i Pau, n.º 1921, 1937-1939)

FUENTES CONSULTADAS

AHSCP, Registro de enfermos (octubre de 1937 a enero de 1939), n.º 1921.
AMI, Nacimientos, 1887, folio 60, n.º 60.
Memorial Democràtic de la Generalitat de Catalunya.

ESCOLÁSTICA ANTONIA MARTINA ASTIBIA ITURBE

Fecha y lugar de nacimiento: 11-02-1881, Narbarte, Bertizarana.
Lugar de residencia: Durango, Bizkaia. Domiciliada en la calle de los Conventos, n.º 5, 1º.
Estado civil: Soltera.
Hijas/os:
Profesión: Religiosa.
Afiliación política:

MUERTE

Lugar: Durango (Bizkaia). Fue inhumada en el cementerio Santa Susana de Durango.
Fecha: 31-03-1937.
Edad: 56 años.
Observaciones: Falleció a causa de lesiones de metralla por un bombardeo de la Aviación Legionaria italiana.

INFORMACIÓN COMPLEMENTARIA

«Durango quedó humeante y lleno de escombros. En cuanto a las víctimas del bombardeo, fueron mayoritariamente civiles, y su número pasó de las 250. La mayor parte de estos civiles murieron cuando se encontraban asistiendo a los oficios religiosos celebrados a primeras horas de la mañana. La iglesia de los jesuitas, la de Santa María y la capilla del convento de Santa Susana fueron dañadas gravemente. [...] En la capilla de Santa Susana murieron once monjas de clausura (algunas fuentes hablan de catorce) de la orden agustina. La intensidad del ataque y el número de muertos que ocasionó no tenían precedentes hasta ese momento». (Solé i Sabaté & Villarroya i Font, 2003, p. 79)

FUENTES CONSULTADAS

ACN, Nacimientos, 1881, p. 39, n.º 22.
AMD, Defunciones, 1938, p. 344, n.º 342.

Gogora (2021). *Víctimas mortales de la guerra civil en Euskadi.* [Página web]. https://n9.cl/j8m89

Irazabal Agirre, J. (2022). *Durango 1937ko martxoak 31, bonbardaketa = Durango 31 de marzo de 1937, el bombardeo.* Gerediaga Elkartea: Durangoko Udala.

Solé i Sabaté, Josep María & Villarroya i Font, Joan (2003). *España en llamas: La Guerra Civil desde el aire.* Temas de Hoy.

344

REGISTRO CIVIL DE DURANGO

Número 342

NOMBRE Y APELLIDOS

Escolastica Astibia Iturbe

En la Villa de Durango, provincia de Vizcaya, a las once *y* cuarenta *minutos del día* siete *de* Marzo *de mil novecientos* treinta y ocho, *ante Don* José Aranda *Juez municipal, y Don* José Ruiz Sainz interino *Secretario, se procede a inscribir la defunción de Doña* Escolastica Astibia Iturbe *de* 55 años *natural de* Navarte, *provincia de* Navarra; *hija de Don* Francisco *y de Doña* Filomena, *domiciliada en* Durango *calle de* los Conventos *número* 5 *piso* 1º, *de profesión* religiosa *y de estado* soltera

falleció en Durango *el día* 31 de Marzo 1937 *a las* ocho y cuarenta y cinco *minutos, a consecuencia de* heridas de metralla *según resulta de* expediente ~~*y reconocimiento practicado*~~, *y su cadáver* ~~*habrá de*~~ recibió *sepultura en el Cementerio de* S. Lucas de esta villa

Esta inscripción se practica en virtud de dicho expediente

consignándose además

habiéndola presenciado como testigos, Don Francisco Aguirre *y Don* Pablo de los Ríos *mayores de edad y vecinos de* esta

Leída esta acta, se sella con el del Juzgado y la firman el Sr. Juez, los testigos de que certifico.

José Aranda

Pablo de los Ríos Francisco Aguirre

Registro de Defunción de Escolástica Astibia. | Fuente: Registro Civil Durango, defunciones, 1938, p. 344, n.º 342.

DOMINICA AZPARREN GIL

Fecha y lugar de nacimiento: 05-06-1884, Oibar.
Lugar de residencia: Oibar.
Estado civil: Soltera.
Hijas/os:
Profesión: Trabajo en el hogar.
Afiliación política: UGT. Su casa era la Casa del Pueblo.

MUERTE

Lugar: Nardoze Alduate (Urraulbeiti), Loiti.
Fecha: 26-09-1936.
Edad: 52 años.
Observaciones: Fue exhumada en 1978.

REPRESIÓN

Represión socioeconómica: Una vez fallecida el Tribunal Regional de Responsabilidades Políticas de Nafarroa le condenó a una multa de cuarenta mil pesetas.

Represión familiar: Su hermano Martín, concejal del PSOE del Ayuntamiento de Oibar, de unos 60 años y casado con Tomasa Goñi, con cinco hijos e hijas (Emilio, Félix, José, Constancio y Micaela), fue asesinado en octubre de ese mismo año en Beriain.

INFORMACIÓN COMPLEMENTARIA

«Cuando los amontonaban, pusieron su cadáver encima de una mujer, Dominica Azparren, de Aibar, diciéndole "*¡Toma jodido,* pa que te hartes!". Uno de Aibar salió vivo del fusilamiento, pudiendo escapar cuando los matones les dieron a todos por muertos». (Altaffaylla Kultur Taldea, 2018, p. 550)

«Don Rafael Alba y Raba, Secretario del Tribunal Regional de Responsabilidades Políticas de Navarra. Certifico que en el expediente instruido por la Comisión de Incautación de Bienes de Navarra, contra Dominica Azparren Gil, aparece un Decreto [...] Conforme con el precedente dictamen y por sus propios fundamentos declaró a Dominica Azparren Gil responsable de los daños a que se refiere el artículo 6º del Decreto Ley de 10 de enero de 1937, fijando la cuantía de la responsabilidad en cuarenta mil pesetas [...]». (BOE, 1940)

«Una vez más, no se puede establecer una relación directa entre la supuesta "gravedad" de las acusaciones y la cuantía de las multas. De hecho, la más alta se impuso a Dominica Azparren (exp. 711), de Aibar, que además fue asesinada, sin más acusación que el arrendamiento del local y haber ejercido como conserje, además de otras generalidades como ser de "ideas exaltadas y antirreligiosa" o llevar "una vida privada sumamente irregular"». (Layana Ilundain, 2021, p. 323)

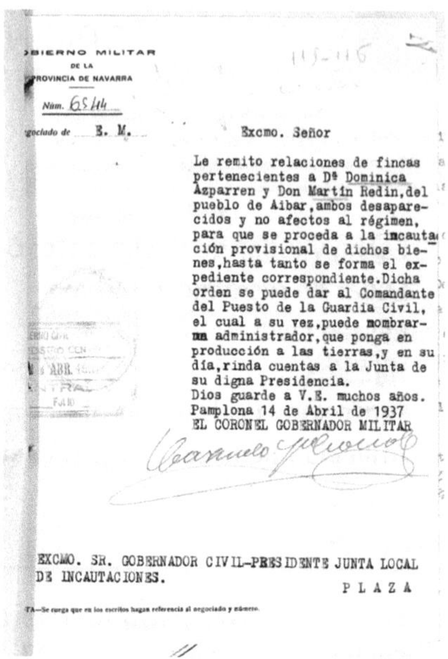

OBIERNO MILITAR
DE LA
PROVINCIA DE NAVARRA
Núm. 6544
Negociado de E. M.

Excmo. Señor

Le remito relaciones de fincas pertenecientes a Dª Dominica Azparren y Don Martin Redin, del pueblo de Aibar, ambos desaparecidos y no afectos al régimen, para que se proceda a la incautación provisional de dichos bienes, hasta tanto se forma el expediente correspondiente. Dicha orden se puede dar al Comandante del Puesto de la Guardia Civil, el cual a su vez, puede nombrar un administrador, que ponga en producción a las tierras, y en su día, rinda cuentas a la Junta de su digna Presidencia.
Dios guarde a V.E. muchos años.
Pamplona 14 de Abril de 1937
EL CORONEL GOBERNADOR MILITAR

EXCMO. SR. GOBERNADOR CIVIL-PRESIDENTE JUNTA LOCAL DE INCAUTACIONES.
PLAZA

TA—Se ruega que en los escritos hagan referencia al negociado y número.

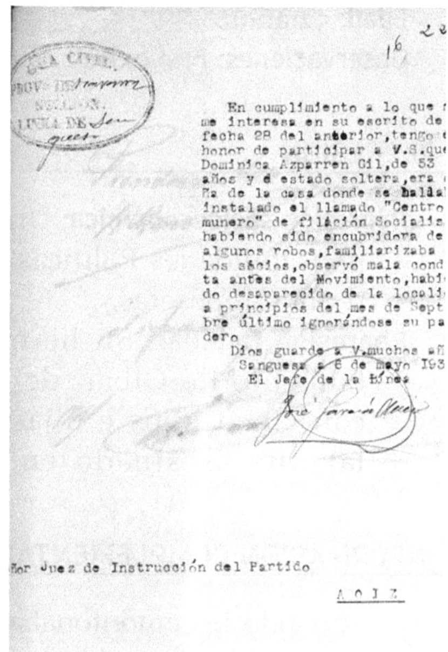

En cumplimiento a lo que me interesa en su escrito de fecha 28 del anterior, tengo el honor de participar a V.S. que Dominica Azparren Gil, de 53 años y de estado soltera, era [...] de la casa donde se hallaba instalado el llamado "Centro [...]munero" de filiación Socialis[ta] habiendo sido encubridora de algunos robos, familiarizaba [con] los sócios, observó mala conducta antes del Movimiento, habiendo desaparecido de la locali[dad] a principios del mes de Septiembre último ignorándose su paradero
Dios guarde a V. muchos añ[os]
Sanguesa a 6 de mayo 193[7]
El Jefe de la Línea

Señor Juez de Instrucción del Partido
AOIZ

Documentos del Gobierno Militar de Navarra y de la Guardia Civil sobre las propiedades pertenecientes a Dominica Azparren. | Fuente: ARGN. Tribunal RRPP, caja 119659, pp. 1, 12.

FUENTES CONSULTADAS

Altaffaylla Kultur Taldea (2018). *Navarra 1936. De la esperanza al terror.* Altaffaylla Kultur Taldea.

ARGN, Fondo Responsabilidades políticas, exp. 711.

BOE, 28-02-1940.

Instituto Navarro de la Memoria (2023). *Oroibidea. Camino de Memoria.* [Página web]. https://oroibidea.es/es/search/victim/474

Jimeno Jurío, José M.ª (2020). *La represión en Navarra (1936-1939): Trabajo de campo y archivo (finales de 1974-principios de 1981). Tomo I, Ablitas-Marcilla.* Pamiela.

Layana Ilundain, César (2021). *Expolio y castigo: La represión económica en Navarra, 1936-1945... 1966.* Fondo de Publicaciones del Gobierno de Navarra.

Maruri Orrantia, David. Carreteras Sin Retornos. En *Zangotzarra*, 2019, n.º 23, pp. 233-344.

RAFAELA BAIGORRI IBÁÑEZ

Fecha y lugar de nacimiento: 24-10-1895, Mañeru.
Lugar de residencia: Madrid, domiciliada en la calle Bravo Murillo, n.º 65.
Estado civil: Viuda.
Hijas/os:
Profesión: Lavandera.
Afiliación política: PCE. Milicias Populares de Madrid, 5º Regimiento en el Batallón Bolívar, con función de armada de infantería.

MUERTE

Lugar: Madrid, en la Prisión de Mujeres de Ventas.
Fecha: 22-08-1943.
Edad: 43 años.
Observaciones: Según certificación médica, falleció a consecuencia de colitis crónica agudizada.

REPRESIÓN

Cautividad: Estuvo en la cárcel de Mujeres de Ventas de Madrid (en dos ocasiones) e ingresó por primera vez el 7 de junio de 1939, acusada de adhesión a la rebelión y condenada a 30 años de prisión. Fue puesta en libertad el 2 de febrero de 1942 y dos días más tarde ingresó por segunda vez en concepto de presa peligrosa acusada de rebelión y condenada a 12 años y un día de reclusión menor.

El 20 agosto de 1943, el juez ordenó su libertad por enfermedad, indicando a la prisión que fuera trasladada a un hospital. Dos días después falleció en la prisión sin ser trasladada a ningún hospital.

INFORMACIÓN COMPLEMENTARIA

«Lavandera del Radio Oeste. Afiliada al Partido Comunista». (CDMH)

Según la documentación consultada en AGMI, fue detenida por trabajar en la limpieza de dicho local junto con más mujeres y hombres, en total fueron 439 las personas encausadas en este sumario. Declara el 7 de junio

Apellidos Baigorri Ibáñez Nombre Rafaela
Conocido por Prisión de Mujeres de Ventas.

Se halla a disposición de (1) D. G. P.
2.2.42 Libert.
1.5.42 Ventas.
23.8.43 Fallecida.

Nombre del padre Bibiano
Nombre de la madre Blasa
Nombre del cónyuge viuda
Edad 45 Naturaleza Mañeru
Partido de Estella Provincia de Pamplona
Vecindad Madrid Provincia Madrid
Domicilio Bravo Murillo 65 Profesión s/l.
Delito Adhesión a la rebelión
Ingresó en 7 de junio de 1939
Procedente de
Condenado por sentencia 6 de dicbre.
de 1939 a la pena de 30 años
Madrid de Mayo de 1941
El Director,

Sello de la Prisión
Sello de Registro
21 MAYO 1941

T. P. A.—Mod. 237

(1) Indíquese concretamente Juez, Tribunal o Autoridad Gubernativa.

Ficha penitenciaria de la Cárcel de Mujeres de Ventas. | Fuente: AGA.

de 1939 que no denunció a ninguna persona de derechas y que pertenecía al Partido Comunista. Sabía que en ese lugar había personas de derechas detenidas, que no podía concretar cuántas porque eran bastantes. Que prestó sus servicios desde agosto de 1936 hasta marzo de 1937 y que posteriormente estuvo en un lavadero de una brigada de tropas durante meses.

En un escrito de la fiscalía de agosto de 1939 acusan a Rafaela y a otras tres mujeres más de «tomar parte y alterar con los dirigentes en los desmanes que cometían asistiendo a las reuniones de las células y presenciando los martirios a que eran sometidos los detenidos de las misma antes de ser asesinados, teniendo todas ellas conocimiento de que se practicaban unos 30 "paseos" diarios y recibiendo las tres los objetos que procedentes de robos y saqueos se repartían entre los componentes de la citada checa» y le acusan de un «delito de adhesión a la rebelión concurriendo las circunstancias agravantes de perversidad y transcendencia» y propone la fiscalía la pena de muerte.

El 6 de diciembre de 1939, la sentencia le absuelve de los delitos anteriormente señalados. El 21 de este mismo mes esta sentencia es anulada y proceden a investigar para hallar y concretar la participación de estas mujeres en la Checa comunista.

En el sumario se conserva una carta de Sebastián Galdeano Basabe, religioso sacerdote de los escolapios de Pamplona, fechada el 19 de noviembre de 1939, en la cual informa sobre la buena conducta de la madre de Rafaela y de sus hermanos, haciendo referencia a su buena conducta como católicos y su participación en el glorioso movimiento nacional.

En enero 1941, Rafaela solicita la libertad provisional o la prisión atenuada por sufrir una aguda colitis crónica y reuma general y por encontrarse su madre de 71 años sola, con necesidades en Navarra. (AGMI, 1939)

En agosto de 1936 ingresó como voluntaria en el 5º Regimiento de Milicias Populares de Madrid, donde sirvió hasta marzo de 1937. Posteriormente trabajó en una lavandería del Ejército Popular de la República. El 7 de junio de 1939 fue detenida y recluida en la Prisión de Mujeres de Ventas. Fue juzgada por adhesión a la rebelión y absuelta por ese delito el 6 de diciembre de 1936. El 21 de ese mismo mes la sentencia fue anulada. Finalmente fue condenada a 30 años de reclusión. Tras algunos años, Rafaela enfermó y el 2 de febrero de 1942 fue puesta en libertad, pero tan solo dos días después volvió a ingresar en prisión por ser considerada una presa «peligrosa». Falleció el 22 de agosto de 1943 en la Prisión de Ventas a causa de «infección intestinal crónica». (MVMC)

FUENTES CONSULTADAS

AGA, Ficha penitenciaria de la Cárcel de Ventas.

AGHD, Tribunal Militar Territorial 1º: Sumario 21763, 1943.

AGMI, Expediente Procesal. 61200, 1939.

CDMH, Fichero de la Secretaria General y de la Sección Político Social, B0003675.

Hernández Holgado, Fernando (2003). *Mujeres encarceladas: La prisión de Ventas, de la República al franquismo, 1931-1941*. Marcial Pons Historia.

Ministerio de la Presidencia, Justicia y Relaciones con la Cortes. *Memoria democrática. Localización de personas desaparecidas.* [Página web]. https://n9.cl/6im53

NEXUS-UPF (2021). *Museo Virtual de la Mujer Combatiente* [Página web]. https://www.mujeresenguerra.com/las-combatientes/sala-3/12379

JOSEFA BUENO ALGÁRATE
«La Morota»

Fecha y lugar de nacimiento: 1907, Morata de Jiloca (Zaragoza).
Lugar de residencia: Tutera.
Estado civil: Viuda de Juan Fidao López.
Hijas/os: Tres.
Profesión: Trabajo en el hogar.
Afiliación política:

MUERTE

Lugar: Tutera, en la corraliza de Balsaforada.
Fecha: 12-11-1936.
Edad: 29 años.
Observaciones: Según un testimonio recogido por José María Jimeno Jurío, fue enterrada en una fosa en la Corraliza de Cabezo Moro, al final de su camino, en la parte izquierda, a unos 25 metros.

REPRESIÓN

Cautividad: Ingresó en la cárcel de Tutera el 20-10-1936 y fue puesta en «libertad» dos días antes de ser ejecutada.
Represión familiar: Su marido Juan Fidao López, conocido como «El Moroto», también fue fusilado.

INFORMACIÓN COMPLEMENTARIA

«13 de noviembre de 1936, viernes. Tudela. La Guardia Civil ejecutó (aunque les acompañaron paisanos) a Serafín Carrascón Aguado, Luis Carrascon Jiménez, Eugenio Tutor, un hermano de Fernando Morales, un hojalatero de Cascante que vivía en Tudela, Juana Charela Vidas, Sabina Ramírez, esposa de Manuel el Pollo, Josefa Bueno Algarate, a la Morota, otras tres mujeres más de Tudela, y a otros seis de Cadreita. (18 personas). Una ablitera residente en Tudela. La fosa estaba a unos cien metros de la abierta el día anterior junto a la corraliza de Balsaforada, donde fueron enterrados 21 tudelanos». (Jimeno Jurío, 2020b, pp. 690 y 723)

«Recién viuda con tres hijos. Parece que la asesinaron a la vez o poco tiempo antes o después que a su marido Juan Fidao. De modo que, asesinada Julia, los pequeños quedaron huérfanos de padre y madre. Valdría la pena conocer qué fue de aquellos niños. Fue alto el número de asesinatos y altísimo el número de huérfanos y familias que quedaron sin el principal sustento familiar y económico, condenados al rechazo social y a la indigencia económica, sustraídos muchas veces los pocos bienes que les quedan...». (Asociación Pueblo de las Viudas de Sartaguda, 2009)

FUENTES CONSULTADAS

Altaffaylla Kultur Taldea (2018). *Navarra 1936. De la esperanza al terror.* Altaffaylla Kultur Taldea.

Asociación Pueblo de las Viudas de Sartaguda (2009). *Parque de la memoria.* [Página web]. parquedelamemoria.org

Herrera Torres, Ramón (2017). *Diccionario audiovisual de la memoria histórica en Navarra.* Pamiela.

Jimeno Jurío, José Mª (2020). *La represión en Navarra (1936-1939): Trabajo de campo y archivo (finales de 1974-principios de 1981). Tomo II, Mélida-Ziordia.* Pamiela.

Mikelarena Peña, Fernando (2015). *Sin piedad: Limpieza política en Navarra, 1936, responsables, colaboradores y ejecutores.* Pamiela.

Instituto Navarro de la Memoria (2023). *Oroibidea. Camino de Memoria.* [Página web]. https://oroibidea.es/es/search/victim/686

BUENO ALGARATE, Josefa, a. "La Morota" (13 XI) TUDELA

Josefa Bueno Algarate, a. "la Morota". En la Balsaforada. Cfr. 13 XI
Mujer de Juan FIDAO PEREZ, tambien fusilado. (a."Moroto")

Ficha de José María Jimeno Jurío. | Fuente: Oroibidea, Paz y Convivencia. Gobierno de Navarra.

ANTONIA CABALLÉ

Fecha y lugar de nacimiento: 16-09-1873, Ziritza.
Lugar de residencia:
Estado civil:
Hijas/os:
Profesión:
Afiliación política:

MUERTE

Lugar: Argelès-sur-Mer, Francia.
Fecha: 1945.
Edad: 72 años.

REPRESIÓN

Cautividad: Estuvo presa en Francia, en el campo de concentración Argelès-sur-Mer.

FUENTES CONSULTADAS

AFUE, Fondo Ministerio de Emigración. Listas de refugiados españoles fallecidos en campos de internamiento del departamento de Pirineos Orientales desde 1939.

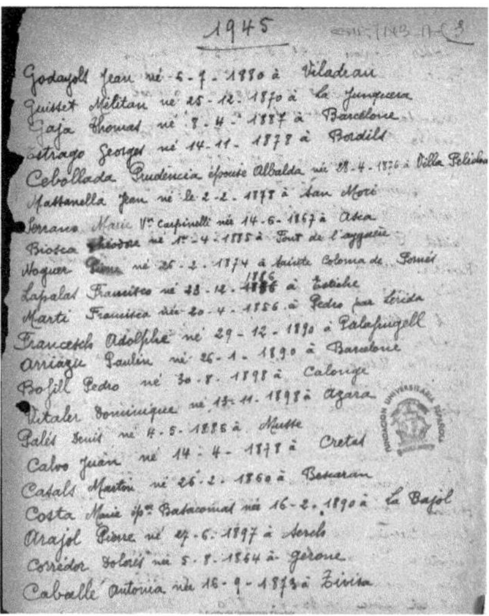

1945

Godayoll Jean né 5-7-1880 à Viladrau
Guisset Militan né 25-12-1870 à La Junquera
Gaja Thomas né 8-4-1887 à Barcelone
[illegible] Georges né 14-11-1878 à Bordils
Cebollada Prudencia épouse Albalda née 28-4-1876 à Villa [illegible]
Mattanella Jean né le 2-2-1878 à San Mori
Serrano Marie Vve Carpinelli née 14-6-1867 à Alcea
Biosca [illegible] né 1er-4-1885 à Pont de l'Argentière
Noguer [illegible] né 26-2-1874 à Sainte Coloma de Farnés
Lapalat Francisco né 28-12-1866 à [illegible]
Marti Francisca née 20-4-1856 à Pedro par Lerida
Francesch Adolphe né 29-12-1890 à Palafrugell
Arriagu Paulin né 26-1-1890 à Barcelone
Bofill Pedro né 30-8-1898 à Calonge
Vitaler Dominique né 13-11-1898 à Azara
Palés Louis né 4-5-1885 à Mutte
Calvo Juan né 14-4-1878 à Cretal
Catals Martin né 26-2-1860 à Besaran
Costa Marie épse Batacomal née 16-2-1890 à La Bajol
Arajol Pierre né 27-6-1897 à Arcels
Corredor Dolores née 5-8-1864 à Gerone
Caballé Antonia née 16-9-1873 à Zirita

Izquierda, fotografía del campo de Argelès-sur-Mer, con el mar al fondo, en abril de 1939. | Fuente: Auguste Chauvin Pyrenees Orientales, archives.cd66.fr, 22num27FI167. Derecha, lista de personas refugiadas fallecidas en los Campos de Internamiento Franceses. | Fuente: AFUE. Fondo Ministerio de Emigración.

SIMONA CALLEJA AGUADO

Fecha y lugar de nacimiento: 1918, Cabanillas.
Lugar de residencia: Cabanillas.
Estado civil: Soltera.
Hijas/os:
Profesión: Trabajo en el hogar.
Afiliación política: PCE.

MUERTE

Lugar: Valtierra.
Fecha: 12-08-1936.
Edad: 19 años.

REPRESIÓN

Represión sexuada: Según los datos obtenidos y la información consultada, fue agredida sexualmente y le cortaron el pelo.
Cautividad: Estuvo en la cárcel local de Cabanillas.
Represión familiar: Fue asesinada junto con su madre, Felisa Aguado. Su tío materno Pedro Luis fue fusilado. Su hermano Proceso, de 26 años, fue fusilado.

INFORMACIÓN COMPLEMENTARIA

«En Navarra, las violaciones de Maravillas Lamberto, Carmen Lafraya y las Hermanas Asunción y Adela Campaña causaron una gran conmoción por el hecho de que luego fueron asesinadas, y dejaron un recuerdo imborrable en la memoria popular. [...] En Cabanillas, una muchacha de 19 años llamada Simona Calleja, fue asesinada junto a su madre Felisa Aguado, de 64 años. La familia era de ideología comunista. A Simona le cortaron el pelo y le encerraron en la cárcel del pueblo [...] Pero una noche fue violada repetidamente. Los vecinos oyeron los gritos desgarradores de la pobre Simona». (Egaña, 2009, pp. 238-239)

«Calleja Aguado. Simona. Cabanillas. Fue fusilada con su madre, Felisa Aguado, entre Valtierra y Cadreita. Simona era una chica guapísima. Tendría 17 o 18 años. La metieron a la cárcel. Se dice que la violaron. Daba unos gritos espantosos. Venían dos de Cortes; también los de Cabanillas intervinieron. Pedía a gritos auxilio a don Carlos, el párroco, que vivía enfrente. Toda la noche chillando, con alaridos: "no me hagáis más! ¡No me hagáis más!" De la manera que ella hablaba y por lo que decía, las vecinas pensaron que la estaban violando continuamente. La mataron para que no descubriera a los que la violaron. Si no, no la hubieran matado. La llevaron en el camión con su madre, un hermanico y con unos de Fustiñana». (Jimeno Jurío, 2021b, p. 336)

FUENTES CONSULTADAS

Altaffaylla Kultur Taldea (2018). *Navarra 1936. De la esperanza al terror.* Altaffaylla Kultur Taldea.

Egaña Sevilla, Iñaki (2009). *Los crímenes de Franco en Euskal Herria 1936-1940.* Txalaparta.

Instituto Navarro de la Memoria (2023). *Oroibidea. Camino de Memoria.* [Página web]. https://oroibidea.es/es/search/victim/729

Jimeno Jurío, José M.ª (2021). *La represión en Navarra (1936-1939): Trabajo de campo y archivo (2a. parte) (1973-1983). Tomo IV, Ibero-Zuza, apéndice de Álava, Bizkaia y Gipuzkoa.* Pamiela.

CALLEJA AGUADO. Simona — Cabanillas

Fusilada con su madre, Felisa Aguado, entre Valtierra y Cadreita.
Simona era una chica guapisima. Tendria 17 o 18 años.
La metieron a la cardel. Se dice quela violaron. Daba unos gritos espantosos. Venian dos de Cortes; tambien los de Cabanillas intervinieron. Pedia a gritos auxilio a don Carlos, el parroco, que vivia enfrente. Toda la noche chillando, con alaridos: "No me hagais mas! No me hagais mas!". De la manera que ella hablaba y por lo que decia, las vecinas pensaron que la estaban violando continuamente.
La mataron para que no descubriera a los que la violaron.Si no, no la hubieran matau. La llevaron en el camion con su madre, un hermanico, y con unos de Fustiñana. XX, 78

Ficha de José María Jimeno Jurío. | Fuente: Oroibidea, Paz y Convivencia. Gobierno de Navarra.

ADELA CAMPAÑA ORTIZ

Fecha y lugar de nacimiento: 1886, Sos del Rey Católico (Zaragoza).
Lugar de residencia: Zangoza.
Estado civil: Casada con Tomás Carro Espatolero.
Hijas/os: Tres (Pilar, Ricardo y Felipe).
Profesión: Trabajo en el hogar.
Afiliación política: CNT.

MUERTE

Lugar: Izko (Ibargoiti), Loiti.
Fecha: 30-07-1936.
Edad: 50 años.

REPRESIÓN

Represión sexuada: Según los datos obtenidos y la información consultada, fue agredida sexualmente.

Represión familiar: Su hermana Asunción fue asesinada con ella. Su hermano Raimundo estuvo varias veces preso en la prisión provincial y finalmente fue ejecutado en 1938. Su hija Pilar Carro fue ejecutada en Zaragoza el 04-11-1936, con 21 años. Su hijo Ricardo fue ejecutado en Monreal del Campo el 03-08-1936. Su hijo Felipe fue fusilado en Zaragoza. Asesinaron también a sus sobrinos Máximo, Primitivo y Eugenio y a su cuñado (marido de Asunción) Antonio Palacín.

INFORMACIÓN COMPLEMENTARIA

«En Navarra, las violaciones de Maravillas Lamberto, Carmen Lafraya y las Hermanas Asunción y Adela Campaña causaron una gran conmoción por el hecho de que luego fueron asesinadas, y dejaron un recuerdo imborrable en la memoria popular. [...] El caso de Asunción y Adela Campaña Ortiz es el de una gran tragedia. Ambas fueron violadas y asesinadas en Izco. Eran vecinas de Sangüesa». (Egaña, 2009, pp. 238-239)

«Asesinada por el fascismo. Con toda probabilidad ligada al movimiento libertario, como su hermana. Violada y asesinada con su hermana Asunción en Izco». (Asociación Isaac Puente)

«Loiti, cementerio clandestino, viene a representar el conjunto de fosas clandestinas donde fueron enterrados los vecinos de pueblos de la merindad de Sangüesa, después de haber sido asesinados por las tropas Franquistas. Son seis los términos donde fueron enterrados: Aldunate, Izko, Lekaun, Nardués, Sengériz y Loiti. Hay fosas con un total de 66 personas enterradas. Entre ellas, constan como asesinadas en Izco, el 26 de agosto de 1.936, las siguientes personas de Sos del Rey Católico: Adela Campaña Ortiz, Asunción Campaña Ortiz, un hombre de Sos». (Sos del Rey Católico)

FUENTES CONSULTADAS

Asociación Isaac Puente. [Página web]. http://www.navioanarquico.org/

Egaña Sevilla, Iñaki (2009). *Los crímenes de Franco en Euskal Herria 1936-1940*. Txalaparta.

Instituto Navarro de la Memoria (2023). *Oroibidea. Camino de Memoria.* [Página web]. https://oroibidea.es/es/search/victim/754

Peiró Arroyo, Antonio (2017). *Eva en los infiernos: Mujeres asesinadas en Aragón durante la Guerra Civil y la Posguerra.* Comuniter.

Sos del Rey Católico. Homenaje cementerio clandestino loiti. [Página web]. http://www.sosdelreycatolico.com/noticia/homenaje-cementerio-clandestino-loiti

ASUNCIÓN CAMPAÑA ORTIZ

Fecha y lugar de nacimiento: 1869, Sos del Rey Católico (Zaragoza).
Lugar de residencia: Zangoza.
Estado civil: Casada con Antonio Palacín Escagües.
Hijas/os: Tres (Máximo, Primitivo y Eugenio).
Profesión: Trabajo en el hogar.
Afiliación política: CNT.

MUERTE

Lugar: Izko (Ibargoiti), Loiti.
Fecha: 30-07-1936.
Edad: 68 años.

REPRESIÓN

Represión sexuada: Según los datos obtenidos y la información consultada, fue agredida sexualmente.

Cautividad: El 08-01-1918 fue condenada a una pena de seis meses y un día de prisión correccional y a una multa de 150 pesetas por la Audiencia de Zaragoza por un delito de atentado. Estuvo presa en la Prisión Preventiva de Sos del Rey Católico y en la Prisión Provincial de Zaragoza.

Represión familiar: Fue asesinada junto con su hermana Adela. Su hermano Raimundo estuvo varias veces preso en la prisión provincial y finalmente fue ejecutado en 1938. Su marido Antonio Palacín Escagües, fue asesinado en julio de 1936. Según testimonios orales lo encontraron en el Ebro a su paso por Sesma. Sus hijos Máximo, de 36 años, y Primitivo, de 30 años, murieron en el Tercio de Sanjurjo (Zaragoza), en noviembre de 1936. Primitivo estuvo preso en la Prisión Central de Burgos y en el Fuerte de San Cristóbal. Su hijo Eugenio, de 23 años y dirigente de la CNT, fue fusilado en Sos del Rey Católico a finales de julio de 1936. Asesinaron también a su sobrina Pilar Carro y a sus sobrinos Ricardo y Felipe Carro (hijos e hija de Adela).

INFORMACIÓN COMPLEMENTARIA

«En Navarra, las violaciones de Maravillas Lamberto, Carmen Lafraya y las Hermanas Asunción y Adela Campaña causaron una gran conmoción por el hecho de que luego fueron asesinadas, y dejaron un recuerdo imborrable en la memoria popular. [...] El caso de Asunción y Adela Campaña Ortiz es el de una gran tragedia. Ambas fueron violadas y asesinadas en Izco. Eran vecinas de Sangüesa. Los tres hijos de Asunción, Eugenio, Máximo y Primitivo Palacín, fueron fusilados en Sos y Zaragoza». (Egaña, 2009, pp. 238-239)

«Asesinada por el fascismo. Con toda probabilidad ligada al movimiento libertario, como su hermana. Violada y asesinada con su hermana Asunción en Izco». (Asociación Isaac Puente)

«Loiti, cementerio clandestino, viene a representar el conjunto de fosas clandestinas donde fueron enterrados los vecinos de pueblos de la merindad de Sangüesa, después de haber sido asesinados por las tropas Franquistas. Son seis los términos donde fueron enterrados: Aldunate, Izko, Lekaun, Nardués, Sengériz y Loiti. Hay fosas con un total de 66 personas enterradas. Entre ellas, constan como asesinadas en Izco, el 26 de agosto de 1.936, las siguientes personas de Sos del Rey Católico: Adela Campaña Ortiz, Asunción Campaña Ortiz, un hombre de Sos». (Sos del Rey Católico)

FUENTES CONSULTADAS

AHPZ, Registro de la Prisión Correccional de Zaragoza. -A-005833_0006.

Asociación Isaac Puente. [Página web]. http://www.navioanarquico.org/

Egaña Sevilla, Iñaki (2009). *Los crímenes de Franco en Euskal Herria 1936-1940*. Txalaparta.

Instituto Navarro de la Memoria (2023). *Oroibidea. Camino de Memoria*. [Página web]. https://oroibidea.es/es/search/victim/755

Peiró Arroyo, Antonio (2017). *Eva en los infiernos: Mujeres asesinadas en Aragón durante la Guerra Civil y la Posguerra*. Comuniter.

Sos del Rey Católico. Homenaje cementerio clandestino loiti. [Página web]. http://www.sosdelreycatolico.com/noticia/homenaje-cementerio-clandestino-loiti

MARCELINA CHANAL LÓPEZ

Fecha y lugar de nacimiento: 18-04-1896, Martzilla.
Lugar de residencia: Tona (Osona), Barcelona.
Estado civil:
Hijas/os:
Profesión:
Afiliación política:

MUERTE

Lugar: Tona (Osona), Barcelona.
Fecha: 24-09-1938.
Edad: 42 años.

FUENTES CONSULTADAS

AMM, Nacimientos, 1894, n.º 7.
Memorial Democràtic de la Generalitat de Catalunya.

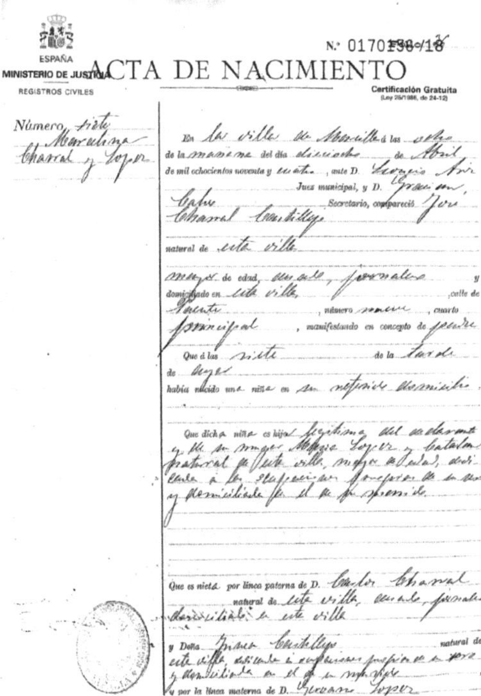
ESPAÑA
MINISTERIO DE JUSTICIA
REGISTROS CIVILES

N.º 0170[illegible]/18

ACTA DE NACIMIENTO

Certificación Gratuita
(Ley 25/1986, de 24-12)

Número siete
Marcelina
Chanal y López

En la villa de Marcilla á las ocho de la mañana del día dieciocho de Abril de mil ochocientos noventa y cuatro, ante D. [illegible] Juez municipal, y D. [illegible] Secretario, compareció José Chanal Castillejo
natural de esta villa
mayor de edad, casado, jornalero y domiciliado en esta villa, calle de [illegible], número nueve, cuarto principal, manifestando en concepto de padre
Que á las siete de la tarde de ayer había nacido una niña en su referido domicilio.

Que dicha niña es hija legítima del declarante y de su mujer [illegible] López y [illegible] natural de esta villa, mayor de edad, dedicada á las ocupaciones propias de su sexo y domiciliada en el de su esposo.

Que es nieta por línea paterna de D. Carlos Chanal natural de esta villa, casado, jornalero domiciliado en esta villa
y Doña [illegible] Castillejo natural de esta villa, dedicada á ocupaciones propias de su sexo y domiciliada en el de su marido,
y por la línea materna de D. [illegible] López

Registro de Nacimiento de Marcelina Chanal. | Fuente: Registro Civil de Marcilla, nacimientos, 1894, n.º 7.

TOMASA CHARELA VIDAS
«La Calderera»

Fecha y lugar de nacimiento: 29-12-1881, Tutera.
Lugar de residencia: Tutera.
Estado civil: Casada.
Hijas/os:
Profesión: Trabajo en el hogar.
Afiliación política:

MUERTE

Lugar: Tutera, en la corraliza de Balsaforada.
Fecha: 14-11-1936.
Edad: 54 años.
Observaciones: Según datos consultados, en una de las ejecuciones acabaron con la vida de Charela, Sabina Ramírez, Josefa Bueno y tres mujeres más.

REPRESIÓN

Cautividad: Estuvo en la cárcel de Tutera. Ingresó el 13-10-1936 y fue puesta en «libertad» hasta la fecha de su ejecución.

INFORMACIÓN COMPLEMENTARIA

«13 de noviembre de 1936, viernes. Tudela. La Guardia Civil ejecutó (aunque les acompañaron paisanos) a Serafín Carrascón Aguado, Luis Carrascon Jiménez, Eugenio Tutor, un hermano de Fernando Morales, un hojalatero de Cascante que vivía en Tudela, Juana Charela Vidas, Sabina Ramírez, esposa de Manuel el Pollo, Josefa Bueno Algarate, a la Morota, otras tres mujeres más de Tudela, y a otros seis de Cadreita. (18 personas) Una ablitera residente en Tudela. La fosa estaba a unos cien metros de la abierta el día anterior junto a la corraliza de Balsaforada, donde fueron enterrados 21 tudelanos». (Jimeno Jurío, 2020b, p. 690)

FUENTES CONSULTADAS

Altaffaylla Kultur Taldea (2018). *Navarra 1936. De la esperanza al terror.* Altaffaylla Kultur Taldea.

AMT, Nacimientos, 1981, pp. 433.

Herrera Torres, Ramón (2017). *Diccionario audiovisual de la memoria histórica en Navarra.* Pamiela.

Información facilitada por Iñigo Pérez Ochoa.

Instituto Navarro de la Memoria (2023). *Oroibidea. Camino de Memoria.* [Página web]. https://oroibidea.es/es/search/victim/883

Jimeno Jurío, José M.ª (2020). *La represión en Navarra (1936-1939): Trabajo de campo y archivo (finales de 1974-principios de 1981). Tomo II, Mélida-Ziordia.* Pamiela.

Mikelarena Peña, Fernando (2015). *Sin piedad: Limpieza política en Navarra, 1936, responsables, colaboradores y ejecutores.* Pamiela.

Ministerio de la Presidencia, Justicia y Relaciones con la Cortes (2022). *Memoria democrática. Localización de personas desaparecidas.* [Página web]. https://n9.cl/efoex

Nabarralde (2016). *La huella de la Guerra Civil.* [Página web]. https://nabarralde.eus/la-huella-de-la-guerra-civil/

13 noviembre 1936

TUDELA. La Guardia civil ejecuto (aunque les acompañaron paisanos) a Serafin CARRASCON AGUADO, Luis CARRASCON JIMENEZ, Eugenio TUTOR, un hermano de Fernando MORALES, un hojalatero de Cascante que vivia en Tudela, Juana CHARELA VIDAS, Sabina RAMIREZ, esposa de Manuel el Pollo, Josefa BUENO ALGARATE, a.la Morota, otras tres mujeres mas de Tudela, y otros seis de CADREITA. (18 personas)Una ablitera resid.en Tudela. La fosa estaba a unos cien metros de la abierta el dia anterior junto a la corraliza de Balsaforada,donde fueron enterrados 21 tudelanos.

= = =

Ficha de José María Jimeno Jurío. | Fuente: Oroibidea, Paz y Convivencia. Gobierno de Navarra.

CARMEN CHIA VIDAL

Fecha y lugar de nacimiento: 08-12-1870, Azkoien (Peralta).
Lugar de residencia: Terrassa (Catalunya).
Estado civil:
Hijas/os:
Profesión:
Afiliación política:

MUERTE

Lugar: Francia, en el hospital del campo de concentración Argelès-sur-Mer.
Fecha: 08-08-1940.
Edad: 70 años.
Observaciones: Falleció a causa de una nefritis crónica. Consta como CHIA C. en el monolito del campo en el cementerio de Argelès-sur-Mer.

REPRESIÓN

Cautividad: Estuvo en el campo de concentración Argelès-sur-Mer, en Francia.

Fotografía del campo de Argelès-sur-Mer en marzo de 1939. | Fuente: Auguste Chauvin Pyrenees Orientales, archives.cd66.fr, 22num27FI88.

FUENTES CONSULTADAS

AFUE, Fondo Ministerio de Emigración. Listas de refugiados españoles fallecidos en campos de internamiento del departamento de pirineos orientales desde 1939.

AFUE, Fondo Ministerio de Emigración. Documentos relativos a defunciones de refugiados españoles en campos de internamiento franceses entre 1939 y 1941.

ECASM, Decés, 1940, núm. 96.

Jordi Oliva, Martí Picas, Noemí Riudor. Grup de recerca de la mortalitat a l'exili (1936-1945).

Monolito en Argelès-sur-Mer en el que aparece Chia C. | Fuente: Jordi Oliva, Martí Picas, Noemí Riudor. Grup de recerca de la mortalitat a l'exili (1936-1945), GRME36-45.

RUFINA CHOCARRO VILLAR

Fecha y lugar de nacimiento: 28-02-1891, Allo.
Lugar de residencia: Allo.
Estado civil: Casada con Porfirio Garasa.
Hijas/os: Cinco.
Profesión: Trabajo en el hogar.
Afiliación política:

MUERTE

Lugar: Erreniega.
Fecha: 19-08-1936.
Edad: 35 años.

REPRESIÓN

Cautividad: Estuvo presa en la cárcel local de Allo.
Represión familiar: Según datos obtenidos, su marido Porfirio tuvo que ir al frente y se vio obligado a llevar a sus hijos. A su hijo José, militante de la CNT, lo asesinaron después de la Guerra Civil en Valencia. Su hijo Román murió en Madrid, pero se desconocen las circunstancias de su muerte.

INFORMACIÓN COMPLEMENTARIA

«Lo de Rufina fue terrible. La detuvieron un día; el hijo más pequeñín subía a dormir con ella. Cuando el movimiento había tenido alguna riña con uno que luego fue jefe de falange. En Allo mataron a un ciego, Portillo. Ella que era de mucho remango, dijo: "Si esto es religión, que baje Dios y lo vea". Bajaron a su casa y le dijeron, de orden del cabo, que subiera al cuartel. Porfirio dijo: "Seré yo; no será la mujer" –"No; ¡que suba la mujer!". Estuvo cuatro o cinco días en el cuartelillo, y el hijo pequeño subía a dormir con ella. Una hija pequeña, que vive en Pamplona, le subía el desayuno. Una mañana le dijeron: "Vuélvete, para atrás, que tu madre ya no lo necesita". Cuando los llevaron a matar, ella saltó del camión y la mataron en Berbinzana, no

CHOCARRO VILLAS, Rufina (2) Allo
R.

Crio a María (?) BEA SOTO (de Sesma, domic.en Pamplona).
Casada con Porfirio Garasa.
Lo de Rufina fue terrible. La detuvieron un dia; el hijo mas pequeñin subia
a dormir con ella. Cuando el movimiento habia tenido alguna riña con uno
que luego fue un jefe de falange. En Allo mataron a un ciego, Portillo. Ell
que era de mucho remango, dijo:"Si ésto es religion,que baje Dios y lo vea"
Bajaron a su casa y le dijeron,de orden del cabo,que subiera al cuartel.
Porfirio dijo:"Seré yo; no será la mujer" -No; que suba la mujer".
Estuvo cuatro o cinco dias en el cuartelillo, y el hijo pequeño subia a
dormir con ella. Una hija pequeña, que vive en Pamplona, le subia el desayu-
no. Una mañana le dijeron: "Vuelvete,patrás, que tu madre ya no lo necesita
Cuando los llevaron a magar, ella sàlto del camion y la mataron en Berbi
zana, o no se donde. Salto del camion, echo a correr y le tiraron a las
piernas. Des ues ésto lo oyo el prombre marido contar a uno, que era de Ber-
binzana o no se de donde. Quizas intervino gente de Berbinzana.
El marido se fue al frente; cogio los dos o tres hijos pequeños y los ll
vaba con él al frente. Lo movilizaron con la camioneta que tenia, y dijo:
"¿¿donde voy a dejar yo los tres hijos!" Y se los llevaba. Los dejaba en la
retaguarda en algun pueblo, y asi anduvo con ellos bastante tiempo.
El pequeño tendria cuatro años, sin cumplir cinco. El crio se quedo medio
anquilosau.
De pes le mataron un hijo en VALENCIA. Dejo 5 hijos.
Una hija vive en Pamplona; en su casa murio Porfirio,
Otro hijo le mataron en Valencia al poco de terminar la guerra.Vino en los
periodicos, porque decian que si habian asaltau un banco.
-Otro hijo. Román Garraza Chocarro, murio misteriosamente con un tal Leon-

cio Casado,de Pamplona, hermano del del Garaje Casado. Estuvieron aqui el
dia de Nochebuena, enPaplona, cogiendo los juguetes para llevarlos a San
Sebastian. Vivian en San Sebastian con sus mujeres y familias. No llegaron.
Al cabo de 15 dias aparecieron en las camaras frigorigicas de los depositos
de Madrid. No sé si estarían metidos en estraperlo. Hará unos 20 años o 22.
No se sabe si fue la Guardia civil o quien; aquello fue muy oscuro.
M. Bea, 78

Ficha de José María Jimeno Jurío. | Fuente: Oroibidea, Paz y Convivencia. Gobierno de Navarra.

sé dónde. Saltó del camión, echó a correr y le tiraron a las piernas. Después esto lo oyó el pobre marido contar a uno, que era de Berbinzana o no sé de dónde. Quizás intervino gente de Berbinzana.

El marido se fue al frente, cogió a los dos o tres hijos pequeños y los llevó con él al frente. Lo movilizaron con la camioneta que tenía, y dijo: "*¿Dónde voy a dejar a mis tres hijos?*" y se los llevaba. Los dejaba en la retaguardia en algún pueblo, y así anduvo con ellos bastante tiempo. El pequeño tendría cuatro años, sin cumplir cinco. El crío se quedó medio anquilosau [...].

El marido murió ciego mucho después. El jefe de Falange, Francisco Abete, suegro de Fortun, le dejó el cargo a uno que le llamaban "Chocarrina", que pasó a ser jefe de Falange. Rufina riñó con la mujer del jefe de Falange, por los críos. Antes, el "Chocarrina" había matado a uno de Estella; riñó con él en su casa porque le pedía los jornales, y le pegó más de lo que pudo y lo mató, y lo llevó en un carro a enterrar. Los vecinos sabían esto; Rufina era vecina y sabía. Cuando riño por los hijos, Rufina le dijo: "Más te valía callar Marcos, que aquí va a salir lo del trapo y lo debajo del trapo". Entonces cogió y la llevó a la cárcel; estuvo 13 días en la cárcel, sin tomar desayuno ningún día. Era una mujer maja. La bajaron al cuartel de noche para llevarla con los otros, el mismo día que mi hermano, el 5 de septiembre. Dice que corría por el campo... Cuando la montaron en el cuartel, los vecinos la oyeron cuando la sacaban, y decían: "¡Hijos de mi alma! ¡Hijos de mi corazón! ¡Ya no os voy a ver más!" *"¡Unos llantos!"* Chuscarrina, el que la detuvo, vive en Bilbao, ciego, vendiendo lotería». (Jimeno Jurío, 2020a, pp. 84-85)

FUENTES CONSULTADAS

Altaffaylla Kultur Taldea (2018). *Navarra 1936. De la esperanza al terror.* Altaffaylla Kultur Taldea.

ARGN, Juzgado de Primera Instancia e Instrucción n.º 1 de Estella/Lizarra; Expediente para inscripción de defunción en Registro Civil de Allo; Exp. Gubernativo; Núm.: 0000016/1940.

Asociación Pueblo de las Viudas de Sartaguda (2009). *Parque de la memoria.* [Página web]. parquedelamemoria.org

Gobierno de Navarra (2018). *Mapa de Fosas de Navarra* [Página web]. http://fosas.navarra.es/DetalleFosa.aspx?IDFosa=57

Herrera Torres, Ramón (2017). *Diccionario audiovisual de la memoria histórica en Navarra.* Pamiela.

Instituto Navarro de la Memoria (2023). *Oroibidea. Camino de Memoria.* [Página web]. https://oroibidea.es/es/search/victim/904

Jimeno Jurío, José M.ª (2020). *La represión en Navarra (1936-1939): Trabajo de campo y archivo (finales de 1974-principios de 1981). Tomo 1, Ablitas-Marcilla.* Pamiela.

MARÍA SOCORRO CRESPO PIÑERA

Fecha y lugar de nacimiento: 1880, Cantabria (en Torrelavega o Ruiloba).
Lugar de residencia: Iruñea, domiciliada en la calle Ciudadela.
Estado civil: Casada en 1909 con Esteban Izco Ibiricu.
Hijas/os:
Profesión:
Afiliación política: PCE o PSOE.

MUERTE

Lugar:
Fecha: 1936.
Edad: 56 años.

INFORMACIÓN COMPLEMENTARIA

«Esa desfilaba por el Partido Comunista el 1 de mayo con una hermana de Arroba (fusilado) y con otra. Morena». (Jimeno Jurío, 2020b, p. 265, 2021b, p. 526)

«La santanderina María Socorro Crespo Piñera, afiliada al PSOE, fue fusilada por los sublevados en la Guerra Civil cuando tenía 55 años». (Á. García-Sanz Marcotegui & González Gil, 2019, p. 293)

FUENTES CONSULTADAS

Aldave Monreal, Esther (2020). *Ramon Bengaray: Osasuna y República.* Katakrak.

Altaffaylla Kultur Taldea (2018). *Navarra 1936. De la esperanza al terror.* Altaffaylla Kultur Taldea.

García-Sanz Marcotegui, Ángel & González Gil, Ana María (2019). *Diccionario biográfico del socialismo histórico navarro* IV. Universidad Pública de Navarra.

Gutierrez Flores, Jesús (2017). *Guerra Civil en Cantabria y pueblos de Castilla.* LibrosEnRed.

Herrera Torres, Ramón (2017). *Diccionario audiovisual de la memoria histórica en Navarra.* Pamiela.

Instituto Navarro de la Memoria (2023). *Oroibidea. Camino de Memoria.* [Página web]. https://oroibidea.es/es/search/victim/973

Jimeno Jurío, José M.ª (2020). *La represión en Navarra (1936-1939): Trabajo de campo y archivo (finales de 1974-principios de 1981). Tomo II, Mélida-Ziordia.* Pamiela.

Naiz (s.f.) Listado de personas asesinadas con la categoría represiva 2. [Página web]. https://n9.cl/m9bqn

CRESPO María Socorro Pamplona

Cita rel. PARIS: "Maria Socorro Crespo" P.SOE

Me parece que esa desfilaba por el Partido Comunista el 1 de mayo, con una hermana de Arroba (fusilado) y otra morena. Varios,78

Ficha de José María Jimeno Jurío. | Fuente: Oroibidea, Paz y Convivencia. Gobierno de Navarra.

FELIPA DEL PUEYO RUIZ

«La Guapa»

Fecha y lugar de nacimiento: 22-08-1897, Tarazona (Zaragoza).
Lugar de residencia: Lodosa o Los Arcos.
Estado civil: Casada con Agapito Remírez Remírez conocido como «El Aguador».
Hijas/os: Seis (Vicenta, Antonio, Rosario, Jesús, Santiago y Araceli).
Profesión: Trabajo en el hogar.
Afiliación política:

MUERTE

Lugar: Ausejo (La Rioja).
Fecha: 13-09-1936.
Edad: 39 años.

REPRESIÓN

Represión sexuada: Según los datos obtenidos y la información consultada, fue agredida sexualmente.

PUEYO RUIZ, Felipa del "La Guapa" Lodosa

DEFUNCION: Inscrita el 6 diciembre de 1944.
Nacio en Tarazona (Zaragoza) el 22 de agosto de 1897, hija de Acisclo y Vicenta. Domiciliada en Lodosa, Cuevas Arriba. S. L.
Casada con Agapito Remirez Remirez, de 52 años, de Lodosa; deja 6 hijos: Vicenta, Antonio, Rosario, Jesús, Santiago y Araceli.
FALLECIO en jurisdiccion de El Villar de Arnedo (Logroño) el 13 de septiembre de 1936, lucha nacional.

JUZGADO LODOSA: Libro 34, f. 16r

Fusilaron a tres mujeres de Lodosa: Amada MORENTIN, Felipa del PUEYO; "la Guapa", y Asuncion VERGARA DE LUIS.
A Felipa Pueyo, Asuncion Vergara y a un Jose Maria, los mataron juntos en lo de Ausejo. Y le quitaron hasta la faja pa llevarsela; Un gitano que los mato, les quito la faja pa su mujer. X, 78
Los dos estaban desnudas, las desgraciadas, enseñando todo. Les quitaron la faja y todo. Las desnudaron y les hicieron lo que les dio la gana los sinverguenzas de ellos; no sé si antes o despues de matarlas. Unos canallas. Fue un sobrino del hombre (Jose Maria) que mataron con ellas.
X, 78
Casada con Agapito "el Aguador". Una nieta de la Guapa está casada con uno de la Caja de Ahorros de Pamplona.

Ficha de José María Jimeno Jurío. | Fuente: Oroibidea, Paz y Convivencia. Gobierno de Navarra.

INFORMACIÓN COMPLEMENTARIA

«Fusilaron a tres mujeres de Lodosa; Amada Morentín, Felipa del Pueyo, "La guapa", y Asunción Vergara de Luis. A Felipa Pueyo, Asunción Vergara y a José María, los mataron juntos en lo de Ausejo. Y le quitaron hasta la faja para llevársela. Un gitano que los mató, les quitó la faja para su mujer. Las dos estaban desnudas, las desgraciadas, enseñando todo. Les quitaron la faja y todo. Las desnudaron y les hicieron lo que les dio la gana los sinvergüenzas de ellos; no sé si antes o después de matarlas. Unos canallas. Fue un sobrino del hombre (José María) que las mató». (Jimeno Jurío, 2020a, p. 776).

FUENTES CONSULTADAS

Altaffaylla Kultur Taldea (2018). *Navarra 1936. De la esperanza al terror.* Altaffaylla Kultur Taldea.

ARGN, Juzgado de Primer Instancia e Instrucción n.º 1 de Estella/Lizarra, exp. 00000345/1945.

Jimeno Jurío, José M.ª (2020). *La represión en Navarra (1936-1939): Trabajo de campo y archivo (finales de 1974-principios de 1981). Tomo I, Ablitas-Marcilla.* Pamiela.

Instituto Navarro de la Memoria (2023). *Oroibidea. Camino de Memoria.* [Página web]. https://oroibidea.es/es/search/victim/1024

HERMINIA DOMÍNGUEZ MARTÍNEZ

Fecha y lugar de nacimiento: 01-01-1917, Buñuel.
Lugar de residencia: Donostia.
Estado civil: Soltera.
Hijas/os:
Profesión:
Afiliación política: Participó en las Milicias Populares y en las Milicias Vascas Antifascistas. Tenía función de armada de infantería en el Frente Norte en la unidad Reten de Usandizaga.

MUERTE

Lugar: Donostia, en el hospital. Fue inhumada en el cementerio de Polloe.
Fecha: 06-08-1936.
Edad: 19 años.
Observaciones: Falleció en el frente, cerca de Donostia. Según información consultada, pertenecía al Comisariado de Guerra.

INFORMACIÓN COMPLEMENTARIA

«Aporta 7 pesetas en la "suscripción para los defensores de la república"». (*El Liberal*, 28-07-1936, p. 2)

«Entre el 22 y el 28 de julio de 1936, Herminia combatió a los militares sublevados en las calles de la ciudad donostiarra, formaba parte del grupo del retén de la calle Usandizaga. Una vez derrotados los sublevados de la ciudad, continuó combatiendo con las Milicias Vascas Antifascistas, probablemente resultó herida durante los primeros enfrentamientos en torno a Irún. Murió el 6 de agosto de 1936. Tal y como indica el registro de defunción del hospital de Donostia-San Sebastián, la causa fue "heridas por arma de fuego"». (MVMC)

FUENTES CONSULTADAS

AGHD, Sumario n.º 109621, legajo 4903 (es un sumario que está muy deteriorado por lo que no se puede ni consultar ni digitalizar).

Altaffaylla Kultur Taldea (2018). *Navarra 1936. De la esperanza al terror.* Altaffaylla Kultur Taldea.

AMD, Defunciones, 1936, n.º 62. (Libro del cementerio Polloe).

CDMH, Fichero de la Secretaria General y de la Sección Político Social, B0054359. (Centro Documental de la Memoria Histórica).

Gogora (2021). *Víctimas mortales de la guerra civil en Euskadi.* [Página web]. https://n9.cl/cpohi

NEXUS-UPF (2021). *Museo Virtual de la Mujer Combatiente* [Página web]. https://www.mujeresenguerra.com/las-combatientes/sala-3/11795

El Liberal, 28-07-1936, p. 2.

AMD, Defunciones, 1936, n.º 62. (Libro del cementerio Polloe).

SUSCRIPCION PARA LOS DEFENSORES DE LA REPUBLICA

"EL LIBERAL" LA ENCABEZA CON 50.000 PESETAS

Todos estamos en deuda con los Defensores de la República. Es una deuda que sólo puede saldarse con eterna gratitud. Desde hoy en adelante habrá dos categorías de españoles.

Serán de primera categoría los que acudieron al frente con las armas en la mano para combatir a los enemigos del régimen.

Y todos los demás no serán otra cosa sino españoles agradecidos que tomarán a su cargo a viudas y huérfanos para que nada les falte. De ello nos ocuparemos cuando esté todo terminado.

Ahora lo que nos interesa es abrir una suscripción para los Defensores de la República.

Si las derechas lo hicieron para los defensores de sus privilegios con ocasión de la revolución de octubre, España entera está en la obligación de hacerlo para los Defensores de la República, porque la República es España.

Queda abierta la suscripción en estas columnas.

Suma anterior, 52.477,55 pesetas.

Wenceslao Montes Sanz, 5 pesetas; Claudia Calzada González, 5; Carmen Flórez, 2,50; Luciano Ortiz, 5; Antonio Zozaya, 25; Leonor Balza de Zozaya, 5; Santiago Martínez, 15; Emilia del Cabo, 25; Américo Precioso, 5; Dámaso Argüelles, 5; Florencia Pascual, 3; Nieves Moya, 5; viuda de Callao, 10; Gil Briega, 25; Inocencia Donoso, 15; Herminia Domínguez, 7; Patrocinio Pajares, 5; Rosita Fernández, 2; Matilde Conojero, 10; Enriqueta Leyrana, 10; Matilde Bru, 10; Cesáreo P. de Riaza, 10; Guillermo Pérez de Haro, 3; Encarnación de Haro, 2; José Zorrilla y Monasterio, 750; Antonio Zorrilla y Ondovilla, 250; Julián Cambronero, 10; Rosita Cambronero, 5; Bernardo San Emeterio (importe de la hucha), 5,95; Rogelio Pelayo, 25; Carmen Aguado, 5; Teodoro Navarro, 6; Rafael Fernández, 100; Antonio Gómez López, 25; Amalia Alvarez, viuda de Bridat, 11; I. M. A., 2; Miguel García y García, 5; Sanbeltrán, 10; Virginia Rubio, 25; Valeriano Cabeza, 25; Fulgencia Pérez, 2; Silvestra González, 15; Urbano de la Cruz (portero), 2; Sofía Díaz, 5; Emiliana Díaz, 5; José Cenicero, 15; Justo Maldonado, 3; Sotero Martín, 5; Pedro Galván (suscriptor de EL LIBERAL), 10; Pablo Fernández, 5; Antonio Sánchez, 6; Francisco Gallego, 10; Cayetano Serrano, 10; Antonia Diedoy, 25; Guillermo Fernández, 10; Rodrigo Blanco, 15; R. Riera, 10; afiliado 250 Agrupación de Dependientes Municipales, 50; Vicente Romeu, 10; José Fernández Pacheco, 50; José Fernández Pacheco, 25; Roberto Castrovido (de EL LIBERAL), 100; Mariano Aparici, 10; Serafín Casals, 5; Mariano Marahona, 5; uno del Frente Popular, 10; José Subirán, 2,50; Isabel Díaz de Subirán, 2,50.

Empleados del cine Madrid-París: Román Ramírez, 5; Marcial Alfonso, 5; Félix Adam, 5; Francisco García, 5; Aurelio Escobar, 3; Sebastián del Olmo, 3; Juan Manuel Serrano, 3; Adolfo Sanz, 3; Enrique Pérez Galdós, 3; Mercedes López, 3; Pilar Abarca, 3; Clemencia Sixto, 3; Leopoldo Pascual, 1; José González, 1; Paulino Perona, 1; Nemesio Ramírez, 1; Félix Murga, 1; Antonio Heras, 1; Leopoldo Suárez, 1; Antonio Vicente, 1; Victoriano Sánchez, 1; Antonio Gordo, 1; Mariano López, 1; Aquilino Martín, 1; Dionisio de la Vega, 1; Manuel Miñambres, 1; Luis Martínez, 1; Santiago Villanueva, 2; Matilde González, 1; Clotilde Fernández, 1; Rodrigo Deive, 1; José Gil, 1.

L. G. Blanco, 2,50; Arturo Muñoz, 5.

Total, 56.248,20 pesetas.

Los donantes de provincias o que quieran hacer los ingresos en bancos pueden hacer las entregas para la cuenta corriente de la Sociedad Editora Universal en el Banco de España.

Aparece Herminia suscrita para defender la República. | Fuente: Periódico *El Liberal*, 28-07-1936, p. 2.

MARÍA JOSEFA EGUARAZ ERRANDORENA

Fecha y lugar de nacimiento: 1872, Tutera.
Lugar de residencia:
Estado civil: Casada.
Hijas/os:
Profesión:
Afiliación política:

MUERTE

Lugar: Ilbarritz, Bidarte (Lapurdi), en el hospital de La Roseraie.
Fecha: 07-01-1938.
Edad: 66 años.
Observaciones: Según el certificado de defunción falleció en el hospital de mutilados de guerra del Gobierno de Euzkadi.

INFORMACIÓN COMPLEMENTARIA

«Un refugio en el exilio: El hospital de La Roseraie (1937-1940). El antiguo hotel-casino de La Roseraie acogió un hospital creado por el Gobierno de Euzkadi para atender a los gudaris heridos y a los civiles vascos que tuvieron que huir de los fascistas. [...] el Gobierno vasco alquiló a partir del 1 de julio de 1937 un amplio inmueble situado en la costa de Lapurdi, en Bidarte, barrio de Ilbarritz, a las puertas de Biarritz y a tres kilómetros del centro del pueblo. [...] En el hospital hubo para el año 1938, una media de 240 pacientes con un máximo de 300 heridos o enfermos al mismo tiempo. En total, 726 gudaris estuvieron hospitalizados en La Roseraie y hubo 823 enfermos de la población civil». (*Deia*, 2016)

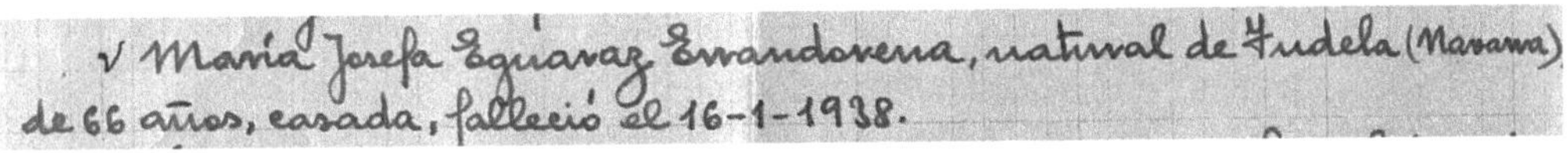
√ María Josefa Eguaraz Errandorena, natural de Tudela (Navarra) de 66 años, casada, falleció el 16-1-1938.

Lista de personas refugiadas fallecidas en los Campos de Internamiento Franceses. | Fuente: AFUE. Fondo Ministerio de Emigración.

FUENTES CONSULTADAS

AFUE. Fondo Ministerio de Emigración. Documentación relativa a defunciones de refugiados españoles en campos de internamiento franceses entre 1939 y 1941.

ECI, Decés, 1938, n.º 5.

Jean Claude (2 de abril 2016). Un refugio en el exilio: El hospital de La Roseraie (1937-1940). *Deia*. https://n9.cl/2myayl

Jordi Oliva, Martí Picas, Noemí Riudor. Grup de recerca de la mortalitat a l'exili (1936-1945).

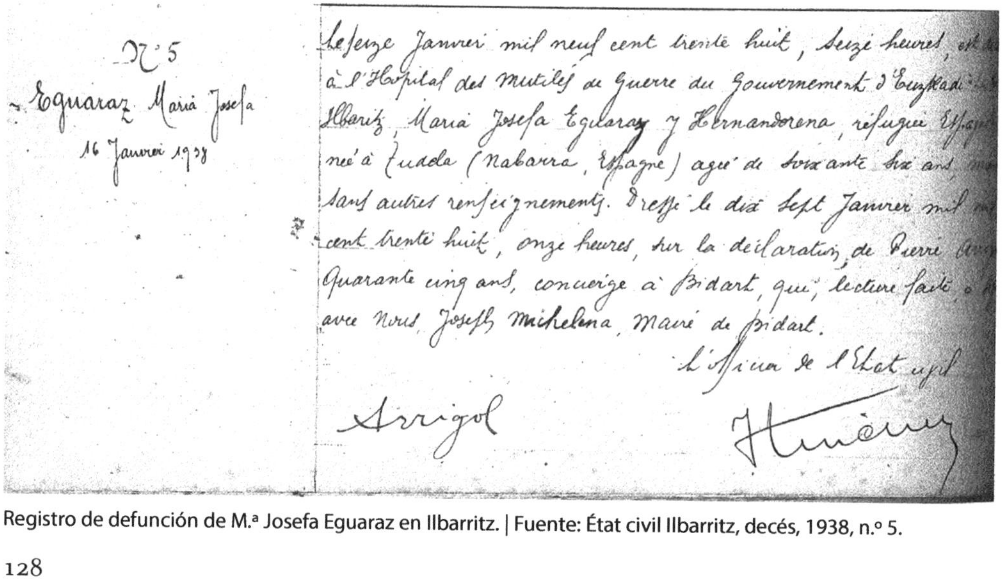
N° 5
Eguaraz María Josefa
16 Janvier 1938

Le seize Janvier mil neuf cent trente huit, seize heures, [illegible]
à l'Hôpital des Mutilés de Guerre du Gouvernement d'Euzkadi [illegible]
Ilbarritz, María Josefa Eguaraz y Hernandorena, réfugiée Espagnole
née à Tudela (Nabarra, Espagne) agée de soixante six ans [illegible]
Sans autres renseignements. Dressé le dix sept Janvier mil [illegible]
cent trente huit, onze heures, sur la déclaration de Pierre [illegible]
Quarante cinq ans, concierge à Bidart, qui, lecture faite, [illegible]
avec Nous, Joseph Michelena, Maire de Bidart.
L'Officier de l'État civil
Arrigol

Registro de defunción de M.ª Josefa Eguaraz en Ilbarritz. | Fuente: État civil Ilbarritz, decés, 1938, n.º 5.

MARÍA DOLORES MANUELA JOSEFA ELORRIAGA ARRATE

Fecha y lugar de nacimiento: 22-09-1872, Bera.
Lugar de residencia: Barcelona.
Estado civil:
Hijas/os:
Profesión:
Afiliación política:

MUERTE

Lugar: Barcelona.
Fecha: 28-04-1938.
Edad: 73 años.

FUENTES CONSULTADAS

AMB, Nacimientos, 1872, pág. 436.
Memorial Democràtic de la Generalitat de Catalunya.

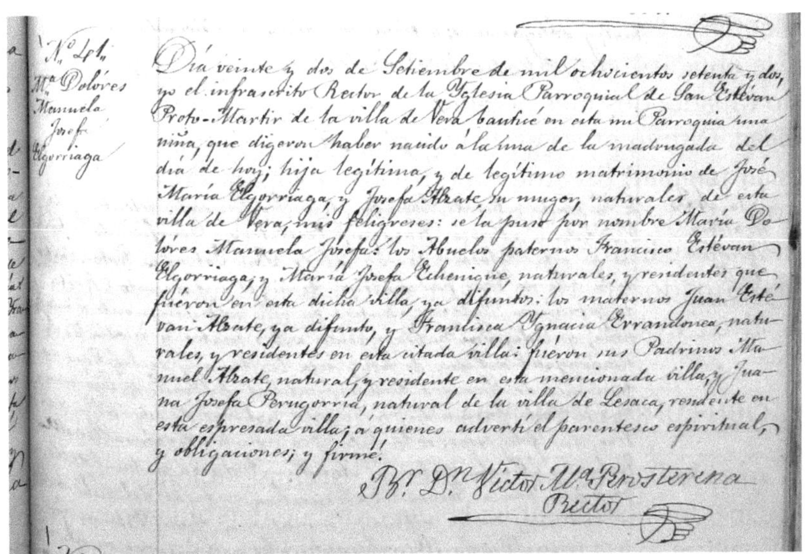

N.º 41. M.ª Dolóres Manuela Josef. Elgorriaga

Día veinte y dos de Setiembre de mil ochocientos setenta y dos, yo el infrascrito Rector de la Yglesia Parroquial de San Estévan Proto-Martir de la villa de Vera bauticé en esta mi Parroquia una niña, que dijeron haber nacido á la una de la madrugada del día de hoy; hija legítima, y de legítimo matrimonio de José María Elgorriaga y Josefa Alzate su muger, naturales de esta villa de Vera, mis feligreses: se la puso por nombre María Dolóres Manuela Josefa: los Abuelos paternos Francisco Estévan Elgorriaga, y María Josefa Echenique, naturales, y residentes que fuéron en esta dicha villa, ya difuntos: los maternos Juan Estévan Alzate, ya difunto, y Francisca Ygnacia Errandonea, naturales, y residentes en esta citada villa: fuéron sus Padrinos Manuel Alzate, natural, y residente en esta mencionada villa, y Juana Josefa Perugorría, natural de la villa de Lesaca, residente en esta espresada villa; á quienes advertí el parentesco espiritual, y obligaciones; y firmé.

Br. Dn. Victor M.ª Biosterena
Rector

Registro de nacimiento de M.ª Dolores en Bera. | Fuente: Registro Civil de Bera, nacimientos 1872, pág. 436, n.º 41.

ESPERANZA ESCRIBANO MARTÍNEZ

Fecha y lugar de nacimiento: 1881, Calahorra (La Rioja).
Lugar de residencia: Calahorra (La Rioja).
Estado civil: Casada con Pedro Escorza Sada.
Hijas/os: Cinco (Gloria, Gerardo, Pedro, Pablo y Aurora). Quizá tenía otro hijo, Pepe.
Profesión: Trabajo en el hogar.
Afiliación política: CNT.

MUERTE

Lugar: Azkoien (Peralta).
Fecha: 29-08-1936.
Edad: 55 años.
Observaciones: Según Jesús Vicente Aguirre González, se conserva una carta de autorización de exhumación y traslado de 05-03-1979. Fue asesinada junto con Gabriela Lorente Saenz.

REPRESIÓN

Represión sexuada: Según los datos obtenidos y la información consultada, le obligaron a pasear por el Raso, junto con otras mujeres, con el pelo rapado, después de obligarles a ingerir aceite de ricino.
Cautividad: Estuvo presa en la cárcel local de Calahorra.
Represión familiar: Su hijo Gerardo fue asesinado en agosto de 1936 junto al Ebro, cerca de Logroño. Su hijo Pedro estaba casado y tenía un hijo que también fue asesinado en Eltziego (Araba) y exhumado en 1979. Pablo, otro hijo, falleció en el frente en los altos del Pingarrón y fue inhumado en Madrid en 1937.

INFORMACIÓN COMPLEMENTARIA

«Su marido llevaba a la fábrica de Cascante pimientos, tomates y melocotón. Esperanza estaba afiliada a la CNT. Fue detenida por insultar a quienes detuvieron a sus hijos Gerardo y Pedro Escorza. Cuando los subían al camión empezó a llamarles asesinos, y allí mismo la prendieron. Algunos recuerdan todavía a esa mujer, con talento y temperamento. En la cárcel la cortaron el pelo y la sacaban con otras presas y mujeres de Calahorra, todas rapadas y después de tomar aceite de ricino a pasear por el Raso. Asesinada el 29 de agosto en Peralta. Exhumada». (Aguirre, 2010, p. 362)

FUENTES CONSULTADAS

Aguirre González, Jesús Vicente (2010). *Aquí nunca pasó nada. La Rioja 1936.* Editorial Ochoa.

Asociación Pueblo de las Viudas de Sartaguda (2009). *Parque de la memoria.* [Página web]. parquedelamemoria.org

Innovación y Derechos Humanos (2021). *Ihr.world.* [Página web]. https://ihr.world/

Instituto Navarro de la Memoria (2023). *Oroibidea. Camino de Memoria.* [Página web]. https://oroibidea.es/es/search/victim/1221

La Barranca. Asociación para la Preservación de la Memoria Histórica en la Rioja (2019). *La Barranca* [Página web]. https://labarranca.org/asesinado/esperanza-escribano-martinez/

Fotografía de Esperanza Escribano. | Fuente: Aguirre 2010, p. 362.

EUSEBIA FALCES SANZ

Fecha y lugar de nacimiento: 05-03-1882, Arguedas.
Lugar de residencia: Arguedas.
Estado civil: Casada con Robustiano Ustarroz.
Hijas/os:
Profesión: Trabajo en el hogar.
Afiliación política:

MUERTE

Lugar: Azagra, en una viña.
Fecha: 16-11-1936.
Edad: 54 años.
Observaciones: Fue asesinada junto a Romana Zubiria, de Arguedas, y exhumada en 1979.

FUENTES CONSULTADAS

Altaffaylla Kultur Taldea (2018). *Navarra 1936. De la esperanza al terror.* Altaffaylla Kultur Taldea.

Jimeno Jurío, José M.ª (2020). *La represión en Navarra (1936-1939): Trabajo de campo y archivo (finales de 1974-principios de 1981). Tomo I, Ablitas-Marcilla.* Pamiela.

Instituto Navarro de la Memoria (2023). *Oroibidea. Camino de Memoria.* [Página web]. https://oroibidea.es/es/search/victim/1288

PILAR FERNÁNDEZ RODRÍGUEZ

«La Cebollera»

Fecha y lugar de nacimiento: 1891, Tudelilla (La Rioja).
Lugar de residencia: Calahorra (La Rioja).
Estado civil: Casada con Cándido Gurrea Arpón, militante de la UGT.
Hijas/os: Cinco (Carmen, Dolores, Cándido, Joselín y María).
Profesión: Trabajaba en la fábrica Muerza de San Adrián.
Afiliación política:

MUERTE

Lugar: Azkoien (Peralta). Según la información consultada fue asesinada en la carretera entre Alfaro y Zaragoza.
Fecha: 16-08-1936.
Edad: 45 años.

REPRESIÓN

Represión familiar: Asesinada junto con su marido Cándido Gurrea Arpón, su hija Carmen, de 15 años, y su hija Dolores, de 17 años.

INFORMACIÓN COMPLEMENTARIA

«El día 16 de agosto los falangistas y requetés encuentran la saca del día: la gran ensalada. Han asesinado a "Las Cebolleras" Pilar Fernández Rodríguez, y sus hijas Dolores y Carmen Gurrea Fernández; "La Lechuga"; Emilia Arnedo Moreno; "La Guindilla": Tomasa González Moreno. Y con ellas, el marido de Pilar y padre de las chicas, Cándido Guerra Arpón, el concejal Julio Lafuente Saenz y Andrés Santos Escorza. Muy probablemente el lugar elegido para darles muerte es el Recuenco de Calahorra (a 3 o 4 kms. en la carretera hacía Alfaro, a la derecha; entonces y ahora había ganadería de reses bravas). Desde allí los llevaron a enterrar a Peralta, o a la Cuesta de Castellana, entre Rincón y Funes. Hernández García cita, en algunos casos, que murieron en el Recuenco de Calahorra, y en todos los que fueron exhumados en Funes. Algunos informantes señalan que fueron enterrados en Peralta». (Aguirre, 2010, p. 354)

FUENTES CONSULTADAS

Altaffaylla Kultur Taldea (2018). *Navarra 1936. De la esperanza al terror.* Altaffaylla Kultur Taldea.

Asociación Pueblo de las Viudas de Sartaguda (2009). *Parque de la memoria.* [Página web]. parquedelamemoria.org

Herrera Torres, Ramón (2017). *Diccionario audiovisual de la memoria histórica en Navarra.* Pamiela.

Innovación y Derechos Humanos (2021). *Ihr.world.* [Página web]. https://ihr.world/

Instituto Navarro de la Memoria (2023). *Oroibidea. Camino de Memoria.* [Página web]. https://oroibidea.es/es/search/victim/1341

Jimeno Jurío, José M.ª (2020). *La represión en Navarra (1936-1939): Trabajo de campo y archivo (finales de 1974-principios de 1981). Tomo II, Mélida-Ziordia.* Pamiela.

BLASA GARCÍA CORERA

Fecha y lugar de nacimiento: 1893, Larraga.
Lugar de residencia: Llinars del Vallés (Barcelona).
Estado civil: Soltera.
Hijas/os:
Profesión:
Afiliación política:

MUERTE

Lugar: Llinars del Vallés (Barcelona).
Fecha: 29-01-1939.
Edad: 46 años.
Observaciones: Falleció a consecuencia de las heridas sufridas al estallar un camión de explosivos.

FUENTES CONSULTADAS

AML, Nacimientos, 1893, n.º 25.
AMLV, Defunciones, 1939, folio 53, n.º 1788.
Memorial Democràtic de la Generalitat de Catalunya.

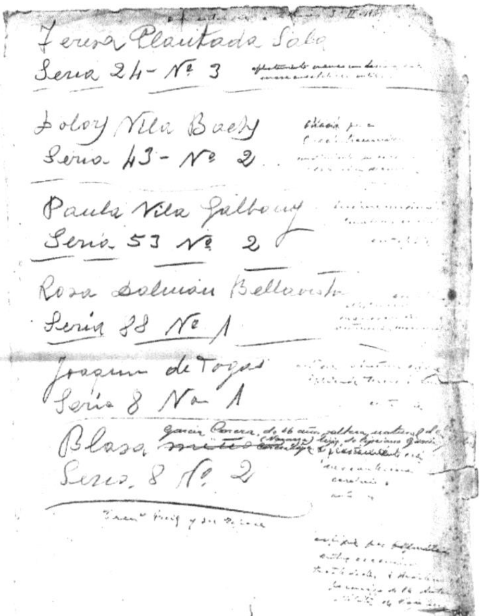
Teresa Plantada Solé
Serie 24 - Nº 3
Dolors Vila Badia
Serie 43 - Nº 2
Paula Vila
Serie 53 Nº 2
Serie 88 Nº 1
Joaquin de Togas
Serie 8 Nº 1
Blasa
Serie 8 Nº 2

Registro de Blasa García de defunción en Llinars del Vallés. | Fuente: Registro Civil de Llinars Valles, defunciones, 1939, folio 53, n.º 1788.

CARMEN GINTO ECHEVERRÍA

Fecha y lugar de nacimiento: 1930, Lizarra.
Lugar de residencia: Donostia.
Estado civil: Soltera.
Hijas/os:
Profesión:
Afiliación política:

MUERTE

Lugar: Donostia, en el hospital.
Fecha: 26-08-1936.
Edad: Seis años.
Observaciones: Murió por las heridas causadas durante un bombardeo en Donostia.

INFORMACIÓN COMPLEMENTARIA

«Hay una Carmen Guito, fallecida en el cementerio de Donostia. En el Registro Civil de Donostia se indica que tenía 6 años, mientras que en Agirretxe Mitxelena, Joxe Luix, se apunta como niña de 2 años». (Instituto Gogora, ficha 8882)

«Carmen Ginto Echeverria: 2 urteko haurra, Donibane kalean eroritako bonba berak eragindako zauriak zirela medio hilda». (Agirretxe Mitxelena et al., 2008, p. 46)

Izquierda y página siguiente, fotografías del bombardeo en Donostia en agosto de 1936. | Fuente: Periódico *Frente Popular. Diario de la República*, 19-08-2023, p. 1.

Redacción, Oficinas y Talleres: GARIBAY, 34

FRENTE POPULAR

DIARIO DE LA REPUBLICA

Los "salvadores" de España.

SAN SEBASTIAN FUE AYER, OTRA VEZ, OBJETIVO DE LA BARBARIE FASCISTA

Los barcos piratas bombardearon la población civil, causaron destrozos en varios edificios y ocasionaron algunas víctimas

FUENTES CONSULTADAS

Agirretxe Mitxelena, Joxe Luix; Pontesta Garmendia, Agustina & León Nanclares, Ander (2008). *Zigortuak, ilunpetik argitara: Frankismoaren biktimak Lezon 1936-1945*. Udala.

Echeandia, José (1945). *La persecución roja en el país vasco. Estampas de martirio en los barcos y cárceles de Bilbao memorias de un excautivo*. Fidel Rodríguez.

Gogora (2021). *Víctimas mortales de la guerra civil en Euskadi*. [Página web]. https://n9.cl/ozyes

TERESA GOICOECHEA GOICOECHEA

Fecha y lugar de nacimiento: 27-12-1900, Berbinzana.
Lugar de residencia: Eskoriatza (Gipuzkoa).
Estado civil: Casada con Ibáñez de Miguel.
Hijas/os: Seis (Gabriel, Jesús, Consuelo, Miguel y Margarita).
Profesión:
Afiliación política:

MUERTE

Lugar: Araba, en el trayecto entre Eskoriatza y Gasteiz.
Fecha: 30-11-1936.
Edad: 35 años.

INFORMACIÓN COMPLEMENTARIA

«Juana Aldaiturriaga Guinea, vecina de Llodio y ejecutada el 21 de junio de 1937; Teresa Goicoechea Goicoechea de Escoriaza, ejecutada el 30 de noviembre de 1936 en Gasteiz; Eulalia González De Zarate Armentia, vecina de Etxabarri, ejecutada el 18 de octubre de 1939 en Gasteiz; Marcelina Landa Santa Lucia, vecina de Legutiano y ejecutada en ese mismo pueblo el 24 de agosto de 1936 y Cipriana Lataburu Murga, vecina de Zuhatzu y ejecutada en Cuartango el 22 de noviembre de 1936, no se ha podido confirmar sus muertes por no haber encontrado documentación ni en sus expedientes carcelarios ni en el archivo de Ferrol; es de suponer que se trata de asesinatos basados en testimonios orales». (Badiola Ariztimuño, 2015, pp. 45 y 281)

FUENTES CONSULTADAS

AMB, Nacimientos, 1900, folio 28, n.º 32.

Badiola Ariztimuño, Ascensión (2015). *La represión franquista en el País Vasco*. UNED.

Gogora (2021). *Víctimas mortales de la guerra civil en Euskadi*. [Página web]. https://n9.cl/2we4m

MARÍA ÁNGELES GOICOECHEA

Fecha y lugar de nacimiento: 1922, Ergoiena.
Lugar de residencia: Erandio (Bizkaia).
Estado civil: Soltera.
Hijas/os:
Profesión:
Afiliación política:

MUERTE

Lugar: Erandio (Bizkaia), fue inhumada en el cementerio.
Fecha: 24-03-1937.
Edad: 15 años.
Observaciones: Falleció a consecuencia de una explosión en una fábrica de Asua, posiblemente por manipular una bomba sin explotar de un bombardeo de enero de ese mismo año.

INFORMACIÓN COMPLEMENTARIA

«En 2021 fue encontrada en el polígono industrial de Asuaran, (Asua) Erandio, un monolito homenaje a tres aviadores alemanes de la legión Cóndor, llamados Hans Sobotka, Otto Hormeister y Friedrich Muller que fallecieron en Galdakao en 1937 [...] Venían de Bilbao y acababan de bombardear una fábrica que estaba al lado de Iturribide. Al oír las bombas, la gente se metió en esa fábrica, entraron más personas de las que se podía, se fueron al sótano, cayó el edificio y estos tres señores». (*Deia*, 2021-04-16)

«El parte de la Jefatura del Aire de Salamanca indica que se han bombardeado con buen resultado las fábricas y el puerto de Bilbao, siendo alcanzado un barco mercante. El parte del ministerio del Aire de la República expresa que: "Sector Norte. Las escuadrillas leales establecieron un servicio de vigilancia sobre la costa. Los rebeldes bombardearon los pueblos de Erandio y Sestao, huyendo prontamente al presentarse los cazas leales"». (Irujo, 2021, p. 163)

FUENTES CONSULTADAS

Gogora (2021). *Víctimas mortales de la guerra civil en Euskadi.* [Página web]. https://n9.cl/coxst

Irujo Ametzaga, Xabier (2021). *Atlas de bombardeos en Euskadi.* Eusko Jaurlaritza.

Marta Hernández (16 de abril 2021). Hallan en Erandio una placa en homenaje a pilotos nazis. *Deia.* https://n9.cl/7x04x

CASIANA GONZÁLEZ RODRÍGUEZ

Fecha y lugar de nacimiento: 1924, Iruñea.
Lugar de residencia: Barcelona.
Estado civil:
Hijas/os:
Profesión:
Afiliación política:

MUERTE

Lugar: Barcelona.
Fecha: 09-05-1938.
Edad: 14 años.

FUENTES CONSULTADAS

Memorial Democràtic de la Generalitat de Catalunya.

NIEVES GONZÁLEZ ROLDÁN

Fecha y lugar de nacimiento: 1864, Mendabia.
Lugar de residencia: Mendabia.
Estado civil: Podría estar casada con Veremundo o Benito Gorricho Lucea.
Hijas/os:
Profesión: Tenía una mercería en la Plaza del Mercado.
Afiliación política:

MUERTE

Lugar: Logroño (La Rioja), en el cementerio.
Fecha: 20-07-1936.
Edad: 72 años.

REPRESIÓN

Represión sexuada: Según los datos obtenidos y la información consultada, fue paseada antes de ser fusilada.

INFORMACIÓN COMPLEMENTARIA

«Benito Gorricho Lucea. De Cárcar. Casado. De Izquierda. Fue *llevàu* a la fuerza. Casado con Nieves González, me parece. No tenían hijos. Jornalero». (Jimeno Jurío, 2021b, p. 115)

«Anotamos finalmente la muerte de Nieves González Roldan, anotado por la Cruz Roja al día siguiente». (Aguirre, 2010, p. 68)

FUENTES CONSULTADAS

Aguirre González, Jesús Vicente (2010). *Aquí nunca pasó nada. La Rioja, 1936*. Ochoa.

Altaffaylla Kultur Taldea (2018). *Navarra 1936. De la esperanza al terror.* Altaffaylla Kultur Taldea.

Asociación Pueblo de las Viudas de Sartaguda (2009). *Parque de la memoria.* [Página web]. parquedelamemoria.org

Herrera Torres, Ramón (2017). *Diccionario audiovisual de la memoria histórica en Navarra.* Pamiela.

Instituto Navarro de la Memoria (2023). *Oroibidea. Camino de Memoria.* [Página web]. https://oroibidea.es/es/search/victim/1711

Jimeno Jurío, José M.ª (2021). *La represión en Navarra (1936-1939): Trabajo de campo y archivo (2a. parte) (1973-1983). Tomo IV, Ibero-Zuza. Apéndice de Álava, Bizkaia y Gipuzkoa.* Pamiela.

Martínez Sancho, Tomás (2018). *¡Esta es otra historia!: Memoria perdida y recuperada de la villa de Mendavia en la primera mitad del siglo XX.* Ayuntamiento de Mendavia.

HIGINIA LUZ GOÑI AYESTARAN

«Lucy Martos»

Fecha y lugar de nacimiento: 11-01-1906, Zirauki.
Lugar de residencia: París (Francia).
Estado civil: Viuda. Casada en segundas nupcias con el comunista José Martos (nacido en Orán, Argelia, y de nacionalidad francesa) en París, el 10 de noviembre de 1934.
Hijas/os:
Profesión: Empleada del hogar y conserje.
Afiliación política: PCF y también participó en las Brigadas Internacionales.
Observaciones: Hija de Fructuoso Goñi y de Natalia Ayestaran. Eran dos hermanas, Higinia y Aurelia. La madre murió al poco de dar a luz a Amelia y el padre se volvió a casar, tuvo más hijos e hijas y es entonces cuando Higinia y Amelia fueron a vivir a casa de sus abuelos/as.

MUERTE

Lugar: Alemania, en el campo de concentración y de exterminio Auschwitz-Birkenau.
Fecha: 01-05-1943.
Edad: 37 años.

REPRESIÓN

Cautividad: Fue detenida por primera vez el 31 de diciembre de 1940 por la policía francesa por haber transportado material de propaganda clandestina. Fue puesta en libertad y, posteriormente, fue detenida en agosto de 1941, acusada de realizar trabajos de resistencia en una casa del Montmartre, y la metieron presa en la Prisión de la Santé (París).

El 30 de septiembre de 1942 fue trasladada al Fort Romainville (Les Lilas, Francia) y en enero de 1943 fue conducida al campo de exterminio de Auschwitz. Posiblemente, gracias a un documento localizado en los Archivos Aroslen, de camino a este campo pasó por el campo de concentración de Sachsenhausen (localizado cerca de Berlín) y describió las pertenencias que llevaba con ella.

Represión familiar: José Martos estuvo en las Brigadas Internacionales con ella y también fue detenido. Sobrevivió y cuando volvió del exilio supo que Higinia había muerto.

Observaciones: Junto con Simonne Lebuch fueron las dos únicas mujeres vascas de la resistencia que fueron deportadas a Auschwitz. Sus familiares solicitaron al Ministerio de Asuntos de Veteranos y Víctimas de Guerra el reconocimiento de que Higinia fue deportada política, y el 28 de junio de 1967 fue declarada oficialmente como deportada política.

INFORMACIÓN COMPLEMENTARIA

Gracias a la investigación realizada por Alberto Barandiaran sabemos que Higinia se fue a trabajar a Iruñea desde muy joven y también trabajó de sirvienta en Donostia a finales de la década de los 20 del siglo xx. Con 26 años fue a trabajar a París, y trabajó en la casa de la conocida escritora Anaïs Nin Culmell. Fue detenida en el número 22 de la Rue du Nord (Paris) una noche de agosto de 1941, cuando iban a detener a su marido, José Martos, por participar en la resistencia contra la ocupación nazi en París (los dos luchaban en la resistencia).

Según este investigador, el 23 de enero de 1943, unas 250 mujeres, entre ellas Higinia, fueron metidas en camiones y llevadas a 90 kilómetros de París, donde tomarán un tren de mercancías. Ese tren las llevaría a Auschwitz-Birkenau. Entre las mujeres que iban en ese tren estaba Charlotte Delbo, quien posteriormente escribiría un libro donde aparece el retrato de cada una de las mujeres que fueron en el tren. El de Higinia dice así: «Nació el 11 de enero de 1906 en Cirauqui y con la derrota del gobierno de la República, deja Catalunya y se va a buscar refugio a Francia (era viuda). Se casó con un francés que se llamaba Avestapan y consiguió la nacionalidad, aunque fue detenida con el nombre de Martos. Estuvo en la Santé hasta el 30 de septiembre

Fotografía de Higinia Luz. | Fuente: Ministre Des Anciens Combattants et victimes de Guerre, n.º 66641, 1944. pp. 1, 11.

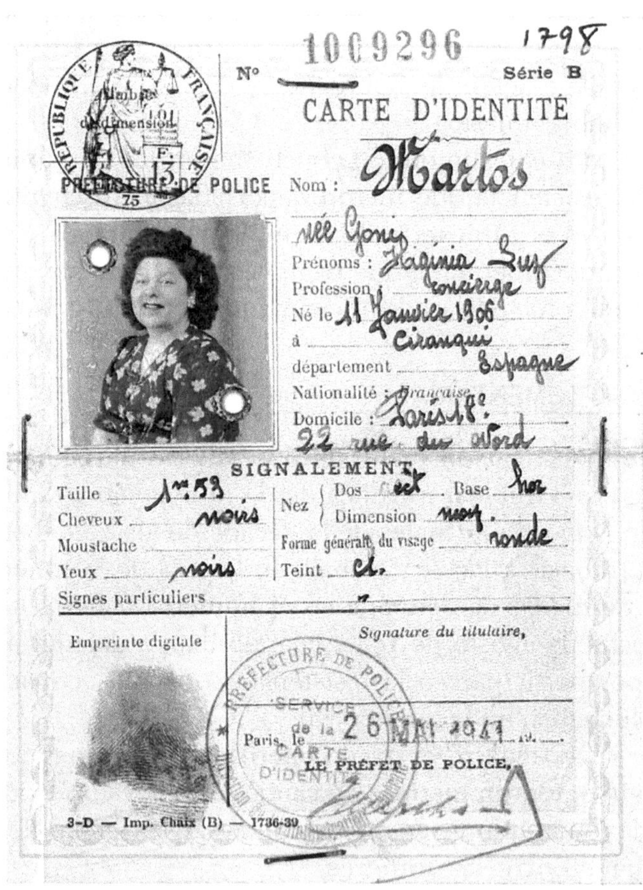
N° 1009296 1798
Série B
CARTE D'IDENTITÉ
RÉPUBLIQUE FRANÇAISE
PRÉFECTURE DE POLICE
Timbre de dimension 1.01
F. 13
75
Nom : Martos
née Goñi
Prénoms : Virginia Luz
Profession : concierge
Né le 11 Janvier 1906
à Cirauqui
département Espagne
Nationalité : française
Domicile : Paris 18e
22 rue du Nord
SIGNALEMENT
Taille 1m53
Cheveux noirs
Moustache
Yeux noirs
Nez: Dos rect. Base hor.
Dimension moy.
Forme générale du visage ronde
Teint cl.
Signes particuliers
Empreinte digitale
Signature du titulaire,
Paris, le 26 MAI 1941
LE PRÉFET DE POLICE,
PRÉFECTURE DE POLICE — SERVICE DE LA CARTE D'IDENTITÉ
3-D — Imp. Chaix (B) — 1736-39

Carné de identificación francés. | Fuente: Ministre Des Anciens Combattants et victimes de Guerre, n.º 66641, 1944. pp. 1, 11.

de 1942, era muy alegre y le gustaba mucho bailar. Cuando llegamos a Birkenau, con el frío y con la congelación del paisaje, desistió muy rápido. Leía las líneas de las manos y cuando leyó la suya dijo "es inútil intentarlo y luchar. No saldré de aquí, está escrito en mi mano". Desde entonces dejó de comer. Un día que estábamos trabajando, se cayó al barro y dijo "dejadme aquí, no puedo más". Murió enseguida, a primeros de febrero de 1943. Su marido supo de su muerte cuando volvió de la deportación». (Delbo, 2002)

«Durante su juventud vivió y trabajó realizando servicios domésticos en San Sebastián y Pamplona. En 1932 se fue a París y estuvo trabajando en diversas casas, entre ellas en la de la escritora Anaïs Nin. Se casó en noviembre de 1934 con José Martos, ambos ingresaron en el Partido

Comunista. En 1936 Higinia y José se trasladaron a España, donde combatieron con las Brigadas Internacionales. Higinia realizó trabajos auxiliares y en la sanidad de guerra. Una vez finalizada la guerra en España regresó a Francia, donde combatió con la Resistencia armada francesa contra la ocupación alemana. Fue detenida en 1941 en Montmartre, lugar donde residía». (MVMC)

FUENTES CONSULTADAS

AMC, Nacimientos, 1906, folio 60, tomo 14.
Archivo del Memorial del campo de concentración de Buchenwald.
Aroslen Archives-International Center on Nazi Persecution.
Barandiaran Amillano, Alberto (2009). *Postkronikak.* Elkar Argitaletxea. p. 7-49.
Bermejo, Benito & Checa, Sandra (2006). *Libro Memorial. Españoles deportados a los campos nazis (1940 – 1945).* Ministerio de Cultura.
Delbo, Charlotte (2002). *Le convoi du 24 janvier.* Minuit.
Egunkaria, 29-10-1995. Reportaje.
Innovación y Derechos Humanos (2021). *Ihr.world.* [Página web]. https://ihr.world/
García Santamaría, Ana (2016). Republicanos de Navarra, Gipuzkoa, Alava y Bizkaia en campos de concentración nazis. Los olvidados. *Antzina,* 22, 4-32. www.antzinako.org
Gogora (2020). *La deportación de los vascos a los campos del Tercer Reich (1940-1945).* https://n9.cl/j91xs
Instituto Navarro de la Memoria (2023). *Oroibidea. Camino de Memoria.* [Página web]. https://oroibidea.es/es/search/victim/1722
Ministre Des Anciens Combattants et victimes de Guerre, n.º 66641, 1944.
NEXUS-UPF (2021). *Museo Virtual de la Mujer Combatiente* [Página web]. https://www.mujeresenguerra.com/las-combatientes/sala-3/12377

FELISA GOÑI BIURRUN

Fecha y lugar de nacimiento: 21-02-1896. Hiriberri, Deierri.
Lugar de residencia: Donostia.
Estado civil: Casada con Saturnino Garbisu Arbizu.
Hijas/os: Dos (Pablo y Eladia).
Profesión: Maestra.
Afiliación política:

MUERTE

Lugar: Hay dos versiones, la primera sostiene que tras su detención fue asesinada en algún paraje entre Tolosa y Berastegi, y la segunda, que fue inhumada en el cementerio de Hernani.
Fecha: 23-10-1936.
Edad: 40 años.
Observaciones: Fue fusilada junto al maestro Julián Pérez Rodríguez. Su defunción fue inscrita en 1945 con los siguientes datos: «Natural de Villanueva de Yerri, falleció el 26 de septiembre de 1936 a consecuencia de heridas de armas de fuego en ocasión del Movimiento Nacional».

REPRESIÓN

Cautividad: Estuvo detenida antes de ser asesinada.
Represión familiar: Su marido Saturnino Garbisu Arbizu, natural de Bidaurreta, fue fusilado cinco días después.

INFORMACIÓN COMPLEMENTARIA

«Saturninoren emaztea zen Felisa Goñi Biurrun, Belaskoainen (Nafarroa) jaiotakoa 1896ko otsailaren 21ean. eskolako maistra zen Julián Pérez Rodríguez maisuarekin batera, eta biak fusilatu zituzten Tolosa eta Berastegi arteko tokiren batean, 1936ko urriaren 23an, atxilotu ostean. Inork ez du izan Felisaren berri gehiagorik». (Aizpuru Murua, 2007, p. 297)

Folio núm.

CELTA - Madrid - Lugo

REGISTRO CIVIL DE Hernani

Número 69

NOMBRES Y APELLIDOS

Felisa Goñi Biurrun

En la Villa de Hernani provincia de Guipúzcoa, a las diez y siete horas y quince minutos del día diez de Octubre de mil novecientos cuarenta y cinco, ante D. Joaquín [illegible], Juez Municipal suplente y Don [illegible] Secretario, se procede a inscribir la defunción de D.ª Felisa Goñi Biurrun nacida en Villanueva de Yerri el día — de — de cuarenta años de edad natural de Villanueva de Yerri, provincia de Navarra hija de D. Pablo y de Doña Josefa domiciliado en — de — de número — piso — profesión labores y de estado (1) casada con Don Saturnino Garbisu Arbizu, de cuyo matrimonio dejó dos hijos llamados: Pablo y Sofía.

falleció en Hernani (2) el día veintitrés de septiembre de 1936 las — y — minutos, a consecuencia de (3) heridas de arma de fuego en ocasión del Movimiento Nacional según resulta (4) del expediente [illegible] y reconocimiento practicado, y su cadáver habrá de recibir sepultura en el Cementerio de —

Esta inscripción se practica en virtud de (5) Carta orden del Juzgado de 1.ª Instancia [illegible] San Sebastián [illegible]

consignándose además (6)

habiéndola presenciado como testigos D. Emilio [illegible] y D. Antonio [illegible] mayores de edad y vecinos de esta villa.

Leída esta acta, se sella con el del Juzgado y la firma el Sr. Juez, los tres testigos (7) — de que certifico.

[firmas]

Registro de Defunción de Felisa. | Fuente: Registro Civil de Hernani, defunciones, 1945, n.º 69.

FUENTES CONSULTADAS

Aizpuru Murua, Mikel Xabier (2007). *El otoño de 1936 en Guipúzcoa, los fusilamientos de Hernani.* Alberdania.

AMH, Defunciones, 1945, n.º 69.

Egaña Sevilla, Iñaki (2011). *Frankismoa Donostian: Las víctimas del genocidio franquista en Donostia.* Genozidioaren Biktimen Elkartea.

FELIPA GOÑI JORGE

Fecha y lugar de nacimiento: 20-03-1890, Iruñea.
Lugar de residencia: Donostia, en la calle Matia, 27, 4º izquierda. Residía en Donostia desde hacía 24 años.
Estado civil: Casada en la iglesia de San Saturnino en 17-07-1918 con Atanasio Goñi y Andueza.
Hijas/os: Una (María).
Profesión: Trabajo en el hogar.
Afiliación política:

MUERTE

Lugar: Donostia.
Fecha: 20-01-1937.
Edad: 47 años.
Observaciones: Fue inhumada en el cementerio de Polloe.

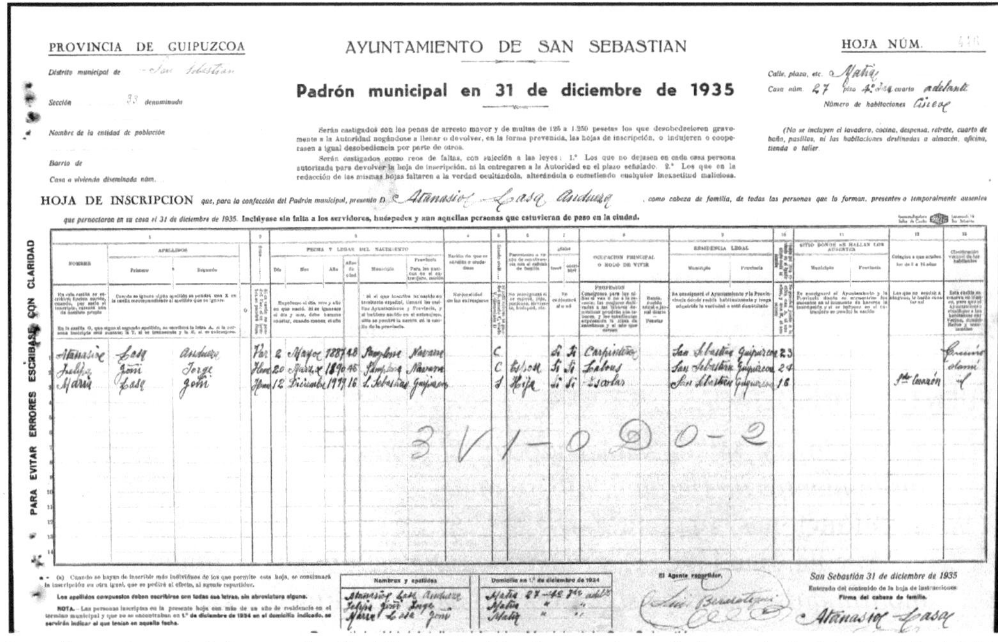

PROVINCIA DE GUIPUZCOA

AYUNTAMIENTO DE SAN SEBASTIAN

HOJA NÚM.

Distrito municipal de San Sebastián
Sección 33 denominado
Nombre de la entidad de población
Barrio de
Casa o vivienda diseminada núm.

Padrón municipal en 31 de diciembre de 1935

Serán castigados con las penas de arresto mayor y de multas de 125 a 1.250 pesetas los que desobedecieren gravemente a la Autoridad negándose a llenar o devolver, en la forma prevenida, las hojas de inscripción, o indujeren o cooperasen a igual desobediencia por parte de otros.
Serán castigados como reos de faltas, con sujeción a las leyes: 1.º Los que no dejasen en cada casa persona autorizada para devolver la hoja de inscripción, ni la entregaren a la Autoridad en el plazo señalado. 2.º Los que en la redacción de las mismas hojas faltaren a la verdad ocultándola, alterándola o cometiendo cualquier inexactitud maliciosa.

Calle, plaza, etc. Matia
Casa núm. 27 piso 4º izq. cuarto adelante
Número de habitaciones cinco
(No se incluyen el lavadero, cocina, despensa, retrete, cuarto de baño, pasillos, ni las habitaciones destinadas a almacén, oficina, tienda o taller.)

HOJA DE INSCRIPCION que, para la confección del Padrón municipal, presenta D. Atanasio Casa Andueza, como cabeza de familia, de todas las personas que la forman, presentes o temporalmente ausentes que pernoctaron en su casa el 31 de diciembre de 1935. **Inclúyase sin falta a los servidores, huéspedes y aun aquellas personas que estuvieran de paso en la ciudad.**

PARA EVITAR ERRORES ESCRÍBASE CON CLARIDAD

Nombre	Primer apellido	Segundo apellido	Sexo	Día	Mes	Año	Años de edad	Municipio	Provincia	Estado civil	Parentesco	Sabe leer	Sabe escribir	Ocupación principal	Residencia legal: Municipio	Provincia	Años de residencia	Colegios	Clasificación
Atanasio	Casa	Andueza	Var.	2	Mayo	1887	48	Pamplona	Navarra	C		Si	Si	Carpintero	San Sebastián	Guipúzcoa	23		
Felipa	Goñi	Jorge	Hem.	20	Marzo	1890	45	Pamplona	Navarra	C	Esposa	Si	Si	Labores	San Sebastián	Guipúzcoa	24		
María	Casa	Goñi	Hem.	12	Diciembre	1919	16	S. Sebastián	Guipúzcoa	S	Hija	Si	Si	Escolar	San Sebastián	Guipúzcoa	16	S. Corazón	

3 V 1 - 0 9 0 - 2

(a) Cuando se hayan de inscribir más individuos de los que permite esta hoja, se continuará la inscripción en otra igual, que se pedirá al efecto, al agente repartidor.
Los apellidos compuestos deben escribirse con todas sus letras, sin abreviatura alguna.
NOTA. — Las personas inscriptas en la presente hoja con más de un año de residencia en el término municipal y que no se encontraban en 1.º de diciembre de 1934 en el domicilio indicado, se servirán indicar el que tenían en aquella fecha.

Nombres y apellidos	Domicilio en 1.º de diciembre de 1934
Atanasio Casa Andueza	Matia 27 - 4º izq. adel.
Felipa Goñi Jorge	Matia " "
María Casa Goñi	Matia " "

El Agente repartidor.

San Sebastián 31 de diciembre de 1935
Enterado del contenido de la hoja de instrucciones
Firma del cabeza de familia.
Atanasio Casa

Empadronamiento de Felipa y su familia. | Fuente: Archivo Ayuntamiento de Donostia. Padrón Municipal del 31 de diciembre de 1935, p. 446.

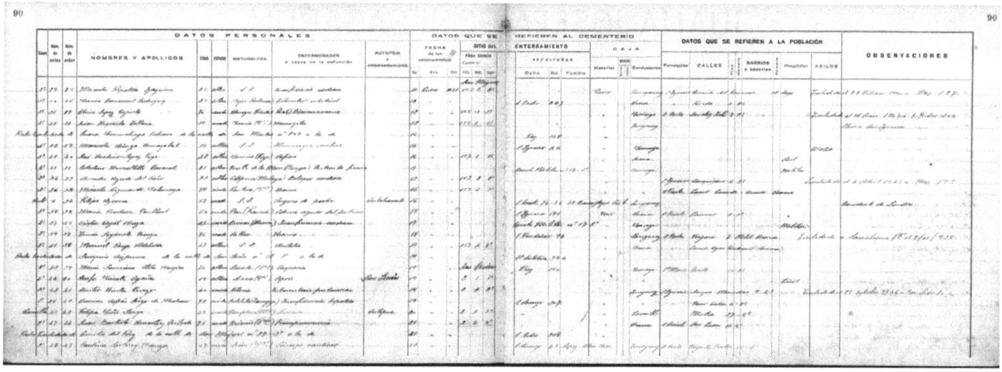
DATOS PERSONALES
NOMBRES Y APELLIDOS
DATOS QUE SE REFIEREN A LA POBLACIÓN
OBSERVACIONES

Registro de cadáveres del cementerio de Polloe. | Fuente: Archivo Ayuntamiento de Donostia. Libro del Cementerio Polloe.

INFORMACIÓN COMPLEMENTARIA

Según la documentación hallada en el archivo municipal del Ayuntamiento de Donostia, falleció a causa de lesiones, le realizaron autopsia y fue inhumada en una fosa común una caja de pino. (Archivo Ayuntamiento de Donostia)

Por otro lado, según los datos del Padrón Municipal del 31 de diciembre de 1935, están inscritos en la calle Matia, 27, 4º izquierda de Donostia: Atanasio Lasa Andueza (natural de Iruñea, de 48 años, carpintero), Julia Goñi Jorge (natural de Iruñea, de 45 años, casada, «sus labores») y María Lasa Goñi (natural de Donostia, de 16 años, escolarizada en el Sagrado Corazón). (Archivo Ayuntamiento de Donostia).

Aparece en el certificado de empadronamiento como Julia y no como Felipa.

FUENTES CONSULTADAS

AMD, Padrón Municipal del 31 de diciembre de 1935; Defunciones, 1937, p. 446.

ADP, Actas bautismales de la parroquia San Lorenzo, 1890, libro 10, p. 5V.

Egaña Sevilla, Iñaki (2011). *Frankismoa Donostian: Las víctimas del genocidio franquista en Donostia*. Genozidioaren Biktimen Elkartea.

Gogora (2021). *Víctimas mortales de la guerra civil en Euskadi*. [Página web]. https://n9.cl/wo4gn

JUANA JOSEFA GOÑI SAGARDIA

Fecha y lugar de nacimiento: 1898, Donamaria.
Lugar de residencia: Gaztelu.
Estado civil: Casada con Antonio Sagardia Agesta, de 46 años de edad y natural de Oitz.
Hijas/os: Ocho (Joaquín, Francisco Javier, Antonio, Pedro Julián, Martina, José María, Asunción y José Martín). Estaba embarazada de siete meses.
Profesión: Labradora.
Afiliación política:

MUERTE

Lugar: Gaztelu, en la sima Legarrea.
Fecha: 30-08-1936.
Edad: 38 años.

REPRESIÓN

Otros contextos represivos: Fue desterrada y expulsada del pueblo.
Represión familiar: Su marido Antonio Sagardia Agesta, de 46 años de edad, y su hijo José Martín, de 17 años, estuvieron en el frente. Sus hijos, Joaquín, de 16 años, Francisco Javier, de 14 años, Antonio, de 11 años, Pedro Julián, de nueve años, y José María, de cuatro años, fueron arrojados a la misma sima, al igual que sus hijas Martina, de siete años y Asunción, de un año y seis meses.

INFORMACIÓN COMPLEMENTARIA

Según el sumario n.º 169, la causa es sobreseída provisionalmente y el auto final del 18 de marzo de 1946 concluye lo siguiente: «A mediados de agosto de 1936, por los días 13 y 14 se reunieron en la Sala de Concejos los concejales del Ayuntamiento de Donamaria Gaztelu Melchor Alzugaray Gamio, Alcalde pedaneo y José María Sarratea Arregui, concejal, con los vecinos de dicho pueblo Agustín Irureta Indart, fallecido, Agustín Gracona Larrainzar, Nicolas Migueltorena Sagardia, Manuel Ciganda Larrea, Joaquín Illarregui Gamboa,

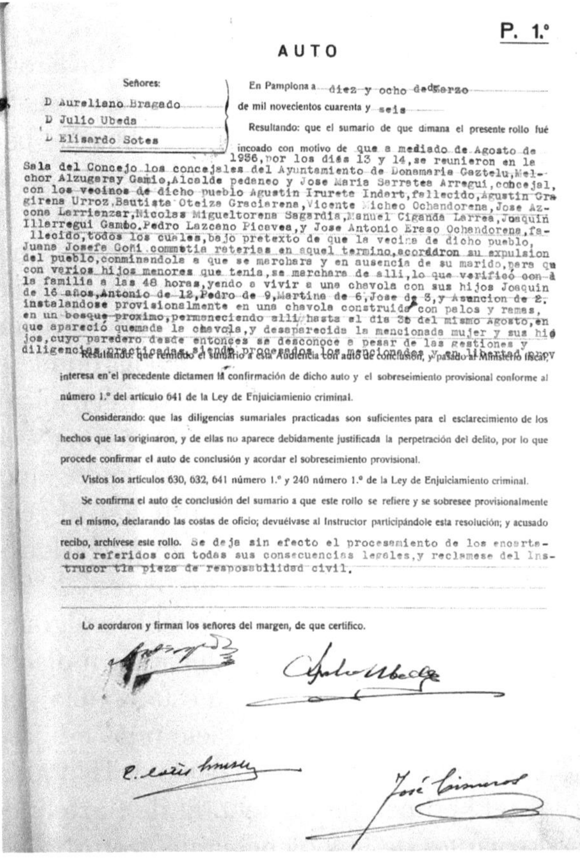

P. 1.°

AUTO

Señores:
D Aureliano Bragado
D Julio Ubeda
D Elisardo Sotes

En Pamplona a diez y ocho de Marzo de mil novecientos cuarenta y seis

Resultando: que el sumario de que dimana el presente rollo fué incoado con motivo de que a mediado de Agosto de 1936, por los días 13 y 14, se reunieron en la Sala del Concejo los concejales del Ayuntamiento de Donamaria Gaztelu, Melchor Alzugaray Gamio, Alcalde pedaneo y Jose Maria Sarratea Arregui, concejal, con los vecinos de dicho pueblo Agustin Irurete Indart, fallecido, Agustin Gragirena Urroz, Bautista Oteiza Graciarena, Vicente Micheo Ochandorena, Jose Azcona Larrienzar, Nicolas Migueltorena Sagardia, Manuel Ciganda Larrea, Joaquin Illarregui Gambo, Pedro Lazcano Picavea, y Jose Antonio Eraso Ochandorena, fallecido, todos los cuales, bajo pretexto de que la vecina de dicho pueblo, Juana Josefa Goñi commetia raterias en aquel termino, acordaron su expulsion del pueblo, conminandola a que se marchara y en ausencia de su marido, para que con varios hijos menores que tenia, se marchara de alli, lo que verificó con la familia a las 48 horas, yendo a vivir a una chavola con sus hijos Joaquin de 16 años, Antonio de 12, Pedro de 9, Martina de 6, Jose de 3, y Asuncion de 2, instalandose provisionalmente en una chavola construida con palos y ramas, en un bosque proximo, permaneciendo alli hasta el dia 30 del mismo Agosto, en que apareció quemada la chavola, y desaparecida la mencionada mujer y sus hijos, cuyo paradero desde entonces se desconoce a pesar de las gestiones y diligencias practicadas, siendo procesados los mencionados y en libertad prov

Resultando: que remitido el sumario a esta Audiencia con auto de conclusión, y pasado al Ministerio fiscal, interesa en el precedente dictamen la confirmación de dicho auto y el sobreseimiento provisional conforme al número 1.º del artículo 641 de la Ley de Enjuiciamienio criminal.

Considerando: que las diligencias sumariales practicadas son suficientes para el esclarecimiento de los hechos que las originaron, y de ellas no aparece debidamente justificada la perpetración del delito, por lo que procede confirmar el auto de conclusión y acordar el sobreseimiento provisional.

Vistos los artículos 630, 632, 641 número 1.º y 240 número 1.º de la Ley de Enjuiciamiento criminal.

Se confirma el auto de conclusión del sumario a que este rollo se refiere y se sobresee provisionalmente en el mismo, declarando las costas de oficio; devuélvase al Instructor participándole esta resolución; y acusado recibo, archívese este rollo. Se deja sin efecto el procesamiento de los encartados referidos con todas sus consecuencias legales, y reclamese del Instrucor la pieza de resposabilidad civil.

Lo acordaron y firman los señores del margen, de que certifico.

Auto de expulsión del pueblo. | Fuente: ARGN. Caja 54793. Gaztelu, Juzgado de Instrucción Pamplona, sumario n.º 169 de 1937.

Pedro Lazcano Picavea y José Antonio Eraso Ochandorena, fallecido, todos los cuales, bajo pretexto de que la vecina de dicho pueblo, Juana Josefa Goñi cometía raterías en aquel término, acordaron su expulsión del pueblo, conminándola a que se marchara y en ausencia de su marido, con varios hijos menores que tenía, se marchara de allí, lo que verificó con la familia a las 48 horas, yendo a vivir a una chabola con sus hijos Joaquín de 16 años, Antonio de 12, Pedro de 9, Martina de 6, José de 3 y Asunción de 2, instalándose provisionalmente en una chabola construida con palos y ramas, en un bosque próximo, permaneciendo allí hasta el día 30 del mismo agosto, en que apareció quemada la chabola y desaparecida la mencionada mujer y sus hijos, cuyo paradero desde entonces se desconoce a pesar de las gestiones y diligencias practicadas siendo procesados los mencionados y en libertad provisional. [...] se deja sin efecto el procesamiento de los encartados referidos con todas sus consecuencias legales, y reclámese del Instructor la pieza de responsabilidad civil». (ARGN, caja 54793)

«Asesinato múltiple de un gran grupo familiar. La madre, Juana Josefa fue arrojada a una sima con sus siete hijos. En total 8 personas asesinadas. 7 eran menores de edad. 3 eran mujeres. Durante la Guerra civil española se produjo en Gaztelu (Donamaría, Alto Bidasoa o Malerreka) uno de los crímenes más espeluznantes de la violencia que se produjo contra personas inocentes de Navarra. Afectó a una familia, la que habían formado Pedro Antonio Sagardia y su esposa Juana Josefa Goñi. [...] Se desconocen los motivos por los que el padre de 46 años y el hijo mayor de 17 fueron al frente, pero hay testimonios de que fueron obligados. Se quedaron en casa la madre de 38 años con los otros siete hijos entre 16 y el año y cuatro meses de la benjamina. Al principio los vecinos ayudaron a la familia, pero en la medida en que la guerra hacía aumentar las necesidades, se les acusaba de realizar pequeños hurtos de los huertos. Fueron denunciados en el puesto de la Guardia Civil de Santesteban, pero allí se les dio a entender que lo solucionarían a su manera. Al día siguiente unos vecinos hicieron trasladar a la madre con los niños a una chabola, donde desaparecieron sin dejar rastro. Al parecer fueron arrojados a una sima profunda. La chabola donde estaban fue quemada. El general Sagardia, emparentado con la familia, inició una investigación. Los bomberos no pudieron llegar al fondo de la sima y el rastreo de los soldados tampoco encontraron rastros. Fueron detenidos unos vecinos que fueron puestos en libertad provisional. Posteriormente el general Sagardia, aconsejado por sus superiores, interrumpió las investigaciones y el episodio fue olvidado convirtiéndose en tabú. El padre regresó de la guerra y falleció poco después. El hermano mayor se fue del pueblo emigrando a la Baja Navarra. Se da el caso que del apenas medio centenar de mujeres navarra asesinadas en la Guerra Civil tres se encuentran en esta familia vilmente masacrada al arrojar a una sima a la madre y a sus siete hijos e hijas menores, José María y Asunción casi bebés». (Asociación Pueblo de las Viudas de Sartaguda, 2009)

«El crimen de Gaztelu. El de Gaztelu es uno de los ejemplos más espeluznantes de la violencia que azotó Navarra a raíz del golpe militar, siendo muy difícil encontrar en otros lugares nada similar. De forma breve y superficial, a la espera de que esta trágica historia pueda ser algún día totalmente esclarecida, [...] Desconocemos los motivos por los que un padre de familia tan numerosa, que en 1936 contaba ya con 46 años, tuvo que salir al frente junto con su hijo mayor de 17 [...] Esa misma noche desaparecieron sin dejar rastro. Para siempre. La creencia general es que les arrojaron a todos a una profunda sima de la parte alta del término de Gaztelu, a la que tiraron luego gran cantidad de piedras y leña para evitar que fueran rescatados. La txabola donde estaba la familia fue quemada posteriormente. Después, el silencio. El absoluto silencio de los culpables y de los cómplices. El silencio también de los temerosos, muchos, en aquellos días aciagos. [...] En el año 2016, los cuerpos de la madre y de sus seis hijos fueron sacados de la sima y enterrados en el cementerio de Gaztelu». (Altaffaylla Kultur Taldea, 2018, pp. 394-395)

«Gaztelu (Santesteban). Cfr. "Oiz de Santesteban". Eso fue en Gaztelu, no en Berrueta, ni en Oiz. El marido en el frente, y un hijo también. Yo estaba Chochola, no te puedo contar bien. Era una mujer que estaba esperando, más con algunos hijos. Dice que robaban gallinas, que no se qué había desaparecido toda la familia. Dice que les tiraron a no sé dónde. Y no averiguar a nadie, tapar todo». (Jimeno Jurío, 2020a, p. 674)

FUENTES CONSULTADAS

ARGN, Juzgado de Instrucción Pamplona, sumario n.º 169 de 1937.

Altaffaylla Kultur Taldea (2018). *Navarra 1936. De la esperanza al terror.* Altaffaylla Kultur Taldea.

Asociación Pueblo de las Viudas de Sartaguda (2009). *Parque de la memoria.* [Página web]. parquedelamemoria.org

Esparza Zabalegi, José Mari (2016). *La sima: ¿Qué fue de la familia Sagardía?* Txalaparta.

Instituto Navarro de la Memoria (2023). *Oroibidea. Camino de Memoria.* [Página web]. https://oroibidea.es/es/search/victim/1735

Jimeno Jurío, José M.ª (2020). *La represión en Navarra (1936-1939): Trabajo de campo y archivo (finales de 1974-principios de 1981). Tomo I, Ablitas-Marcilla.* Pamiela.

Mikelarena Peña, Fernando (2017). *Muertes oscuras: Contrabandistas, redes de evasión y asesinatos políticos en el País del Bidasoa, 1936.* Pamiela.

Fotografía de la exhumación realizada por la Sociedad de Ciencias Aranzadi, 2020. | Fuente: Paco Etxeberria Gabilondo.

CARMEN GURREA FERNÁNDEZ

Fecha y lugar de nacimiento: 1921.
Lugar de residencia: Alfaro (La Rioja).
Estado civil: Soltera.
Hijas/os:
Profesión: Podría ser maestra.
Afiliación política:

MUERTE

Lugar: Azkoien (Peralta). Según la información consultada, fue asesinada en la carretera entre Alfaro y Zaragoza.
Fecha: 16-08-1936.
Edad: 15 años.
Observaciones: Podría ser una de las aquí mencionadas: «De Alfaro trajeron a (Peralta) fusilar a un grupo; entre ellos un maestro y dos maestras jóvenes, de 17 años. Los enterraron el guarda de Funes y el camionero Esteban Monasterio Cárcar; les quitaron la ropa. Al desenterrar al maestro y ver que estaba desnudo, costó la vida al camionero. De Alfaro trajeron un maestro, un médico y dos maestras». (Jimeno Jurío, 2020b, p. 363)

REPRESIÓN

Represión familiar: Fue asesinada junto con su hermana Dolores, de 17 años, su madre Pilar, de 45 años, y su padre Cándido, de 50 años.

INFORMACIÓN COMPLEMENTARIA

«Nacida en 1921. 15 años de edad. Asesinada junto a su hermana Dolores y sus padres Pilar Fernández Rodríguez y Cándido Gurrea Arpón al parecer el 16 de agosto de 1936 en el Recuenco de Calahorra (La Rioja). Quedaron otros tres hermanos huérfanos. Aparece en los listados de "Navarra 1936..." asociada a San Adrián, queda averiguar cuál era el nexo exacto de esa familia con Navarra, seguramente residieron por un tiempo en la localidad». (Asociación Pueblo de las Viudas de Sartaguda, 2009)

«El día 16 de agosto los falangistas y requetés encuentran la saca del día: la gran ensalada. Han asesinado a "Las Cebolleras" Pilar Fernández Rodríguez, y sus hijas Dolores y Carmen Gurrea Fernández; "La Lechuga"; Emilia Arnedo Moreno; "La Guindilla": Tomasa González Moreno. Y con ellas, el marido de Pilar y padre de las chicas, Cándido Guerra Arpón, el concejal Julio Lafuente Saenz y Andrés Santos Escorza. Muy probablemente el lugar elegido para darles muerte es el Recuenco de Calahorra (a 3 o 4 kms. en la carretera hacía Alfaro, a la derecha; entonces y ahora había ganadería de reses bravas). Desde allí los llevaron a enterrar a Peralta, o a la Cuesta de Castellana, entre Rincón y Funes». (Aguirre, 2010, p. 345)

FUENTES CONSULTADAS

Aguirre González, Jesús Vicente (2010). *Aquí nunca pasó nada. La Rioja, 1936.* Ochoa.

Altaffaylla Kultur Taldea (2018). *Navarra 1936. De la esperanza al terror.* Altaffaylla Kultur Taldea.

Asociación Pueblo de las Viudas de Sartaguda (2009). *Parque de la memoria.* [Página web]. parquedelamemoria.org

Herrera Torres, Ramón (2017). *Diccionario audiovisual de la memoria histórica en Navarra.* Pamiela.

Innovación y Derechos Humanos (2021). *Ihr.world.* [Página web]. https://ihr.world/

Instituto Navarro de la Memoria (2023). *Oroibidea. Camino de Memoria.* [Página web]. https://oroibidea.es/es/search/victim/1790

Jimeno Jurío, José M.ª (2020). *La represión en Navarra (1936-1939): Trabajo de campo y archivo (finales de 1974-principios de 1981). Tomo II, Mélida-Ziordia.* Pamiela.

DOLORES GURREA FERNÁNDEZ

Fecha y lugar de nacimiento: 1919.
Lugar de residencia: Alfaro (La Rioja).
Estado civil: Soltera.
Hijas/os:
Profesión: Podría ser maestra.
Afiliación política:

MUERTE

Lugar: Azkoien (Peralta). Según la información consultada, fue asesinada en la carretera entre Alfaro y Zaragoza.
Fecha: 16-08-1936.
Edad: 17 años.
Observaciones: Podría ser una de las aquí mencionadas: «De Alfaro trajeron a (Peralta) fusilar a un grupo; entre ellos un maestro y dos maestras jóvenes, de 17 años. Los enterraron el guarda de Funes y el camionero Esteban Monasterio Cárcar; les quitaron la ropa. Al desenterrar al maestro y ver que estaba desnudo, costó la vida al camionero. De Alfaro trajeron un maestro, un médico y dos maestras. De Corella dice que fusilaron aquí al cartero. Se lo he dicho varias veces a Juan José, porque sabemos que con los que hemos recogido tenemos de Corella. No ha dado un paso para indagar». (Jimeno Jurío, 2020, v. 2, p. 363).

REPRESIÓN

Represión familiar: Fue asesinada junto con su hermana Carmen, de 15 años, su madre Pilar, de 45 años, y su padre Cándido, de 50 años.

INFORMACIÓN COMPLEMENTARIA

«Nacida en 1919. 17 años de edad. Asesinada junto a su hermana Carmen y sus padres Pilar Fernández Rodríguez y Cándido Gurrea Arpón al parecer el 16 de agosto de 1936 en el Recuenco de Calahorra (La Rioja). Toda esta familia masacrada aparece en los listados de "Navarra 1936..."

asociada a San Adrián, queda averiguar cuál era el nexo exacto de esa familia con Navarra, seguramente residieron por un tiempo en la localidad. En esta información aparecen los datos de nacimiento y el posible fusilamiento en Peralta, sin citar fecha». (Asociación Pueblo de las Viudas de Sartaguda, 2009)

«El día 16 de agosto los falangistas y requetés encuentran la saca del día: la gran ensalada. Han asesinado a "Las Cebolleras" Pilar Fernández Rodríguez, y sus hijas Dolores y Carmen Gurrea Fernández; "La Lechuga"; Emilia Arnedo Moreno; "La Guindilla": Tomasa González Moreno. Y con ellas, el marido de Pilar y padre de las chicas, Cándido Guerra Arpón, el concejal Julio Lafuente Saenz y Andrés Santos Escorza. Muy probablemente el lugar elegido para darles muerte es el Recuenco de Calahorra (a 3 o 4 kms. en la carretera hacía Alfaro, a la derecha; entonces y ahora había ganadería de reses bravas). Desde allí los llevaron a enterrar a Peralta, o a la Cuesta de Castellana, entre Rincón y Funes». (Aguirre, 2010, p. 345)

FUENTES CONSULTADAS

Aguirre González, Jesús Vicente (2010). *Aquí nunca pasó nada. La Rioja, 1936*. Ochoa.

Altaffaylla Kultur Taldea (2018). *Navarra 1936. De la esperanza al terror*. Altaffaylla Kultur Taldea.

Asociación Pueblo de las Viudas de Sartaguda. (2009) *Parque de la memoria*. [Página web]. parquedelamemoria.org

Herrera Torres, Ramón (2017). *Diccionario audiovisual de la memoria histórica en Navarra*. Pamiela.

Innovación y Derechos Humanos (2021). *Ihr.world*. [Página web]. https://ihr.world/

Instituto Navarro de la Memoria (2023). *Oroibidea. Camino de Memoria*. [Página web]. https://oroibidea.es/es/search/victim/1791

Jimeno Jurío, José M.ª (2020). *La represión en Navarra (1936-1939): Trabajo de campo y archivo (finales de 1974-principios de 1981). Tomo II, Mélida-Ziordia*. Pamiela.

FRANCISCA ROMANA HALZUET ALZATE
«Frantxia»

Fecha y lugar de nacimiento: 29-08-1908, Bera.
Lugar de residencia: Caserío de Bidegain Berri, situado en Urruña (Lapurdi).
Estado civil: Casada en 1930 con Philippe Usandizaga, natural de Urruña. Quedó viuda en agosto de 1939.
Hijas/os: Tres hijos e hijas, de entre ocho y cuatro años.
Profesión:
Afiliación política: Red Comète, desde agosto de 1941. Tras la muerte de su marido, para poder hacer frente al caserío, contrató a Juan Manuel Larburu Odriozola, exiliado de Hernani. La hermana de este estaba casada con José María Goikoetxea, hermano de Florentino Goikoetxea, uno de los guías de la Red Comète. Su caserío era el último refugio de la Red Comète antes de acometer el paso hacía los Pirineos. Francisca formó parte activa desde julio de 1942 de Le Réseau Comète, hasta su detención en Bidegain Berri.
Observaciones: También aparece como Francisca Usandizaga (apellido de su marido).

MUERTE

Lugar: Alemania (Fürstenberg/Havel, Brandeburgo), en el campo de exterminio nazi de Rabensbrük, a 90 km al norte de Berlín, en 1945, un mes antes de la liberación.
Fecha: 12-04-1945.
Edad: 36 años.
Observaciones: Fue inhumada en Neubrandenburg y exhumada en varias ocasiones posteriormente en 1949, 1950 y 1952.

REPRESIÓN

Cautividad: Fue detenida el 15 de enero de 1943 por la policía alemana acusada de apoyar a los aviadores británicos de la Royal Air Force (RAF), cuyos aviones habían sido derribados. Estuvo presa en el Fuerte de Romainville hasta salir de París en el convoy del 29 de agosto de 1943 con destino al campo de Ravensbrück. El viaje en tren duró cuatro días. A su llegada, las mujeres de las SS las golpearon, las torturaron y les cortaron el pelo.

Fotografía de Francisca con su familia. | Fuente: Revista *Antzina*, diciembre 2016, n.º 22, pp. 6, 14, 15.

Fue destinada a uno de los campos de trabajo adscritos a este campo de Ravensbrück, a una fábrica de aviación en Neubrandenburg, donde murió el 12 de abril de 1945, con 36 años. Su número de prisionera en el campo fue el 22463.

Represión familiar: Su marido, Philippe Usandizaga, falleció en Urruña, el 11 de agosto de 1939, cuando tenía 36 años. Sin más datos.

Observaciones: El ministro de Veteranos y Víctimas de Guerra decidió atribuirle el título de residente deportada.

FUENTES CONSULTADAS

Aroslen Archives - International Center on Nazi Persecution.

AMB, Nacimientos, año 1908, folio 287, n.º 58.

Gogora (2020). *La deportación de los vascos a los campos del Tercer Reich (1940-1945)*. https://n9.cl/j91xs

García Santamaría, Ana (2016). Republicanos de Navarra, Gipuzkoa, Alava y Bizkaia en campos de concentración nazis. Los olvidados. *Antzina*, 22, 4-32. www.antzinako.org

Instituto Navarro de la Memoria (2023). *Oroibidea. Camino de Memoria.* [Página web]. https://oroibidea.es/es/search/victim/4014

Ministre Des Anciens Combattants et victimes de Guerre, 1945.

NEXUS-UPF (2021). Museo Virtual de la Mujer Combatiente [Página web]. https://mujeresenguerra.upf.edu/las-combatientes/sala-3/12383

USANDIZAGA, Françoise, Romaine Vve.
INEXH./14.5.52
~~née le 29-8-1908 à VERA~~ de BIDASSOA / Espagne - DP -
M.le 11.463
décédée le 12-4-1945
inhumée à NEUBRANDENBURG
non trouvé, non inh. à FÜNFEICHEN (Exhumat.SADO-17/20.5.49
non trouvé le 11.1.50 par Miss. Exhumat. à Neubrandenb.
INEXH./Miss.-Exhum. du 14.5.52 à Neubrandenburg Kr. Neubrandenburg/Meckl.-
D'après dem. de restitution
Imprimerie nationale, Berlin. - J. 2704-47 - G.F.C.C. 561

Ficha de defunción, inhumación y exhumación de Francisca. | Fuente: Aroslen Archives - International Center on Nazi Persecution.

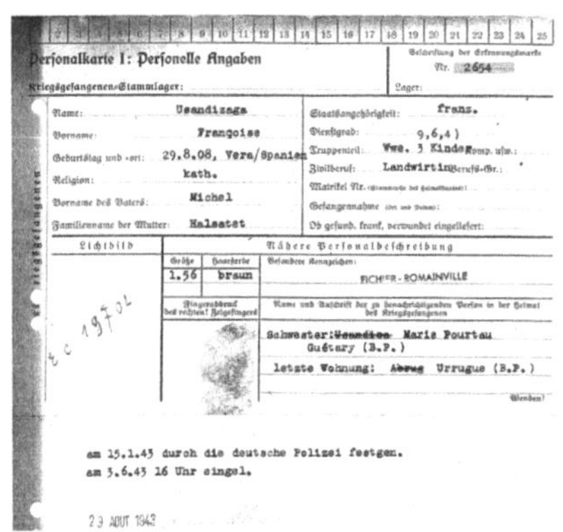

Personalkarte I: Personelle Angaben
Nr. 2654
Name: Usandizaga
Vorname: Françoise
Geburtstag und -ort: 29.8.08, Vera/Spanien
Religion: kath.
Vorname des Vaters: Michel
Familienname der Mutter: Halsatet
Staatsangehörigkeit: franz.
Dienstgrad: 9,6,4)
Truppenteil: Wwe. 3 Kinder
Zivilberuf: Landwirtin
Größe: 1.56
Haarfarbe: braun
FICHIER-ROMAINVILLE
Schwester: Marie Pourtau Guétary (B.P.)
letzte Wohnung: Urrugue (B.P.)
am 15.1.43 durch die deutsche Polizei festgen.
am 3.6.43 16 Uhr eingel.
29 AOUT 1943

Datos personales en el campo de exterminio nazi de Rabensbrük. | Fuente: Ministre Des Anciens Combattants et victimes de Guerre, 1945.

MARÍA JOAQUINA IBARRA IRISARRI

Fecha y lugar de nacimiento: 14-01-1902, Sunbilla.
Lugar de residencia: Errenteria (Gipuzkoa).
Estado civil: Casada con Ramiro Albillos García.
Hijas/os: Dos (José Luis y Miguel).
Profesión:
Afiliación política:

MUERTE

Lugar: Desaparecida.
Fecha:
Edad:
Observaciones: En septiembre de 1936 huyó a Bilbo. Se conserva un escrito de su marido Ramiro dirigido al gobernador de Santander reclamando a sus hijos, que se quedaron allí tras el fallecimiento de esta a consecuencia de una bomba.

INFORMACIÓN COMPLEMENTARIA

«39. Natural de Palencia y vecino de Errenteria. Obrero ferroviario. Casado con María Joaquina Ibarra Irisarri. Hijos: José Luis y Miguel. Miembro de la CNT. Alistado en el batallón Enlaces y Transmisiones. Vio por última vez a sus hijos en Santander en agosto de 1937. Posteriormente, regresó a Errenteria. En 1938 trabajaba en la explotación ferroviaria en Miranda de Ebro e Irun. La documentación no aclara si se trataba de trabajos forzados.

40. ALBILLOS IBARRA, JOSÉ LUIS. Padres: Ramiro Albillos y María Joaquina Ibarra. En septiembre de 1936 huyó de la localidad con ellos y su hermano a Bilbo. Tenía 7 años en ese momento. El 24 de agosto de 1937 vio por última vez a su padre. Aquel día partió de Santander (Cantabria) hacia Torrelavega en compañía de su hermano Miguel y del "mayor" Tomás Royo y su hija Raimunda. Se desconoce qué fue de ellos.

41. ALBILLOS IBARRA, MIGUEL. Padres: Ramiro Albillos y María Joaquina Ibarra. En septiembre de 1936 huyó de la localidad con ellos y su herma-

no, a Bilbo. Tenía 4 años en ese momento. El 24 de agosto de 1937 vio por última vez a su padre, Ramiro. Aquel día partió de Santander (Cantabria) hacia Torrelavega en compañía de su hermano Miguel y del "mayor" Tomás Royo y su hija Raimunda. Se desconoce qué fue de ellos.

968. IBARRA IRISARRI, MARÍA JOAQUINA. Natural de Sunbilla (Nafarroa) y vecina de Errenteria. Casada con Ramiro Albillos. Hijos: José Luis y Miguel. En septiembre de 1936 huyó a Bilbo». (Rodríguez Oñatibia, 2019, pp. 16 y 123)

FUENTES CONSULTADAS

Gogora (2021). *Víctimas mortales de la guerra civil en Euskadi.* [Página web]. https://n9.cl/vpxpi

Rodriguez Oñatibia, Amaia (2019). *Errenteria 1936-1945: [Giza Eskubideen zapalketa eta errepresioa Gerra Zibilean eta Lehen Frankismoan/ Conculcación de los Derechos Humanos y represión durante la Guerra Civil y el Primer Franquismo].* Errenteriako Udala/Ayuntamiento de Rentería.

MARÍA FRANCISCA ITURRALDE OLAECHEA

Fecha y lugar de nacimiento: 12-08-1914, Berroeta (Baztan).
Lugar de residencia: Berroeta (Baztan).
Estado civil: Soltera.
Hijas/os:
Profesión: Trabajo en el hogar.
Afiliación política:

MUERTE

Lugar: Berroeta, en la casa «Elizaldea».
Fecha: 15-06-1938.
Edad: 23 años.
Observaciones: Según información consultada, falleció por una hemorragia interna por herida de bala en el abdomen. Fue inhumada en el cementerio de Berroeta.

FUENTES CONSULTADAS

Altaffaylla Kultur Taldea (2018). *Navarra 1936. De la esperanza al terror.* Altaffaylla Kultur Taldea.

AMVB, Nacimientos, 1914, folio 23, n.º 7.

Asociación Pueblo de las Viudas de Sartaguda (2009). *Parque de la memoria.* [Página web]. parquedelamemoria.org

Instituto Navarro de la Memoria (2023). *Oroibidea. Camino de Memoria.* [Página web]. https://oroibidea.es/es/search/victim/2013

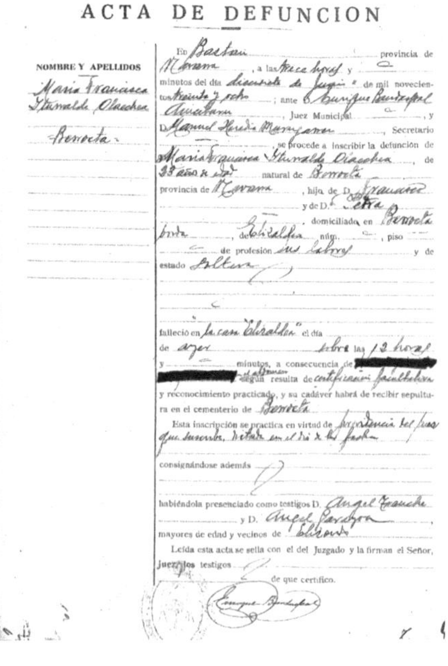

ACTA DE DEFUNCION

NOMBRE Y APELLIDOS: María Francisca Iturralde Olaechea — Berroeta.

En Baztan provincia de Navarra, a las trece horas y — minutos del día dieciseis de junio de mil novecientos treinta y ocho; ante D. Enrique Bordegaray Arrechea, Juez Municipal, y D. Manuel Heredia Marzana, Secretario, se procede a inscribir la defunción de María Francisca Iturralde Olaechea, de 23 años de edad natural de Berroeta provincia de Navarra, hija de D. Francisco y de D.ª Petra, domiciliada en Berroeta borda, de Elizaldea núm. —, piso — de profesión sus labores y de estado Soltera

falleció en la casa "Elizaldea" el día de ayer sobre las 12 horas y — minutos, a consecuencia de [redacted] según resulta de certificación facultativa y reconocimiento practicado, y su cadáver habrá de recibir sepultura en el cementerio de Berroeta.

Esta inscripción se practica en virtud de providencia del Juez que suscribe, dictada en el día de la fecha

consignándose además —

habiéndola presenciado como testigos D. Angel Iriarte y D. Angel Garayoa, mayores de edad y vecinos de Elizondo.

Leída esta acta se sella con el del Juzgado y la firman el Señor, Juez, los testigos — de que certifico.

Enrique Bordegaray

Registro de defunción de María Francisca en Berroeta. Nota: censurada la causa de defunción por el mismo registro civil. | Fuente: Registro civil de Berroeta, defunciones, 1938, folio 139.

CONCEPCIÓN LABARGA MELERO

Fecha y lugar de nacimiento: 31-12-1916, Ablitas.
Lugar de residencia: Madrid.
Estado civil:
Hijas/os:
Profesión: Estudiante de Biología en Madrid.
Afiliación política:

MUERTE

Lugar: Madrid.
Fecha: 1937.
Edad: 20 años.
Observaciones: Falleció a causa de un bombardeo.

FUENTES CONSULTADAS

AMA, Nacimientos, 1916, folio 54, n.º 53.
Información facilitada por el historiador Francisco Santos Escribano.

CARMEN LAFRAYA FERNÁNDEZ

«La Mainata»

Fecha y lugar de nacimiento: 08-02-1912, Alesbes (Villafranca).
Lugar de residencia: Alesbes.
Estado civil:
Hijas/os:
Profesión: Trabajo en el hogar.
Afiliación política:

MUERTE

Lugar: Cadreita.
Fecha: 29-09-1936.
Edad: 24 años.

REPRESIÓN

Represión sexuada: Según los datos obtenidos y la información consultada, le raparon el pelo 27 días antes de fusilar y fue agredida sexualmente delante de su padre.

Represión familiar: Su padre Esteban, militante de la UGT, fue fusilado con ella en Cadreita. Su hermana Isabel sufrió de trastorno psíquico o psicosomático a raíz de la represión sufrida. Su tío paterno Primitivo, también de la UGT, fue asesinado en Valtierra en 1936.

INFORMACIÓN COMPLEMENTARIA

«En Navarra, las violaciones de Maravillas Lamberto, Carmen Lafraya y las Hermanas Asunción y Adela Campaña causaron una gran conmoción por el hecho de que luego fueron asesinadas, y dejaron un recuerdo imborrable en la memoria popular. [...] De Carmen Lafraya, natural de Villafranca, los testimonios apuntan a que fue detenida junto a su padre Esteban y que fue violada en su presencia. El eco de aquella salvajada se completa con la creencia popular de que el coadjutor de la Iglesia, Luis Igoa, estuvo presente en la profanación». (Egaña, 2009, pp. 238-239)

«El día 29, en el vecino pueblo de Cadreita, Esteban Lafraya y su hija Carmen, de 24 años, la mayor de los ocho hijos a la que habían cortado el pelo un mes antes. Esteban había estado ya en el hospital a causa de las palizas recibidas, y haber sido arrastrado con un camión. Dado su estado, todavía convaleciente, su hija insistió en acompañarlo. Según las versiones del vecindario, Carmen fue violada y asesinada delante de su padre y en el acto, no se sabe si portando los auxilios espirituales, estuvo el coadjutor de la parroquia Luis Igoa». (Altaffaylla Kultur Taldea, 2018, p. 649)

«Jornalero. Perteneció a la UGT de Villafranca. En los primeros días de la sublevación militar de 1936 un batallón de voluntarios de Estella que iba al frente le dio una paliza y le arrastró con un camión a consecuencia de lo cual hubo de ser hospitalizado. A finales de septiembre fue detenido y su hija Carmen (Villafranca, 1912/ Cadreita 1936) insistió en acompañarlo dado su estado convaleciente. Carmen, que había sufrido ya un corte de pelo, fue violada y asesinada junto a su padre». (García-Sanz Marcotegui, 2016, p. 320)

«Un poco más tarde, a estos dos, padre e hija: Esteban Lafraya y Carmen. Aquí estuvo el buen don Luis Igoa, secretario del obispo; estaba de coadjutor y fue a la matanza del padre y la hija. La violaron a la hija delante del padre; el cura, por lo visto, estuvo presente en todo. Los fusilaron cerca de Cadreita». (Jimeno Jurío, 2021b, p. 856)

LAFRAYA FERNANDEZ, Carmen VILLAFRANCA

Cfr. LAFRAYA ALCAIDE, Esteban

Hija de Esteban. Aparece en las rel.Paris y del "Homenaje" 77.
No inscrita su defuncion. Hija de Esteban Lafraya Alcaide y de Sebastiana Fernandez Ochoa, que dejaron 8 hijos. Carmen, la mayor, tenia 24 años, segun la partida de defuncion de su padre. JUZGADO:Tomo 36, f.169

+ Cadreita, 29-IX-36

Ficha de José María Jimeno Jurío. | Fuente: Oroibidea, Paz y Convivencia. Gobierno de Navarra.

FUENTES CONSULTADAS

Altaffaylla Kultur Taldea (2018). *Navarra 1936. De la esperanza al terror.* Altaffaylla Kultur Taldea.

AMV, Nacimientos, 1912, folio 43, n.º 43.

Egaña Sevilla, Iñaki (2009). *Los crímenes de Franco en Euskal Herria 1936-1940.* Txalaparta.

Egaña Sevilla, Iñaki (21 de septiembre de 2011). 75 años de la barbarie franquista. *Gara.* https://n9.cl/59473

García-Sanz Marcotegui, Ángel & González Gil, Ana María (2016). *Diccionario biográfico del socialismo histórico navarro III.* Universidad Pública de Navarra.

Instituto Navarro de la Memoria (2023). *Oroibidea. Camino de Memoria.* [Página web]. https://oroibidea.es/es/search/victim/2123

Jimeno Jurío, José M.ª (2021). *La represión en Navarra (1936-1939): Trabajo de campo y archivo (2a. parte) (1973-1983). Tomo IV, Ibero-Zuza, apéndice de Álava, Bizkaia y Gipuzkoa.* Pamiela.

Moreno Bayona, Víctor (2017). *Villafranca en la II República (1931-1936): Un sueño convertido en pesadilla.* Pamiela.

Pérez-Nievas Borderas, Fermín (2007). *Julia Álvarez Resano: Memoria de una socialista navarra (1903-1948).* Pamiela.

MARAVILLAS LAMBERTO YOLDI

Fecha y lugar de nacimiento: 28-06-1922, Larraga.
Lugar de residencia: Larraga.
Estado civil: Soltera.
Hijas/os:
Profesión:
Afiliación política:

MUERTE

Lugar: Iruñuela, Deierri (Valle de Yerri).
Fecha: 15-08-1936.
Edad: 14 años.
Observaciones: Fue asesinada junto a su padre Vicente Lamberto, en el kilómetro 12, junto a un enebro, a las 03:30 de la madrugada. Sus restos fueron quemados por vecinos de la zona por su avanzado estado de descomposición.

REPRESIÓN

Represión sexuada: Fue agredida sexualmente delante de su padre antes de ser asesinada.
Cautividad: Estuvo presa en la cárcel local de Larraga.
Represión familiar: Su padre Vicente Lamberto, de 51 años, fue asesinado junto a ella.

INFORMACIÓN COMPLEMENTARIA

«El día 15 de agosto se produjo uno de los hechos más repugnantes de toda la historia de la represión en Navarra; la muerte de Maravillas Lamberto y de su padre Vicente. Vicente [...] era un corpulento labrador de 51 años y tenía tres hijas de su matrimonio con Paulina Yoldi. La mayor Maravillas, de 14 años de edad, muy desarrollada físicamente y alumna aventajada en la escuela. Vicente se afilió a UGT y se caracterizaba por su buen corazón alojando numerosas veces a mendigos y necesitados en su humilde casa. Fueron una noche a por él y su hija le acompañó voluntariamente. Mientras su padre permanecía encerrado a ella la violaron repetidamente. Después, en una camioneta, a eso de las 3 y media de la madrugada, abandonaron el pueblo. Dejaron atrás Iruñuela y pararon en el kilómetro doce donde mataron a Vicente en un encinar. A continuación, unos metros más adelante, desnudaron a Maravillas y repitieron la orgía anterior dejándola muerta junto a un enebro. Los asesinos no dieron cuenta y allí quedaron los cuerpos hasta que uno de Lezaun descubrió el cadáver de Vicentón, dio la voz a unos vecinos y lo enterraron en la huerta de Juan Bizkar. Una semana más tarde, y por el olor, descubrieron el cuerpo de Maravillas, totalmente descompuesto por los calores de agosto y comidos los gordos de las piernas por los perros. Estaba completamente desnuda. Ante la imposibilidad de poder trasladarla, le echaron gasolina y la quemaron allí mismo. Al resto de la familia les quitaron todo dejándoles en tal miseria que obligó a la madre a pedir limosna para comer y abandonó Larraga con sus dos hijas». (Altaffaylla, 2018, p. 354 y 355)

«Los hijos mayores murieron antes de la guerra. Solamente quedaban las tres pequeñas: Maravillas, Pilar y Josefina. Cuando murieron los hijos, la madre crió a dos de Mendigorria; uno es D. Vicente Marturet, canónigo de Covadonga, y otra, que es monja.

Josefina, la hija menor, se quería meter monja, pero la madre se opuso hasta que cumplió los 21 años. El mismo mes que cumplió los 21 años, se fue al convento de las Franciscanas Misioneras, las Blancas, del soto de Lezkairu [...]. Le tocó trabajar como una esclava. Marchó a la India de misionera [...].

Antes de la guerra, los Cedaceros, los de Sanz que tienen panadería, era costumbre, como todo el mundo; ibas con una libreta, cogías dos panes y te apuntaban. Cuando cogías la cosecha, llevabas el trigo para pagar. Pero por lo visto, fueron a liquidar la cuenta y su cartilla tenía más kilos que la nuestra. La cosa es que tuvieron juicio en Tafalla. Mis padres lo ganaron, porque comprobaron que a la cartilla de mi madre no le faltaba ninguna hoja, y en la de ellos habían apuntado más. En aquellos tiempos no sé si la cosa suponía treinta duros.

Mientras no llegó la guerra, ellos callaron. Pero cuando cogieron a mi padre, se tomaron la cuenta por su mano. [...]

El día 15 de agosto [...] a eso de las dos o las tres de la mañana, vinieron a casa dos del pueblo: Julio Redin, que murió en el frente, un camión le explotó -que todo el mundo decía que había sido castigo-, porque él, aparte de que vino, es el que estuvo con mi hermana, que abusaron todo lo que quisieron de ella. El otro era el Churrero, que ya murió también, desnucado; andaba con un camión, se cayó junto al bordillo y allí se quedó desnucado. Uno falange y otro requeté. Y vino también una pareja de la Guardia Civil. Uno de ellos, Arana, subió a casa y el otro se quedó abajo con otros más. A los de abajo no los ví. Mi hermana estaba en la cama. Teníamos una habitación con dos alcobas. Mi padre y mi madre dormían en una alcoba, mi hermana y yo en la otra. (Entraron allí). Cuando a mi padre le dijeron que se levantaría, mi hermana, como ya tenía 14 años, tenía un poco más de conocimiento que yo (les dijo a los que vinieron) a ver a donde lo llevaban. "-Pues lo llevamos al Ayuntamiento a hacerle unas preguntas. -Pues yo voy a saber lo que le hacen a mi padre".

Se levantó de la cama, que estaba conmigo, se vistió. A mi padre lo metieron a la cárcel y a mi hermana la subieron arriba. Y ahí es donde hicieron lo que quisieron con ella, porque además ellos mismos lo decían... [...] Entonces, mi madre y yo, las horas siguientes, no hacíamos más que llorar. Mi madre, a eso de las siete de la mañana me dijo: "Anda, vete a la cárcel, a ver si está padre para que los lleves el desayuno".

Antes de llegar a la plaza había unos del pueblo, que no recuerdo quiénes eran, porque yo iba de tal forma llorando y con hipo, que no sabía ni entender. Y me dice uno: "*¿A dónde* vas? -A ver a mi padre-. -Pues mira; vete a casa y dile a tu madre que los han llevado a Pamplona". [...]

Cuando la subieron al ayuntamiento, la violaron todos. Ya no la podían dejar como estaba, por lo que tenía que hablar de ellos. O sea, que la mataron porque hicieron barbaridades con ella. Con toda la ropa rota la encontraron. O sea, que la mataron después de abusar de ella. [...]

Nos vinimos, y efectivamente nos llevó a la Misericordia; estábamos esperando en una sala al administrador. Yo, a pesar de tener diez años, me daba cuenta de que nos habíamos quedado sin padre, cuando más lo necesitábamos al padre y a la madre. Y le dije a mi madre estas palabras, que ella las ha recordado toda la vida: "¡Madre! Pero, después que nos han matado a padre y no nos queda más que usted, ¿Va a tener usted el valor de encerrarnos, y ni con usted no vamos a estar?".

Mi madre se echó a llorar. Nos agarró de las manos a las dos y nos marchamos, sin esperar al administrador ni nada. Nos fuimos a la calle. Pero esa primera noche, a dormir en las escaleras de un portal las tres.

Y después, ¡bueno! Mejor no hablar. ¡Tal vez hubiera sido acertado que nos hubiéramos quedado allí! Porque ya a los 10 años nos quitaron de la escuela. ¡Pero por lo menos teníamos a mi madre!

Y al otro día, mi madre a ponerse un pañuelo en la cabeza y a pedir limosna para darnos de comer. ¡No conocía a nadie! Hasta que se colocó para trabajar. Lo hemos pasado mal, mal, mal. Mi pobre madre vivió amargada, destrozada de los nervios (Testimonio de Pilar Lamberto, 20 de octubre de 1978)». (Jimeno Jurío, 2020a, pp. 699-704)

Maravillas
Canción de Fermin Balentzia Mendia

La noche los vio entrar
eran hombres sin luz
venían a todo gritar
eran la muerte azul.
La escalera crujió
cuando salías tú
con tu padre a dejar
tu niña juventud.
Maravillas, Maravillas
florecica de Larraga
amapola del camino
te seguiré donde vayas.
A Monreal, a Otsoportillo,
a Sartaguda a Santacara,
para sembrar las cunetas
de flores republicanas.
Pasearemos las calles,
los lavaderos y plazas,
liberaremos palomas
las de las alas rapadas.
La muerte no fue capaz
de sepultar tu mañana,
ni podrá pintar de olvido
la acuarela de tu alma.
Maravillas, Maravillas
florecica de Larraga
amapola del camino
te seguiré donde vayas.

FUENTES CONSULTADAS

Altaffaylla Kultur Taldea (2018). *Navarra 1936. De la esperanza al terror.* Altaffaylla Kultur Taldea.

Asociación Pueblo de las Viudas de Sartaguda (2009). *Parque de la memoria.* [Página web]. parquedelamemoria.org

Herrera Torres, Ramón (2017). *Diccionario audiovisual de la memoria histórica en Navarra.* Pamiela.

Instituto Navarro de la Memoria (2023). *Oroibidea. Camino de Memoria.* [Página web]. https://oroibidea.es/es/search/victim/2143

Jimeno Jurío, José M.ª (2020). *La represión en Navarra (1936-1939): Trabajo de campo y archivo (finales de 1974-principios de 1981). Tomo 1, Ablitas-Marcilla.* Pamiela.

Fotografía de Maravillas. | Fuente: *Punto y Hora de Euskal Herria*, 2-8 de noviembre de 1978, pp. 1, 5.

LUISA LASHERAS ROYO

Fecha y lugar de nacimiento: 25-06-1912, Cortes.
Lugar de residencia: Cortes.
Estado civil: Casada.
Hijas/os:
Profesión: Trabajo en el hogar.
Afiliación política:

MUERTE

Lugar: Gallur (Zaragoza), en el monte.
Fecha: 03-08-1936.
Edad: 24 años.
Observaciones: Falleció a causa de una herida de arma de fuego.

REPRESIÓN

Represión familiar: Fue asesinada junto con su marido.

FUENTES CONSULTADAS

AHPZ, 1926, expediente n.º 282.

Altaffaylla Kultur Taldea (2018). *Navarra 1936. De la esperanza al terror.* Altaffaylla Kultur Taldea.

Asociación Pueblo de las Viudas de Sartaguda (2009). *Parque de la memoria.* [Página web]. parquedelamemoria.org

Casanova Ruiz, Julián (1992). *El pasado oculto: Fascismo y violencia en Aragón (1936-1939).* Siglo Veintiuno Ed.

Fundación Bernardo Aladrén (s.f.). [Página web]. https://fundacionaladren.com

Innovación y Derechos Humanos (2021). *Ihr.world.* [Página web]. https://ihr.world/

Peiró Arroyo, Antonio (2017). *Eva en los infiernos: Mujeres asesinadas en Aragón durante la Guerra Civil y la Posguerra.* Comuniter.

JULIA LÁZARO ECHEVERRÍA

Fecha y lugar de nacimiento: 1916, Iruñea.
Lugar de residencia: Madrid.
Estado civil:
Hijas/os: Uno (Juan Emilio Lázaro).
Profesión: Sastra.
Afiliación política: Miliciana, el 22 de septiembre de 1936 participaba en el Batallón de Acero, compañía 3. Perteneciente al PCE y a la UGT.
Observaciones: Algunos documentos indican que su lugar de nacimiento es Madrid.

MUERTE

Lugar: Madrid, en el Cementerio del Este.
Fecha: 24-08-1940.
Edad: 24 años.

REPRESIÓN

Represión sexuada: Según los datos obtenidos y la información consultada, fue agredida sexualmente y se quedó embarazada. Esperaron a que diera a luz y 15 días después la asesinaron.
Cautividad: Ingresó en la cárcel de Mujeres Ventas de Madrid el 23-09-1939.
Observaciones: Fue condenada a muerte.
Represión familiar: Su hermana María fue detenida con su padre Robustiano, acusada de ir armada y con mono y de pertenecer a la Brigada Lister.

INFORMACIÓN COMPLEMENTARIA

«Julia Lazaro Echevarria: 23 años, Sastra. Vecina de Madrid, calle don Pedro. Acusada de denunciar y detener a la presidenta del sindicato católico de sastras. Ingresó en la cárcel de Ventas el 23 de septiembre de 1939, estando embarazada. El 7 de junio de 1940 nacía el niño. Fue fusilada el 24 de agosto de 1940». (García, 2012, p. 343)

APELLIDOS Y NOMBRE LAZARO ECHEVERRIA, Julia — Nº 08365
Domicilio Don Pedro 1
Estado Soltera — Edad 20
Profesión Sastra
Organización P.C. y U.G.T. — Carnet 64600-949
Enrolado desde el 2 Agosto
Madrid 22 de Septiembre de 1936
Comandancia del Regimiento
Batallón ACERO
Compañía 3
Sección
Escuadra
Grado
Destinos especiales
Firma del interesado
Julia Lázaro

Carné de miliciana de Julia. | Fuente: CDMH. Fichero n.º 5, Regimiento 0095.

«Hace unos días habían detenido a Julia Lázaro, tenía 20 años; a los 2 meses de estar condenada a muerte se dio cuenta de que había quedado embarazada de sus violadores. Esperaron a que diese a luz y a los 15 días la fusilaron. Julia tenía en la prisión una hermana que no quiso hacerse cargo de "aquello", le daba horror. El niño fue llevado a una Inclusa, los hospicios se estaban nutriendo en esto meses de criaturas que nunca sabrían que eran hijos de la tortura y el repudio. [...]

A Julia y María Lázaro las detienen porque son de izquierdas. A María la llevaron enseguida a la Cárcel (Ventas) pero a Julia la dejaron en gobernación nueve o diez días. Allí la violaron nueve policías, nueve indeseables, nueve indecentes. Viene en un estado lamentable e inmediatamente la llevan a juicio y la condenan a muerte. A los tres meses, mientras espera la ejecución, se da cuenta de que está embarazada. No sabe de quién de los nueve es. [...]

La versión de Mercedes recoge el episodio de la violación a manos de nueve policías y el descubrimiento, a los tres meses de la notificación de la condena a muerte, de que está embarazada de una niña (no de un niño). Recoge también que fue ejecutada a los dos meses del parto y que fue chantajeada con que, si no confesaba, no le dejarían dar el pecho a la niña, así como que, ante la negativa de Julia, las monjas llevaron finalmente a la niña a la inclusa». (Núñez Targa, 1967, pp. 65-66)

En esta versión Doña menciona que una funcionaria de infausta memoria entre las reclusas supervivientes, María Topete, ya tenía apalabrado con la dirección de la cárcel que cuando Julia diera a luz le entregaran el niño a ella.

El 7 de junio de 1940 nació un niño al que pondría de nombre «Juan Emilio Lázaro». Fue ejecutada el 24 de agosto de ese mismo año. Dato contrastado con el archivo del cementerio del Este. El hecho de que el niño recibiera el apellido materno pudiera apuntalar la hipótesis de la violación señalada por la novela de Doña. En cuanto a la práctica de niños robados incluso con mujeres reclusas y condenadas a muerte fue lamentablemente un hecho repetido en otras ocasiones. (Doña, 1978, p. 159)

Las autoridades retrasaron quince días el fusilamiento. Siempre según Juana, la hermana de Julia, María, no quiso hacerse cargo del niño, que fue llevado a una inclusa. (Información facilitada por Fernando Hernández Holgado)

En el sumario militar incoado a su hermana María y a su padre, se indica lo siguiente: «Julia, debía de andar escapada cuando se produjeron las detenciones en el hogar familiar. Padre e hija (María) fueron denunciados por haber pertenecido al Comité de vecinos del inmueble (Don Pedro 1) durante la guerra. La familia estaba compuesta por Robustiano Juan Lázaro Riaza, electricista del diario El Sol, y sus hijas María y Julia en la calle Don Pedro de Madrid, número 1. Parece ser que la denuncia partió de la portería y de varios vecinos. María Lázaro contaba 21 años el 4 de abril de 1939, también era de profesión sastra y era natural de Cercedilla. La madre, Matilde Echeverría, no resultó encausada (al menos en este sumario).

Padre e hija (Robustiano Juan y María) fueron sentenciados (15 de mayo de 1939) a seis años y un día de prisión. La instrucción empezó el 6 de mayo de 1939. Según un informe de Falange incorporado a la causa, María era viuda de un teniente del ejército republicano (de la brigada de El Campesino) muerto en la batalla de Teruel. Con fecha 26 de junio de 1940 la dirección de Ventas ratificó el encarcelamiento de María según oficio incorporado al sumario. Finalmente, la causa fue sobreseída el 22 de octubre de 1941. María quedó en libertad definitiva el 5 de noviembre de 1941 y su padre el 10». (AGHD, 1939. Sumario de su hermana María)

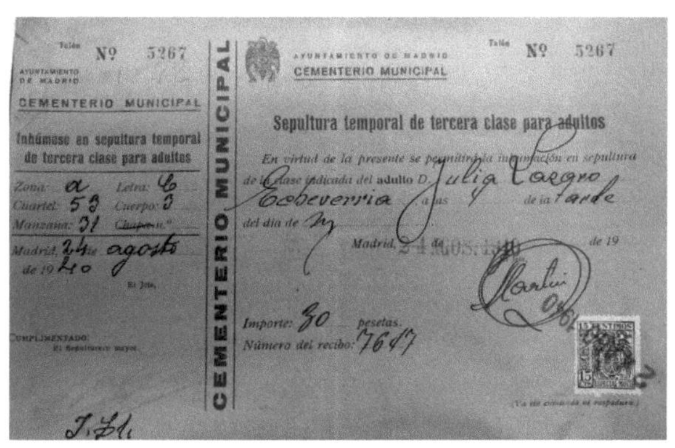
Talón Nº 5267
AYUNTAMIENTO DE MADRID
CEMENTERIO MUNICIPAL
Inhúmese en sepultura temporal de tercera clase para adultos
Zona: a Letra: 6
Cuartel: 53 Cuerpo: 3
Manzana: 31
Madrid, 24 de agosto de 1940
El Jefe,
CUMPLIMENTADO:
CEMENTERIO MUNICIPAL
AYUNTAMIENTO DE MADRID
CEMENTERIO MUNICIPAL
Talón Nº 5267
Sepultura temporal de tercera clase para adultos
En virtud de la presente se permitirá la inhumación en sepultura de la clase indicada del adulto D. Julia Lazaro Echeverria a las 4 de la tarde
del día de
Madrid, de 19
Importe: 30 pesetas.
Número del recibo: 7647

FUENTES CONSULTADAS

AGA, Fichas de presos, 4,14_00159R.

AGHD, Tribunal Militar Territorial 1.º, Sumarísimo de urgencia n.º 10284, 1939 y 15480, 1946.

AGMI, Expediente Procesal n.º 612100, 1939.

CDMH, Causa General. Legajo 1503, exp. 5, Folio 43, 1939.

CDMH, Fichero n.º 5, Regimiento 0095.

Doña Jiménez, Juana (1978). *Desde la noche y la niebla (mujeres en las cárceles franquistas): Novela-testimonio.* De la Torre.

García Muñoz, M. (2012). *Los fusilamientos de la Almudena. La violencia sectaria en Madrid durante los años de la guerra y la posguerra.* La Esfera de los libros.

Hernández Holgado, Fernando; Montero Aparicio, Tomás & García Funes, J. C. (2020.). *Morir en Madrid (1939-1944): Las ejecuciones masivas del franquismo en la capital.* Antonio Machado Libros.

Hernández Holgado, Fernando (2003). *Mujeres encarceladas: La prisión de Ventas, de la República al franquismo, 1931-1941.* Marcial Pons Historia.

Ministerio de la Presidencia, Justicia y Relaciones con la Cortes (2022). *Memoria democrática. Localización de personas desaparecidas.* [Página web]. https://n9.cl/omls3

NEXUS-UPF (2021). *Museo Virtual de la Mujer Combatiente.* [Página web]. https://www.mujeresenguerra.com/las-combatientes/sala-3/11231

Núñez Targa, Mercedes (1967). *Cárcel de ventas.* Librairie du Globe.

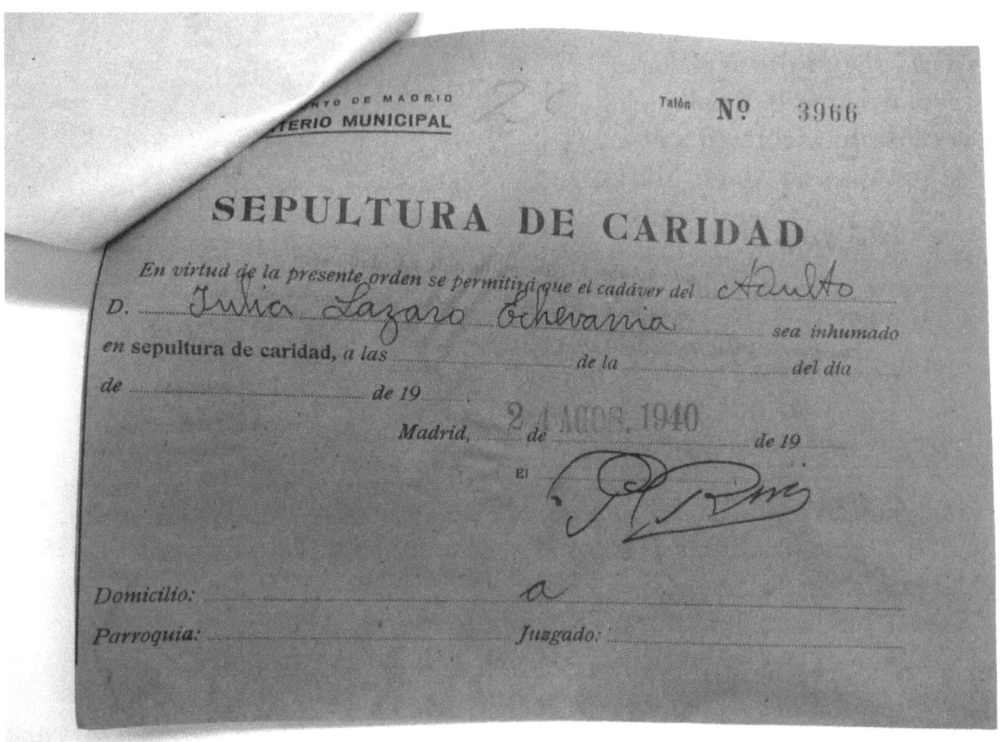

...NTO DE MADRID
...TERIO MUNICIPAL

Talón Nº 3966

SEPULTURA DE CARIDAD

En virtud de la presente orden se permitirá que el cadáver del Adulto
D. Julia Lazaro Echevarria sea inhumado
en sepultura de caridad, a las ... de la ... del día
de ... de 19...
Madrid, 24 AGOS. 1940 de ... de 19...
El

Domicilio: a
Parroquia: ... Juzgado: ...

Documentos de sepultura de Julia. | Fuente: Imágenes facilitadas por Fernando Hernández Holgado.

ANACLETA LEYÚN IBARROLA

Fecha y lugar de nacimiento: 1873, Zolina.
Lugar de residencia: Santander.
Estado civil: Casada con Benet Espasa.
Hijas/os:
Profesión:
Afiliación política: UGT.

MUERTE

Lugar: Barcelona, en el Hospital Santa Creu y Pau.
Fecha: 04-05-1938.
Edad: 65 años.
Observaciones: Fue trasladada desde el Hospital Arnau Vilanova, procedente de una zona de guerra.

INFORMACIÓN COMPLEMENTARIA

Aparece en una relación de evacuados para embarcar en Ribadesella con destino a Francia el 28 de julio de 1937, junto con su nuera Eulalia González Marañon, afiliada al Frente Popular Provincial (CDMH).

FUENTES CONSULTADAS

AHSCP, Entradas y salidas, Defunciones, libro de registro de enfermos, n.º 192.

CDMH. Fichero de la Secretaría General y de la Sección Político Social, San0071-Exp0012, San0075-Exp0017 y San0080-Exp0017.

Memorial Democràtic de la Generalitat de Catalunya.

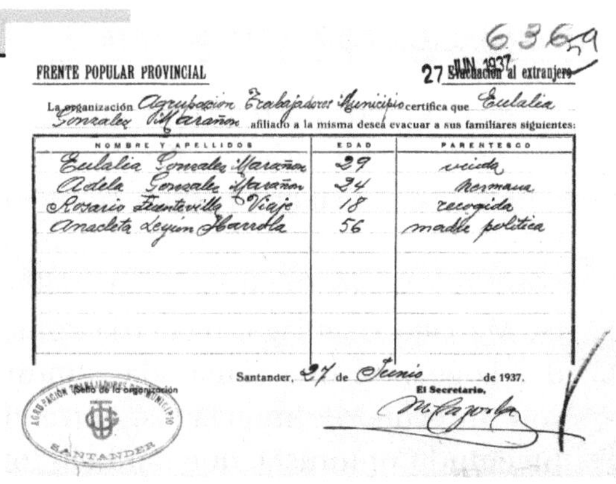

63659

FRENTE POPULAR PROVINCIAL — 27 JUN 1937 Evacuación al extranjero

La organización Agrupación Trabajadores Municipio certifica que Eulalia Gonzalez Marañon afiliado a la misma desea evacuar a sus familiares siguientes:

NOMBRE Y APELLIDOS	EDAD	PARENTESCO
Eulalia Gonzalez Marañon	29	viuda
Adela Gonzalez Marañon	24	hermana
Rosario Fuentevilla Viaje	18	recogida
Anacleta Leyún Ibarrola	56	madre política

Santander, 27 de Junio de 1937.

El Secretario.

(Sello de la organización) AGRUPACIÓN TRABAJADORES MUNICIPIO SANTANDER

Documento del Frente Popular de Santander donde aparece como evacuada Anacleta. | Fuente: CDMH. Político Social_San_O_0071_Exp0012, PS_San_O_0075_Exp0017, PS_San_O_0080_Exp0017.

MERCEDES LÓPEZ COTARELO

Fecha y lugar de nacimiento: 30-10-1914, Irun (Gipuzkoa).
Lugar de residencia: Irun y Oiartzun (Gipuzkoa).
Estado civil:
Hijas/os:
Profesión:
Afiliación política: Milicias Vascas Antifascistas. Militante de la Juventud Comunista de Irun. Responsable del trabajo entre las mujeres jóvenes. Era miliciana.

MUERTE

Lugar: Lesaka.
Fecha: 11-08-1936.
Edad: 22 años.
Observaciones: Otros datos registran su defunción en Pikoketa (Gipuzkoa). Murió con su compañera Pilar Valles Vicuña.

REPRESIÓN

Represión familiar: Asesinaron a su compañero.

INFORMACIÓN COMPLEMENTARIA

«Conocemos poco de aquellas combatientes, prácticamente sólo el nombre de las que murieron. En los combates de julio-agosto en Peñas de Aia, donde los milicianos habían frenado a las columnas navarras que intentaban llegar a Irún y San Sebastián, murieron por lo menos tres mujeres: Mercedes López Cotarelo, Pilar Vallés Vicuña y la riojana. Otro combatiente, Marcelo Usabiaga, recuerda cómo se produjeron sus muertes: Mercedes López era una camarada comunista que había marchado a Pikoketa con un grupo de milicianos, entre ellos mi hermano, recién afiliado a la Juventud Comunista, que también lo fusilaron. Al igual que fusilaron a su novio, que no debía estar allí, pero que fue a verla cuando nos relevaron del frente. La posición la tomaron los requetés al amanecer. Fue trágico, sólo se salvaron los que salieron corriendo monte abajo. [...] En la lápida del cementerio de Irún están los nombres de los 17 fusilados en Pikoketa. Mercedes, otra chica y todos los demás: gente de la JSU, carabineros, pescadores gallegos y algunos ferroviarios de Madrid que se quedaron incomunicados en Irún cuando la sublevación militar». (Alcalde, 2008, p. 211)

FUENTES CONSULTADAS

Alcalde, Juan J. (2008). *Milicias y unidades armadas anarquistas (FAI, FIJL) y anarcosindicalistas (CNT) en la Guerra Civil Española, 1936-1939* (2a. ed). s.n.

Altaffaylla Kultur Taldea (2018). *Navarra 1936. De la esperanza al terror.* Altaffaylla Kultur Taldea.

Ayuntamiento de Irún (2021). Poniendo rostros a las fusiladas de Pikoketa. [Página web]. https://n9.cl/8gzdv

Euzkadi en Catalunya, 03-07-1937. https://n9.cl/71b2s

Gogora (2021). *Víctimas mortales de la guerra civil en Euskadi.* [Página web]. https://n9.cl/ozgwm

NEXUS-UPF (2021). *Museo Virtual de la Mujer Combatiente.* [Página web]. https://www.mujeresenguerra.com/las-combatientes/sala-3/11831

PCE-EPK. (16 de octubre de 2017). ¿Quiénes fueron las mujeres y hombres asesinados en *Pikoketa?* [Página web]. https://n9.cl/fdvwz

Rodríguez Álvares, Mikel (2005). Mujeres en las trincheras. *Historia 16,* 349, 12-39.

Usabiaga Bárcena, Mikel (2015). *Flores de la República: Los olvidados de Pikoketa.* Catarata.

Fotografía de Mercedes junto con su compañera Pilar Valles. | Fuente: Periódico *Euzkadi en Catalunya*, n.º 30, 3-07-1937 .

GABRIELA LORENTE SÁENZ

Fecha y lugar de nacimiento: 1878, Calahorra (La Rioja).
Lugar de residencia:
Estado civil: Casada con Julio Lafuente Saénz.
Hijas/os: Cinco (Carmen, María, Gregorio, José y nombre desconocido).
Profesión: Trabajo en el hogar.
Afiliación política:

MUERTE

Lugar: Azkoien (Peralta).
Fecha: 29-08-1936.
Edad: 58 años.
Observaciones: Fue asesinada junto con Esperanza Escribano.

REPRESIÓN

Represión familiar: Su marido Julio fue asesinado, su hijo José, ejecutado y su hijo Gregorio, represaliado.

INFORMACIÓN COMPLEMENTARIA

«Cuando se llevaban a su marido, les dijo "os lleváis el tronco, pero quedan las ramas". A los pocos días vinieron a por ella y a por sus ramas, los hijos; Gregorio, que consiguió sobrevivir, y José». Al parecer la casa de Gabriela y Julio estaba adornada, en sus ventanas o balcón, con claveles rojos; tan bonitos que llamaban la atención a los vecinos y a todas las personas que pasaban. (Aguirre, 2010, p. 370).

FUENTES CONSULTADAS

Aguirre González, Jesús Vicente (2010). *Aquí nunca pasó nada. La Rioja, 1936*. Ochoa.

Altaffaylla Kultur Taldea (2018). *Navarra 1936. De la esperanza al terror*. Altaffaylla Kultur Taldea.

[Nombre-Apellidos desconocidos]

«Maestra de la Normal»

Fecha y lugar de nacimiento:
Lugar de residencia: Podría residir en Azkoien (Peralta).
Estado civil: Casada.
Hijas/os: Estaba embarazada.
Profesión: Maestra de la Escuela Normal de Iruñea.
Afiliación política:

MUERTE

Lugar: Elo.
Fecha: 21-10-1936.
Edad:

REPRESIÓN

Represión sexuada: Fue agredida sexualmente antes de ser asesinada.
Represión familiar: Su marido fue asesinado unos días antes que ella en Erreniega (Sierra Del Perdón).

INFORMACIÓN COMPLEMENTARIA

«No sé de dónde eran, pero sí sé que les mataron los mismos que mataron a los primeros, pues no se me han olvidado ya jamás, si volviera a verles les reconocería. Justo a los cuatro días de matar a estos que trajeron de Tafalla nos volvieron a llamar a mi hermano y a mí para que volviésemos, que había que enterrar a otros, era sobre las ocho y media de la noche. Como ya sabíamos lo que había ocurrido el día 21 que nos amenazaron con matarnos también si no íbamos, sin rechistar fuimos mi hermano y yo. Como estaba lloviznando hicieron pronto el trabajo, los mataron rápidamente en el alto y cuando los mataron los echaron abajo y nos dijeron: "Ya están para enterrar, pero esperar, que tenemos ahí una loca, ya la vamos a traer y los enterráis a todos juntos". ¡Sí, sí, loca!, la tenían encerrada en uno de los coches, cuando terminaron con los cinco primeros se fueron al coche donde la tenían y la fueron violando uno tras otro, la pobre

Fotografía del Memorial de la fosa de la Tejería de Monreal. | Fuente: June Moreno San Julián.

gritaba y forcejeaba, pero no le sirvió de nada, como ella se resistía la sujetaban los otros y se echaban iguales carcajadas que cuando hicieron sufrir a los del primer día. Después le dieron dos tiros y cogiéndola entre dos, la echaron encima de los otros desde el alto. Llevaba un kimono blanco con medios melocotones y al echarla encima de los otros, los faros dejaron ver lo que habían hecho con ella, estaba en estado. Luego nos enteramos que era una maestra de la Normal de Pamplona, a su marido le mataron en el Perdón. Allá a los años vinieron familiares a informarse si estaba aquí en Monreal, pero no sabría decir quiénes eran. Cuando les dimos los detalles de cómo era y cómo iba vestida nos dijeron que era ella misma». (Asociación Pueblo de las Viudas de Sartaguda, 2009)

FUENTES CONSULTADAS

Altaffaylla Kultur Taldea (2018). *Navarra 1936. De la esperanza al terror.* Altaffaylla Kultur Taldea.

Asociación Pueblo de las Viudas de Sartaguda (2009). *Parque de la memoria.* [Página web]. parquedelamemoria.org

Jimeno Jurío, José María (2020). *La represión en Navarra (1936-1939): trabajo de campo y archivo (finales de 1974-principios de 1981),* vol. IV, p. 294. Pamiela.

NICOMEDES MARAÑÓN ORIO

Fecha y lugar de nacimiento: 17-12-1898, Viana.
Lugar de residencia: Viana.
Estado civil: Casada el 15-05-1920 con Fermín Merino Arandía.
Hijas/os: Cuatro (Julia, Juliana, Araceli, Herminia).
Profesión: Trabajo en el hogar.
Afiliación política:

MUERTE

Lugar: Logroño (La Rioja), en la tapia del cementerio.
Fecha: 1936.
Edad: 38 años.

REPRESIÓN

Cautividad: Estuvo presa en la cárcel de Logroño.
Represión familiar: Su marido Fermín Merino Arandía era vocal de la Junta Directiva de la Sección de Trabajadores de la Tierra de la UGT, del Partido Socialista, y fue fusilado en Viana.

INFORMACIÓN COMPLEMENTARIA

«Desde los primeros momentos se producen una serie de detenciones de elementos del Frente Popular, siendo conducidos el día 24 de julio a la cárcel de Pamplona en el autobús de Vicente Abadía, también de izquierdas. En el camino tuvieron dificultades ya que intentaron bajarlos antes de llegar a su destino, sin conseguirlo. [...] A Nicomedes Marañon, con Fermín Merino, los llevaron a la cárcel de Logroño [...] la sacaron de la cárcel de Logroño y la asesinaron junto a la pared del cementerio. Ante la situación en que quedaban los cuatro hijos del matrimonio, la superiora del convento de monjas de Viana, Luciana Pérez, hermana del arzobispo de Burgos, intercedió para que pusieran en libertad al padre, preso todavía en Pamplona. Fermín Merino salió de la cárcel el 2 de noviembre, pero no quería volver al pueblo. Aquella noche durmió en su casa con sus cuatro hijos y la madrugada del 3 al 4 se lo llevaron. En el juzgado consta como muerto "en las inmediaciones de Viana" el día 3 de noviembre. La versión de algunos vecinos es que lo tuvieron unos días escondido en una cuadra de donde lo llevaron a Ribafrecha y lo arrojaron a un horno de cal. Otros sin embargo indican que fue enterrado en la misma cuadra del sereno que lo mató. Los cuatro hijos quedaron bajo la custodia de las monjas de la caridad. [...] Nicomedes Marañón, sin embargo, como tantos otros, no consta inscrita ni en el Juzgado de Viana ni en el de Logroño ni en ninguna parte». (Altaffaylla Kultur Taldea, 2018, pp. 638-639)

«El 7 de noviembre de 1936, el comandante del cuartel de la Guardia Civil escribió un informe relatando que esa misma mañana le había visitado su vecina Margarita Merino Andía, de 44 años, para denunciar la desaparición de su hermano Fermín. Había manifestado: "que su hermano, que se hallaba detenido en Pamplona, fue puesto en libertad llegado a Viana sobre las 18 horas del día primero del actual, domingo, pasando este día, el siguiente y el martes tres, hasta las nueve de la noche, en su domicilio".

Había añadido que su marido, guarda municipal, le había dicho que ese martes sobre la una de la madrugada cuatro individuos se presentaron en la plaza preguntando por Fermín Merino y que a partir de ese momento nada sabía de su hermano, salvo que su sobrina de quince años oyó hablar a altas horas de la noche a varios hombres que se llevaron a su padre sin que hasta la fecha se sepa de su paradero». (García-Sanz Marcotegui & González Gil, 2019, pp. 289-290)

FUENTES CONSULTADAS

Altaffaylla Kultur Taldea (2018). *Navarra 1936. De la esperanza al terror.* Altaffaylla Kultur Taldea.

AMV, Matrimonios, 1920, n.º 26.

AMV, Nacimientos, 1898, n.º 191.

ARGN, Juzgado de Primera Instancia e Instrucción de Estella/Lizarra. Causa n.º 205, año 1936.

García-Sanz Marcotegui, Ángel & González Gil, Ana María (2019). *Diccionario biográfico del socialismo histórico navarro IV.* Universidad Pública de Navarra.

Instituto Navarro de la Memoria (2023). *Oroibidea. Camino de Memoria.* [Página web]. https://oroibidea.es/es/search/victim/2435

JULIA MARTÍNEZ ACEDO

Familia «Los camineros»

Fecha y lugar de nacimiento: 1886, Mendaza.
Lugar de residencia: Acedo.
Estado civil: Casada con Fermín Irigoyen López.
Hijas/os: Cuatro.
Profesión: Trabajo en el hogar.
Afiliación política:

MUERTE

Lugar: Zirauki, término de Lezondoba.
Fecha: 07-1936.
Edad: 50 años.

REPRESIÓN

Represión familiar: Su marido Fermín Irigoyen, obrero de la dirección de Obras del Ayuntamiento de Iruñea y después caminero de la Diputación Foral, fue asesinado con ella.

INFORMACIÓN COMPLEMENTARIA

«El caminero Fermín Irigoyen y su mujer Julia, recién trasladados a Acedo, fueron detenidos y traídos a Cirauqui, asesinándolos en el término de Lezondoba. Un hombre de Abárzuza los vio cuando los estaban enterrando. Era a finales de julio». (Altaffaylla Kultur Taldea, 2018, p. 401)

«Al igual que su marido, Fermín Irigoyen López, firmó el escrito, sin fecha, que 48 "camaradas" de Cirauqui remitieron a sus correligionarios de Pamplona para impedir que, en adelante algunos vecinos del pueblo, fingiéndose republicanos, fueran recibidos por el gobernador y los diputados y perjudicarán a algunos de los firmantes. Entre ellos había notorios socialistas y muy probablemente todos eran de la UGT. Al inicio de la Guerra Civil fue detenida con su esposo en Acedo, donde residían desde hacía poco tiempo. Ambos fueron trasladados a Cirauqui y asesinados». (Jimeno Jurío, 2021b, p. 131)

«¡A este menuda injusticia le hicieron! A esos fueron los que anduvieron con las cabezas los perros, en Lezondoba. Estos iban a detenerlo, como hicieron, pa matarlo. Los camineros eran; casáu con una Julia. No tuvieron hijos. A marido y mujer los echaron en una fosa; los dejaron mal enterráus y las cabezas anduvieron los perros, era una vergüenza. Al entrar en la carretera de Alloz, por ese carretil del letrero "Pantano de Alloz", a veinte metros más alante, en una pieza, cultivada...». (Jimeno Jurío, 2021a, pp. 672 y 681)

FUENTES CONSULTADAS

Altaffaylla Kultur Taldea (2018). *Navarra 1936. De la esperanza al terror.* Altaffaylla Kultur Taldea.

Asociación Pueblo de las Viudas de Sartaguda (2009). *Parque de la memoria.* [Página web]. parquedelamemoria.org

García-Sanz Marcotegui, Ángel & González Gil, Ana María (2007). *Diccionario biográfico del socialismo histórico navarro III.* Universidad Pública de Navarra.

García-Sanz Marcotegui, Ángel & González Gil, Ana María (2007). *Diccionario biográfico del socialismo histórico navarro* IV. Universidad Pública de Navarra.

Jimeno Jurío, José M.ª (2020). *La represión en Navarra (1936-1939): Trabajo de campo y archivo (finales de 1974-principios de 1981). Tomo II, Mélida-Ziordia.* Pamiela.

MARTINA MARTÍNEZ BUENO

Fecha y lugar de nacimiento: 1873, Buñuel.
Lugar de residencia: Buñuel.
Estado civil: Casada con Leandro Martínez.
Hijas/os: Uno (Tomás).
Profesión: Trabajo en el hogar.
Afiliación política:

MUERTE

Lugar: Magallón (Zaragoza).
Fecha: 26-08-1936.
Edad: 63 años.
Observaciones: La Asociación de Familiares y Amigos de Asesinados y Enterrados en Magallón (AFAAEM), el 1 de marzo de 2009, procedió, con la colaboración de la Sociedad Aranzadi, a la localización y exhumación de la fosa del cementerio de Magallón donde se encontraba Martina.

REPRESIÓN

Represión familiar: Asesinaron a su hijo Tomás. Su marido, Leandro Martínez, estuvo en la cárcel.

INFORMACIÓN COMPLEMENTARIA

«Como muertos y enterrados en Magallón, provincia de Zaragoza, constan [...] y una mujer, Martina Martínez, de 63 años que al no poder bajar del camión por encontrarse muy pesada, la tiraron, fracturándose las piernas y rematándola allí mismo». (Altaffaylla Kultur Taldea, 2018, p. 184)

«Única señora fusilada de Buñuel. 63 años. Analfabeta y habladora [...]. La mataron allí. Casada. Murió en Magallón el 26 de agosto y fue enterrada allí». (Jimeno Jurío, 2020a, p. 323)

Fotografía de la exhumación realizada por la Sociedad de Ciencias Aranzadi, 2009. | Fuente: Paco Etxeberria Gabilondo.

FUENTES CONSULTADAS

Altaffaylla Kultur Taldea (2018). *Navarra 1936. De la esperanza al terror.* Altaffaylla Kultur Taldea.

Herrera Torres, Ramón (2017). *Diccionario audiovisual de la memoria histórica en Navarra.* Pamiela.

Instituto Navarro de la Memoria (2023). *Oroibidea. Camino de Memoria.* [Página web]. https://oroibidea.es/es/search/victim/2503

Jimeno Jurío, José M.ª (2020). *La represión en Navarra (1936-1939): Trabajo de campo y archivo (finales de 1974-principios de 1981). Tomo 1, Ablitas-Marcilla.* Pamiela.

Ministerio de la Presidencia, Justicia y Relaciones con la Cortes (2022). *Memoria democrática. Localización de personas desaparecidas.* [Página web]. https://n9.cl/swbap

Urtasun, José Ramón; Martínez, Carlos & Arzoz, Iñaki (2013). *No os olvidaremos: Navarra-1936: memoria de la represión golpista.* Pamiela.

NICOLASA MARTÍNEZ FERNÁNDEZ

Fecha y lugar de nacimiento: 22-06-1883, Caparroso.
Lugar de residencia: Martzilla.
Estado civil: Casada con Marino García Pérez que tenía una diversidad funcional física.
Hijas/os: Seis (dos de ellos en el frente republicano).
Profesión: Lavandera.
Afiliación política: UGT.

MUERTE

Lugar: Caparroso.
Fecha: 04-09-1936.
Edad: 54 años.

REPRESIÓN

Represión sexuada: Según los datos obtenidos y la información consultada, le cortaron el pelo antes de asesinarla.
Cautividad: Estuvo presa en la cárcel local de Martzilla.
Represión familiar: Su hermano Donato fue asesinado a primeros de diciembre de 1936 entre Cabanillas y Fustiñana.

INFORMACIÓN COMPLEMENTARIA

«Tres días más tarde, el 4 de septiembre, detienen en una nueva redada a otros diez hombres y otra mujer, Nicolasa Martínez de 54 años, madre de seis hijos y con el marido inválido, que trabajaba como lavandera en los frailes. Alguien la debió relacionar con un rumor muy extendido en el pueblo de que un fraile se las entendía con una mujer casada. Al ver a su madre detenida, una hija de 12 años fue a pedir por ella al fraile Manuel Carceller. Aquella misma noche mataron a Nicolasa». (Altaffaylla Kultur Taldea, 2018, p. 408)

«Ese día, por la tarde, marchó una hija de la Nicolasa, que tendría 12 años [...] La madre estaba en la cárcel, y la chica fue allí, que estaban tomando la fresca en la entrada, y le dijo "¡Por dios, padre Manuel! No mate usted a mi madre, máteme usted a mi ¿Que va hacer mi padre solo?"». (Jimeno Jurío, 2020a, p. 820)

FUENTES CONSULTADAS

Altaffaylla Kultur Taldea (2018). *Navarra 1936. De la esperanza al terror.* Altaffaylla Kultur Taldea.

Egaña Sevilla, Iñaki (2009). *Los crímenes de Franco en Euskal Herria 1936-1940.* Txalaparta.

Fundación Pablo Iglesias (2019). *Diccionario biográfico.* [Página web]. https://n9.cl/sd2cr

García-Sanz Marcotegui, Ángel & González Gil, Ana María (2007). *Diccionario biográfico del socialismo histórico navarro IV.* Universidad Pública de Navarra.

Herrera Torres, Ramón (2017). *Diccionario audiovisual de la memoria histórica en Navarra.* Pamiela.

Instituto Navarro de la Memoria (2023). *Oroibidea. Camino de Memoria.* [Página web]. https://oroibidea.es/es/search/victim/2522

Jimeno Jurío, José M.ª (2020). *La represión en Navarra (1936-1939): Trabajo de campo y archivo (finales de 1974-principios de 1981). Tomo I, Ablitas-Marcilla.* Pamiela.

Sola, Ramón (1 de junio 2008). Tres historias entre las 3.240 que reviven en el parque de Sartaguda. *Gara.* https://n9.cl/o3ros

MARTINEZ FERNANDEZ, Nicolasa Marcilla

Nácolasa Martinez (Rel.PNV)
Nacio en Caparroso en 1882, hija de Clemente y Aniceta.
Residente en Marcilla. CASADA con Marino GARCIA PEREZ.
MUERTA en Caparroso el 4 septiembre de 1936. Parr.

Ese dia, por la tarde, marcho una hija de la Nicolasa, que tendria 12 años, y tenia su padre invalido, medio tonto, a casa de Petra Ariz, donde estaba el P. Manuel Canceller, agustino, y donde solian hacer tertulia los frailes todos los dias, porque habia de patrona un sacerdote en esa casa.
La madre estaba en la carcel, y la chica fue alli, que etaban tomando la fresca en la entrada, y le dijo: "Por Dios, padre Manuel! No mate usted a mi madre; máteme usted a mi ¿Qué va a hacer mi padre solo?".
xquskixxmixsxa La Nicolasa era lavandera de los frailes; trabajaba pa ellos
Aquella mismo noche la sacaron y la mataron.
Villava, 78

Era lavandera de los frailes. Un dia fue a parar a sus manos una carta que le escribia un fraile a la Petrica de Ariz (que vive); era un fraile que se entendia con una mujer casada. Si la Nicolasa se hubiera callau, no habria pasado nada. Pero creo que lo dijo por ahi. Por eso la cogieron. En casa la Petrica estaba un cura de patrona, y alli iban los frailes a hacer tertulia.
E. Marin, 78

Tuvo dos hijos luchando en zona roja; a uno lo encontre en Barcelona cuando la guerra.

Ficha de José María Jimeno Jurío. | Fuente: Oroibidea, Paz y Convivencia. Gobierno de Navarra.

DIONISIA MARTÍNEZ LIZUAN

Fecha y lugar de nacimiento: 08-04-1880, Mendabia.
Lugar de residencia: Mendabia.
Estado civil: Casada.
Hijas/os:
Profesión: Cantinera.
Afiliación política: UGT.

MUERTE

Lugar: Urbiola (Iguzkitza).
Fecha: 05-09-1936.
Edad: 56 años.

FUENTES CONSULTADAS

Egaña Sevilla, Iñaki (2009). *Los crímenes de Franco en Euskal Herria 1936-1940*. Txalaparta.

Herrera Torres, Ramón (2017). *Diccionario audiovisual de la memoria histórica en Navarra*. Pamiela.

ELISA MARTÍNEZ MARTÍNEZ

Fecha y lugar de nacimiento: 1908, Tutera.
Lugar de residencia: Barcelona, domiciliada en el Paseo Gracia, 94, 3.º.
Estado civil: Casada con Josep Lluis Ordorica.
Hijas/os:
Profesión:
Afiliación política:

MUERTE

Lugar: Barcelona, en el Hospital Santa Creu y Pau.
Fecha: 15-11-1938.
Edad: 30 años.

FUENTES CONSULTADAS

AHSCP, Libro de entradas, salidas y defunciones, libro de registro de enfermos, n.º 192, 1938.

Memorial Democràtic de la Generalitat de Catalunya.

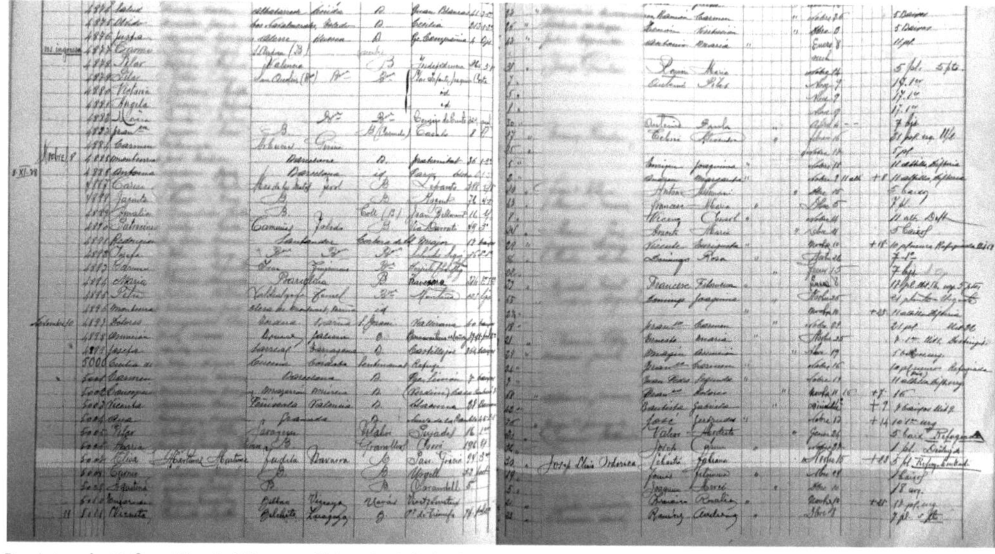

Registro de Defunción de Elisa en el Hospital de la Santa Creu i Sant Pau de Barcelona. | Fuente: AHSCP. Libro de entradas, salidas y defunciones. Libro de registro de enfermos, n.º 192.

AMADA MATEO

Fecha y lugar de nacimiento:
Lugar de residencia: Galipentzu.
Estado civil: Compañera de Tirso Ferrer Zubiat.
Hijas/os:
Profesión:
Afiliación política:

MUERTE

Lugar: Tras enterarse de que su compañero había sido asesinado, dejó de comer y murió.
Fecha:
Edad:

REPRESIÓN

Represión familiar: Fusilaron a su compañero, Tirso Ferrer Zubiat, de 27 años, en Faltzes, el 18-09-1936, con su hermano Francisco.

INFORMACIÓN COMPLEMENTARIA

«Los hermanos Tirso y Francisco Ferrer tenían 27 y 20 años respectivamente. No estaban afiliados a ningún partido. Solían cantar en su rondalla canciones alusivas a la República. La novia de Tirso, Amada Mateo, vio cómo se lo llevaban; no pudo superar el trauma, dejó de comer y de hacer vida normal hasta que enfermó y murió al poco tiempo. En el cementerio de Falces, pocos minutos antes de ser asesinados, Tirso pidió que le fusilaran a él y dejarán libre a su hermano, a lo que el Chato de Berbinzana se negó. Después de esta negativa pidieron ser fusilados ambos hermanos abrazados y cantando una jota, a lo que sí accedieron». (Altaffaylla Kultur Taldea, 2018, p. 341)

FUENTES CONSULTADAS

Altaffaylla Kultur Taldea (2018). *Navarra 1936. De la esperanza al terror.* Altaffaylla Kultur Taldea.

Asociación Pueblo de las Viudas de Sartaguda (2009). *Parque de la memoria.* [Página web]. parquedelamemoria.org

Fotografía de Amada con Tirso. | Fuente: Altaffaylla Kultur Taldea, 2018.

GUMERSINDA MATUTE GRIÑÓ

Fecha y lugar de nacimiento: 1908, Nafarroa.
Lugar de residencia:
Estado civil:
Hijas/os:
Profesión:
Afiliación política:

MUERTE

Lugar: Barcelona.
Fecha: 15-11-1938.
Edad: 30 años.
Observaciones: El Parque de la Memoria de Sartaguda data su defunción el 07-04-1938 a causa de un bombardeo.

FUENTES CONSULTADAS

Asociación Pueblo de las Viudas de Sartaguda (2009). Parque de la memoria. [Página web]. parquedelamemoria.org.
Memorial Democràtic de la Generalitat de Catalunya.

ALFONSA MENDOZA LAFUENTE

Fecha y lugar de nacimiento: 1892, Cortes.
Lugar de residencia:
Estado civil:
Hijas/os:
Profesión:
Afiliación política:

MUERTE

Lugar: Barcelona.
Fecha: 18-03-1938.
Edad: 46 años.
Observaciones: Murió durante un bombardeo.

FUENTES CONSULTADAS

ACTSJC, Depósito Judicial de Cadáveres de Barcelona. Libro de Registro II (1938).

Innovación y Derechos Humanos (2021). *Ihr.world.* [Página web]. https://ihr.world/

Memorial Democràtic de la Generalitat de Catalunya.

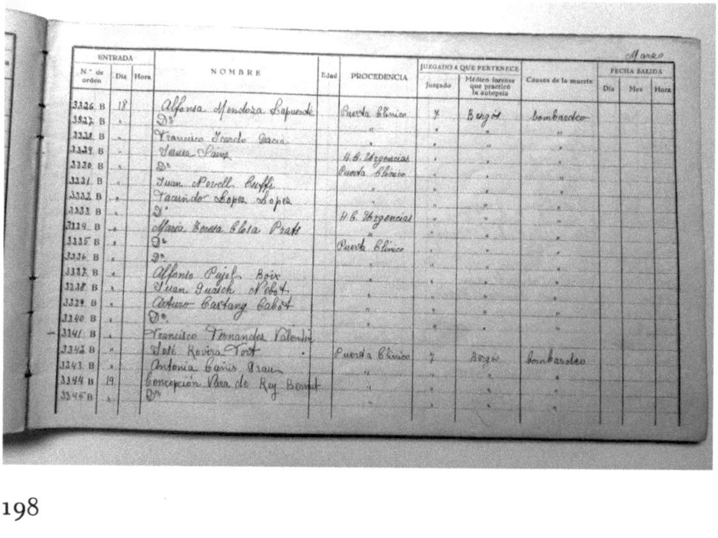

Marzo

ENTRADA N.º de orden	Día	Hora	NOMBRE	Edad	PROCEDENCIA	JUZGADO A QUE PERTENECE Juzgado	Médico forense que practicó la autopsia	Causas de la muerte	FECHA SALIDA Día	Mes	Hora
3326 B	18		Alfonsa Mendoza Lafuente		Puerta Clínico	7	Bergós	bombardeo			
3327 B	"		D.ª		"	"	"	"			
3328 B	"		Francisco Ícardo García		"	"	"	"			
3329 B	"		Jaime Sainz		H.G. Urgencias	"	"	"			
3330 B	"		D.º		Puerta Clínico	"	"	"			
3331 B	"		Juan Porcell Buffi		"	"	"	"			
3332 B	"		Facundo Lopez Lopez		"	"	"	"			
3333 B	"		D.º		H.G. Urgencias	"	"	"			
3334 B	"		María Teresa Closa Prats		"	"	"	"			
3335 B	"		D.ª		Puerta Clínico	"	"	"			
3336 B	"		D.º		"	"	"	"			
3337 B	"		Alfonso Pujol Boix		"	"	"	"			
3338 B	"		Juan Guasch Nebot		"	"	"	"			
3339 B	"		Arturo Castany Cabot		"	"	"	"			
3340 B	"		D.º		"	"	"	"			
3341 B	"		Francisco Fernandez Valentin		"	"	"	"			
3342 B	"		José Rovira Tort		Puerta Clínico	7	Bergós	bombardeo			
3343 B	"		Antonia Cañis Grau		"	"	"	"			
3344 B	19		Concepción Vara de Rey Bernat		"	"	"	"			
3345 B	"		D.ª		"	"	"	"			

Depósito Judicial de Cadáveres de Barcelona donde aparece Alfonsa. | Fuente: ACTSJC. Libro de Registro II (1938).

MIRALLES MICO

Fecha y lugar de nacimiento: 1929, Alesbes (Villafranca).
Lugar de residencia:
Estado civil: Soltera.
Hijas/os:
Profesión:
Afiliación política:

MUERTE

Lugar: Perpignan (Francia). Falleció a causa de una neumonía en el Hospital de San Joan. Ingresó en el mismo dos días antes en calidad de refugiada.
Fecha: 15-10-1939.
Edad: Diez años.

REPRESIÓN

Cautividad: Estuvo en el campo de Argelès-sur-Mer (Francia).

FUENTES CONSULTADAS

AFUE, Fondo Ministerio de Emigración. Listas de refugiados españoles fallecidos en campos de internamiento del departamento de pirineos orientales, desde 1939.

AFUE, Fondo Ministerio de Emigración. Documentos relativos a defunciones de refugiados españoles en campos de internamiento franceses entre 1939 y 1941.

BOE, 1940, n.º 94.

Jordi Oliva, Martí Picas, Noemí Riudor. Grup de recerca de la mortalitat a l'exili (1936-1945).

RCP, Defunciones 1939, folio 173, n.º 1725.

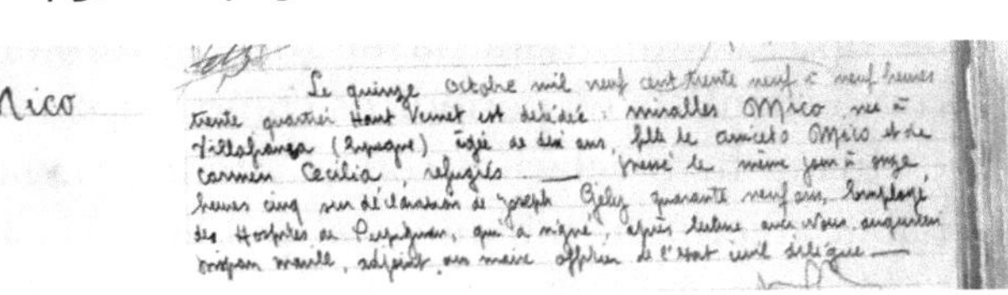

1725 Mico

Le quinze octobre mil neuf cent trente neuf à neuf heures trente quartier Haut Vernet est décédée Miralles Mico née à Villafranca (Espagne) âgée de dix ans, fille de Aniceto Mico et de Carmen Cecilia, réfugiés — Dressé le même jour à onze heures cinq sur déclaration de Joseph Gely quarante neuf ans, employé des Hospices de Perpignan, qui a signé, après lecture avec Nous [illegible] maire officier de l'état civil délégué —

Registro de defunción de Miralles. | Fuente: Registro Civil de Perpignan, defunciones 1939, folio 173, n.º 1725.

JUANA MIR GARCÍA

Fecha y lugar de nacimiento: 14-02-1893, Iruñea.
Lugar de residencia: Bilbo, domiciliada en la calle Euskalduna 4, 3.º derecha.
Estado civil: Soltera.
Hijas/os:
Profesión: Periodista, escritora y autora teatral en las décadas de 1920 y 1930. Escribía en el diario *La Tarde* de Bilbo.
Afiliación política: PNV.

MUERTE

Lugar Bilbo, fue ejecutada e inhumada en el cementerio de Vista Alegre.
Fecha: 05-08-1937.
Edad: 32 años.
Observaciones: Fue condenada a muerte y ejecutada por el Consejo de Guerra (Tribunal Militar n.º 20 de Bilbo). Según el médico forense, falleció «a consecuencia de heridas por proyectiles de arma de fuego de pequeño calibre. Bilbao a 5 de agosto de 1937».

REPRESIÓN

Cautividad: Estuvo en la Prisión Provincial Larrinaga de Bilbo. Fue detenida el 06-07-1937, a los pocos días de la entrada de las tropas franquistas en Bilbo, y juzgada el 20-07-1937.

INFORMACIÓN COMPLEMENTARIA

«Periodista y escritora de cuentos y relatos. [...] Su interés por escribir le vino probablemente por influencia de su padre, Victoriano Mir y Mata, también periodista muy reconocido.

Juana publicó en 1923, en la revista *Euskalerriaren Alde,* varios relatos de tipo costumbrista hasta 1928. También durante esos años colaboró como cuentista en periódicos como la *Gaceta de Tenerife.*

Juana tuvo relación con el Ateneo Navarro, que a principios de 1928 había abierto su biblioteca al público con la celebración de disertaciones sobre el amor a la tierra nativa, y cuyos miembros se solían reunir en la Casa Navarra en 1929 para dar cuenta de su labor social. [...] La afición que Juana sentía por el teatro la llevó a actuar en el Ateneo Navarro en 1929.

Ya por estas fechas colaboraba habitualmente en el periódico bilbaíno *La tarde.* [...] Hasta 1930 y todavía en este año, Juana, que firmaba siempre como "Juanita Mir", alternaba poesías a la Virgen del Carmen con narraciones como la publicada con el título "Mikel de Etxezar" de corte histórico y con otros artículos sobre asuntos triviales, tales como la aparente frialdad de los bilbaínos y bilbaínas en asuntos de amor, o sobre la hosquedad de la mujer vizcaína. Su talante anti-bélico comenzó a reflejarse en los artículos que escribió a partir de este año, como el titulado "Sólo fue un sueño", en el que planteaba un mundo idílico sin fronteras, salvoconductos ni guerras. Es probablemente este artículo el primero en el que la Juana periodista comenzó a sembrar opinión en contra de la corrupción del poder y el dinero y a favor de la paz.

El jueves 18 de septiembre de 1936 publicó un artículo titulado "Heroísmo y sacrificio". En él alababa el patriotismo de los ciudadanos capaces de sacrificar ahorros y joyas para financiar los gastos bélicos, pero daba un paso más allá, en su necesidad de denunciar la contienda, al introducir en su discurso, con bastante discreción, eso sí, un párrafo de tinte pacifista en el que decía literalmente: "¡Cuánta más belleza tendría ese rasgo si en lugar de destinar oro de ese sacrificio colectivo a la adquisición de material guerrero, se hubiera destinado al enriquecimiento de la patria por una justa nivelación del bienestar que alcanzara a todos los ciudadanos!" [...]. En 1937 logró un apartado para ella sola en la sección titulada "La mujer escribe", en un año en que las páginas de los periódicos daban prioridad al avance sublevado sobre Bilbao y Juana denunció abiertamente la guerra y sus atrocidades. [...] Hasta el bombardeo de Durango y de Gernika, Juana sólo había escrito sobre la guerra de forma genérica, incluso el 1 de mayo para la fiesta del trabajo escribió: "Juremos hoy trabajar para arrancar del corazón del pueblo toda simiente de odio [...] y para que nunca luchen hermanos contra hermanos, de ninguna raza, de ninguna condición" [...].

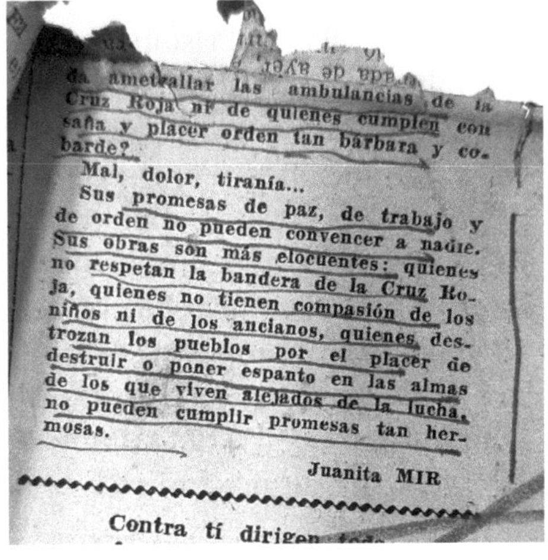
da ametrallar las ambulancias de la Cruz Roja ni de quienes cumplen con saña y placer orden tan bárbara y cobarde?

Mal, dolor, tiranía...

Sus promesas de paz, de trabajo y de orden no pueden convencer a nadie. Sus obras son más elocuentes: quienes no respetan la bandera de la Cruz Roja, quienes no tienen compasión de los niños ni de los ancianos, quienes destrozan los pueblos por el placer de destruir o poner espanto en las almas de los que viven alejados de la lucha, no pueden cumplir promesas tan hermosas.

Juanita MIR

Contra tí dirigen

Escribió sin descanso contra los bombardeos que destruían casas y personas y llenaban las carreteras de desamparados en busca de refugio. A partir de este momento, arremetió contra la crueldad de los militares fascistas y dijo: "Son miles de seres los que atestiguan la barbarie del enemigo y que serán en su día los acusadores de sus crímenes inútiles que no logran domeñar el alma altiva de Vasconia y que dejan el ideario que ellos defienden tan sucio y tan bajo." [...]

El 26 de mayo de 1937 Juanita denunciaba que los rebeldes habían mandado ametrallar las ambulancias de la Cruz Roja y el 28 de mayo puso de manifiesto la crueldad de separar a los padres de sus hijos y achacaba la angustia de la evacuación infantil a la crueldad del bando sublevado.

El 17 de junio el diario La tarde tuvo que cerrar sus puertas cuando Bilbao estaba a punto de ser ocupado (el último ejemplar fue editado el 16 de junio de 1937)». (Auñamendi Eusko Entziklopedia)

Según el sumario militar instruido contra ella fue detenida «como consecuencia de las investigaciones practicadas de las cuales se deduce que ha sido redactora del periódico LA TARDE en esta Capital durante la dominación rojo-separatista, habiendo actuado como empleada de la Radio dando charlas femeninas sobre cuestiones sociales».

La sentencia de dicho sumario fue la siguiente: «Fallamos condenar y condenamos a Juana Mir García como autora de un delito consumado de adhesión a la rebelión con las agravantes de peligrosidad social y trascendencia de los hechos realizados a la pena de muerte y a que por vía de responsabilidad civil satisfaga las cantidades que ulteriormente se determinen en forma legal como indemnización de los daños y perjuicios ocasionados al estado y particulares por la subversión rojo-separatista». (AIMN)

FUENTES CONSULTADAS

AHPB-BAHP, Fondo Prisiones, 6/60. Expediente procesal, Prisión Provincial de Bilbao.

AIMN, 4.º. Causa 238/37. caja n.º 28, n.º orden 8.

AMB, Defunciones, 1937, sección n.º 1, n.º 1877.

Auñamendi Eusko Entziklopedia. Fondo Bernardo Estornés Lasa (2024). *Articulistas.* [Página web]. https://aunamendi.eusko-ikaskuntza.eus/es/mir-garcia-juana/ar-96147/

Badiola Ariztimuño, Ascensión (2011). *Cárceles y campos de concentración en Bizkaia (1937-1940).* Txertoa.

Gogora (2021). *Víctimas mortales de la guerra civil en Euskadi.* [Página web]. https://n9.cl/mio3x

AMADA MORENTÍN ROLDÁN

«La Mondonguera»

Fecha y lugar de nacimiento: 21-02-1910, Lodosa.
Lugar de residencia: Lodosa.
Estado civil: Casada con Jacinto Rodríguez.
Hijas/os: Una (Ángela, de un año y medio). Estaba embarazada.
Profesión: Trabajo en el hogar.
Afiliación política:

MUERTE

Lugar: Deierri (Valle de Yerri). Fosa de Ilkai, junto a la carretera NA-120 (Lizarra-Beasain).
Fecha: 15-09-1936.
Edad: 26 años.
Observaciones: Fue fusilada estando embarazada de tres meses y medio. Fue exhumada por su hija Ángela Rodríguez Morentín.

REPRESIÓN

Cautividad: Estuvo presa en la cárcel de Lizarra.
Represión familiar: Su marido, Jacinto, estuvo preso en el Fuerte de San Cristóbal hasta octubre de 1942, cuando fue trasladado al Penal de Burgos. Su hermano, Antonio, de 19 años, tabernero afiliado a la CNT, fue asesinado en Iruñea en noviembre de 1936.

INFORMACIÓN COMPLEMENTARIA

«También de la cárcel de Estella sacaron a una mujer, Amada Morentín, a la que ni siquiera dejaron ver a su hija de año y medio. Su marido Jacinto Rodríguez, al que también fusilaron un hermano, estuvo en la cárcel pero salvó la vida». (Altaffaylla Kultur Taldea, 2018, p. 378)

«Amada salió el 19 de julio con una hachuela a pegarle a Julio Moreno, pero no le pegó ni le hizo nada. Por eso la mataron». (Jimeno Jurío, 2020a, p. 771)

Fotografía de la exhumación en Ibiriku de los y las vecinas de Lodosa. | Fuente: Fotografía facilitada por Pedro Pérez, vecino de Caparroso.

«Angelita Rodríguez Morentín nace en Lodosa el 5 de agosto de 1934. "A mi madre la detuvieron el 19 de julio, y la llevaron a la cárcel de Estella. Allí estuvo hasta el 7 de septiembre, que es cuando la sacaron a fusilar. A un término que se llama Ibiriku". "Había nueve hombres, y mi madre diez, enterrados en el mismo sitio. Supimos que era ella porque los hombres estaban en una posición y a mi madre la tenían "al cruzau" y luego por las ropas que entonces se llevaban, aunque era muy joven, de los acerillos o acericos de la faja, por eso supimos que era ella". "Sacamos a nueve hombres y a mi madre diez, los mataron en la misma cuneta, pero como el sitio era tan duro, nos lo explicó precisamente el enterrador que estuvimos con él a los años, los metieron hacia dentro y adentro los enterraron, dentro del campo; cuando fuimos a desenterrarlos, un hombre que era dueño de la pieza nos dijo que durante muchos años sabía que estaban ahí porque ellos sembraban la pieza y se notaba que allí mejoraba el grano". "Ante la pregunta de ¿por qué crees que mataron a tu madre?, Angelita responde: "Como ahora los jóvenes protestan por los trabajos, por la forma que han quitado los sueldos y todo, pues entonces yo pienso que protestaba por lo mismo, nada más que por eso. Había una manifestación y según de lo que era, yo tengo entendido, que iba y protestaba, por lo demás, no sé". "Hubo una persona que salió, esto no lo he dicho nunca, que salió diciendo que mi madre había amenazado a la persona que luego la mató, que la había amenazado con una hachuela, pero aquel hombre que dijo que la había visto no fue al Tercio, se libró, o sea que con eso te digo bastante". "Todos sabemos quién mató a nuestras familias, porque encima que lo hacían, lo decían, porque les parecía que habían hecho... Por eso se ha sabido todo". "Sabemos que estaba embarazada de tres meses y medio, casi los cuatro, y cuando la fueron a matar, ella, dicen que les dijo, porque lo sabemos por el que les enterró, y porque ellos lo decían, dejadme en la cárcel hasta que tenga el hijo y luego, hacéis de mí lo que queráis. Y el que estaba para matarla le dijo, a ti te voy a matar yo y te voy a quitar hasta las raíces, y así lo hizo"». (Euskal Memoria, 2016)

FUENTES CONSULTADAS

Altaffaylla Kultur Taldea (2018). *Navarra 1936. De la esperanza al terror.* Altaffaylla Kultur Taldea.

Ayuntamiento de Lodosa. Reconocimiento del ayuntamiento de Lodosa a sus vecinos asesinados en 1936 – LOIU. (2013). [Página web]. https://n9.cl/7fku3

Gobierno de Navarra (2018). *Mapa de Fosas de Navarra.* [Página web]. https://n9.cl/rspb2

Instituto Navarro de la Memoria (2023). *Oroibidea. Camino de Memoria.* [Página web]. https://oroibidea.es/es/search/victim/2815

Jimeno Jurío, José M.ª (2020). *La represión en Navarra (1936-1939): Trabajo de campo y archivo (finales de 1974-principios de 1981). Tomo I, Ablitas-Marcilla.* Pamiela.

Monge Sarabia, Julia (30 de septiembre de 2016). Lo que cuentan las piedras. *Euskal memoria fundazioa. Euskal memoriako blogak.* https://n9.cl/6jsnp

MICAELA OCHOA ALLO

«La Monica»

Fecha y lugar de nacimiento: 1890, Cadreita.
Lugar de residencia: Cadreita.
Estado civil: Viuda de Juan Prat (asesinado por la Guardia Civil en noviembre de 1933).
Hijas/os: Seis.
Profesión: Trabajo en el hogar.
Afiliación política:

MUERTE

Lugar: Rincón del Soto (La Rioja).
Fecha: 16-11-1936.
Edad: 46 años.
Observaciones: En fuentes consultadas consta también que fue fusilada entre Tutera y Azagra, y que sus restos aparecieron en la fosa de la Castellana de Azagra.

REPRESIÓN

Represión familiar: El mismo día que Micaela fue fusilada, asesinaron también a su hermano Santiago, de 66 años de edad, casado y con cinco hijos.

INFORMACIÓN COMPLEMENTARIA

«El mismo día consta registrada la muerte en Rincón de Soto, de Micaela Ochoa, viuda de Juan Prat y madre de seis hijos, con la que acabaron de vengar el incidente con la Guardia Civil en 1933. Sus restos sin embargo aparecieron con los de los anteriores». (Altaffaylla Kultur Taldea, 2018, p. 222)

FUENTES CONSULTADAS

Altaffaylla Kultur Taldea (2018). *Navarra 1936. De la esperanza al terror.* Altaffaylla Kultur Taldea.

AMT, Juzgado de Primera Instancia de Tudela. Año 1943. Número 44.
Herrera Torres, Ramón (2017). *Diccionario audiovisual de la memoria histórica en Navarra*. Pamiela.
Instituto Navarro de la Memoria (2023). *Oroibidea. Camino de Memoria*. [Página web]. https://oroibidea.es/es/search/victim/2961
Jimeno Jurío, José M.ª (2020). *La represión en Navarra (1936-1939): Trabajo de campo y archivo (finales de 1974-principios de 1981). Tomo I, Ablitas-Marcilla*. Pamiela.
Ministerio de la Presidencia, Justicia y Relaciones con la Cortes (2022). *Memoria democrática. Localización de personas desaparecidas*. [Página web]. https://n9.cl/8hm6e

ARACELI OCHOA LASHERAS

«La Totorrola»

Fecha y lugar de nacimiento: 26-05-1910, Martzilla.
Lugar de residencia: Martzilla.
Estado civil: Soltera.
Hijas/os:
Profesión: Trabajo en el hogar.
Afiliación política:

MUERTE

Lugar: Carretera entre Andosilla y Azkoien (Peralta).
Fecha: 01-09-1936.
Edad: 26 años.

REPRESIÓN

Represión sexuada: Según los datos obtenidos y la información consultada, le cortaron el pelo antes de asesinarla y probablemente le agredieron sexualmente.

INFORMACIÓN COMPLEMENTARIA

«El último día de agosto, por la noche, cuando la gente tomaba la fresca en la calle, gentes armadas del pueblo les ordenaron recogerse; comenzaba una de las trágicas redadas nocturnas, grabadas a fuego en la memoria de cuantos las vivieron. Se llevaron [...] a Araceli Ochoa, joven de 26 años, abanderada en los actos civiles. Antes de asesinarla le cortaron el pelo; [...] Un total de nueve. Cuando se los llevaban, atados y rodeados de fusiles, alguien pidió un sacerdote. ¡No hay tiempo!, contestó otra voz. A las cinco de la mañana algunos familiares comenzaron a buscarlos por caminos cercanos. Al rato, en la carretera de Andosilla, encontraron los nueve cadáveres». (Altaffaylla Kultur Taldea, 2018, p. 407)

«Era una chica muy guapa. [...] fue de abanderada en ese entierro. Era una muchacha fuerte, mujerona. Primero le cortaron el pelo y después la fusilaron. Un tal Alfredo Lezaun, joven, el más joven de los del piquete dicen que mató a la chica esa Araceli Ochoa. Gregorio el de "los Macabeos" iba en un piquete de ejecución, yo no sé si tiraba o no. Se tiró a una mujer de Marcilla después de muerta. Eso es un poco sagrado. Eso he oído yo. De Andosilla». (Jimeno Jurío, 2020a, pp. 821-822)

FUENTES CONSULTADAS

Altaffaylla Kultur Taldea (2018). *Navarra 1936. De la esperanza al terror.* Altaffaylla Kultur Taldea.

Asociación Pueblo de las Viudas de Sartaguda (2009). *Parque de la memoria.* [Página web]. parquedelamemoria.org

Herrera Torres, Ramón (2017). *Diccionario audiovisual de la memoria histórica en Navarra.* Pamiela.

Instituto Navarro de la Memoria (2023). *Oroibidea. Camino de Memoria.* [Página web]. https://oroibidea.es/es/search/victim/2970

Fotografía de Araceli. | Fuente: Altaffaylla Kultur Taldea, 2018, p. 407.

PRESENTACIÓN OROZ BUEY

Familia conocida como «Los Obispos»

Fecha y lugar de nacimiento: Zangoza.
Lugar de residencia: Zangoza.
Estado civil:
Hijas/os:
Profesión:
Afiliación política:

MUERTE

Lugar: Desconocido.
Fecha:
Edad:
Observaciones: Se suicidó.

REPRESIÓN

Represión familiar: Sus hermanos Félix, Ramón, Gregorio e Isaac fueron asesinados.

INFORMACIÓN COMPLEMENTARIA

«Una de las familias más destrozadas fue la de Oroz Buey, los "obispos". De seis hermanos, sólo Guillermo sobrevivió. Félix, el tesorero de UGT, fue fusilado en Loiti, Ramón en el Tercio de Sanjurjo y Gregorio en Cáseda. Al poco tiempo fallecieron Isaac y Presentación, atribuyéndose las muertes al hundimiento moral que venían soportando». (Altaffaylla Kultur Taldea, 2018, p. 550)

«A un Obispo lo arrastraron en Cáseda, a otro lo mataron aquí, otro murió en el frente y otra hija murió de mal moral. ¡No quedó más que una!». (Jimeno Jurío, 2020b, p. 481)

FUENTES CONSULTADAS

Altaffaylla Kultur Taldea (2018). *Navarra 1936. De la esperanza al terror.* Altaffaylla Kultur Taldea.

Asociación Pueblo de las Viudas de Sartaguda (2009). *Parque de la memoria.* [Página web]. parquedelamemoria.org

Herrera Torres, Ramón (2017). *Diccionario audiovisual de la memoria histórica en Navarra.* Pamiela.

Jimeno Jurío, José M.ª (2020). *La represión en Navarra (1936-1939): Trabajo de campo y archivo (finales de 1974-principios de 1981). Tomo II, Mélida-Ziordia.* Pamiela.

MARÍA CAMINO OSCOZ URRIZA

Fecha y lugar de nacimiento: 11-04-1910, Iruñea.
Lugar de residencia: Iruñea.
Estado civil: Compañera de Tomás Ariz.
Hijas/os:
Profesión: Maestra en Gorza.
Afiliación política: PCE.

MUERTE

Lugar: Sima de Urbasa.
Fecha: 10-08-1936.
Edad: 22 años.

REPRESIÓN

Cautividad: Ingresó en la Cárcel Provincial de Iruñea el 31-07-1936 y la sacaron para fusilarla el 10 de agosto de ese mismo año.
Represión familiar: Tomás Ariz, su compañero, fue fusilado en el pinar del monte Ezkaba.

INFORMACIÓN COMPLEMENTARIA

«Mi estancia en la cárcel [...] allí me ví cerca de siete meses. Conocí a Doña Rosaura López y María Camino Oscoz, maestras republicanas. De la primera aprendí todo lo que no había aprendido cuando era niñera de mis hermanos. Me enseñó a saber estar, hablar con la gente, coser, hacer punto... de ella sólo aprendí cosas buenas. Compartía celda con María Camino Oscoz y aún recuerdo la noche que la sacaron para matarla. Todas llorábamos y rezábamos por ella. Sólo hacía el bien con los pobres. Era maestra. Éramos presas políticas. Nos llamaban "rojas"». (Guerendiain Caro, 1996)

FUENTES CONSULTADAS

AGA, Expediente Procesal 1936.
AMP, Nacimientos, 1910.

ARGN, Presos Gobierno Militar, 1936.
ARGN, Juzgado Primera instancia e instrucción n.º 1 de Pamplona; Exp. n.º 0000148/1940.
Altaffaylla Kultur Taldea (2018). *Navarra 1936. De la esperanza al terror.* Altaffaylla Kultur Taldea.
Eceolaza Latorre, Joseba (2017). *Camino Oscoz y otras historias del 36.* Cénlit.
García-Sanz Marcotegui, Ángel & González Gil, Ana María (2007). *Diccionario biográfico del socialismo histórico navarro III.* Universidad Pública de Navarra.
Guerendiain Caro, Josefina (1996). *Nacida en Navarrería.* Sahats Servicios Editoriales.
Herrera Torres, Ramón (2017). *Diccionario audiovisual de la memoria histórica en Navarra.* Pamiela.
Instituto Navarro de la Memoria (2023). *Oroibidea. Camino de Memoria.* [Página web]. https://oroibidea.es/es/search/victim/3055
Jimeno Aranguren, Roldan; García de Albizu, Balbino & Layana Ilundain, César (2017). ¿Qué hicimos aquí con el 36?: La represión de civiles en retaguardia por su ideología en las *Améscoas y Urbasa.* Lamiñarra.
Jimeno Jurío, José M.ª (2020). *La represión en Navarra (1936-1939): Trabajo de campo y archivo (finales de 1974-principios de 1981). Tomo I, Ablitas-Marcilla.* Pamiela.
Jimeno Jurío, José M.ª (2006). *La Guerra Civil en Navarra (1936-1939).* Pamiela.
Mikelarena Peña, Fernando (2015). *Sin piedad: Limpieza política en Navarra, 1936, responsables, colaboradores y ejecutores.* Pamiela.
Sánchez-Ostiz, Miguel (2007). *Tiempos de tormenta (Pío Baroja, 1936-1940).* Pamiela.
Vierge Santa Eufemia, Galo (2006). *Los culpables.* Pamiela.

Fotografía de M.ª Camino. | Fuente: Eceolaza, 2017.

Expediente procesal de María Camino Oscoz Urriza

Natural de Pamplona provincia de Navarra
vecino de … provincia de Navarra
hijo de Juan Antonio y de …
edad 25 profesión maestra
instrucción … religión
estado soltera hijos … núm. de ellos
antecedentes no ingresa por 1.ª vez
Domiciliado

Iris (ojos) / Cabello / Piel / Cejas / Nariz / Boca / Barba / Cara / Talla

Fórmula dactiloscópica —

SEÑAS PARTICULARES

CAUSA — Fechas: De la detención o prisión 31-7-1936; De la libertad 10 AGOS. 1936

FECHAS — VICISITUDES

31 julio 1936 Ingresa en esta prisión, procedente de la Capital entregado por Guardia de seguridad en concepto de detenida a disposición de la Autoridad Militar con orden de Gobierno civil, que se une al expediente de Galo Vierge Santaeufemia. Se participa.
Vº Bº EL DIRECTOR. El Subdirector actal.

Expediente Procesal de María Camino. | Fuente: AGA. Expediente Procesal 1936.

FELISA PALACIOS BURGUETE

Fecha y lugar de nacimiento: 1882-1883, Petilla de Aragón, «Casa Tertín».

Lugar de residencia: Uncastillo (Zaragoza), domiciliada en la Avenida Pablo Iglesias, 14.

Estado civil: Casada en segundas nupcias con Pablo Rived Pérez.

Hijas/os: Nueve. Una hija del primer matrimonio, Josefa, y ocho hijos e hijas del segundo (Santiago, Perfecto, Leandro, Manuel, Antonio, Mateo, Alfredo y José). También tuvo dos criaturas que fallecieron recién nacidas.

Profesión: Trabajo en el hogar.

Afiliación política:

MUERTE

Lugar: Cementerio de Farasdués (Zaragoza).

Fecha: 31-08-1936.

Edad: 53 años.

Observaciones: Fue exhumada en septiembre de 2021. Los trabajos de exhumación fueron promovidos por el Colectivo de Historia y Arqueología Memorialista Aragonesa (CHAMA) y por la Asociación Charata para la Recuperación de la Memoria Histórica de Uncastillo, entre otras organizaciones.

REPRESIÓN

Cautividad: Fue detenida en la cárcel de Ejea de los Caballeros (Zaragoza), el 30-08-1936.

Represión familiar: Su marido, afiliado a la UGT, fue detenido el 5 de junio de 1937. En el expediente también se contempla a Felisa. Ambos fueron multados a mil pesetas y cuatrocientas para gastos y costas, «por aparecer que dichos cónyuges eran de ideas izquierdistas, afiliado el marido al partido socialista y contribuyendo ambos de modo manifiesto con su actuación y conducta». (AHPZ, Expediente n.º 756). Su hijo Antonio consiguió huir del Tercio de Sanjurjo y luchó por la República.

INFORMACIÓN COMPLEMENTARIA

Fotografía de Felisa. | Fuente: Ruiz Ruiz, Francisco Javier (2008). Asociación Charata.

«Leandro, Josefina y Antonio estaban afiliados a las Juventudes Socialistas, mientras que Manuel pertenecía a la CNT: Leandro, Josefina y Antonio huyeron al monte, pasando los dos varones a combatir a zona republicana. Más tarde, Antonio fue legionario del Tercio Sanjurjo y se pasó el enemigo, por lo que el 20-05-1937 el gobernador civil ordenó la incautación de bienes de su familia. A Felisa fueron a buscarla a casa la noche del 30-08-1936. Ingresó en el Depósito Municipal de Ejea de los Caballeros al día siguiente y salió el mismo día. Al parecer salió viva de la primera descarga del pelotón de fusilamiento, pero inmediatamente volvieron a disparar sobre ella». (Peiró, 2017, p. 225)

Según la información consultada, fue asesinada junto con nueve mujeres más. En el expediente de la Comisión Provincial de Incautaciones de Zaragoza, incoado tras su asesinato, la acusan de «libertaria» y «activa propagandista del Frente Popular», afirman que «poco después de iniciarse el Movimiento Patriótico desapareció del pueblo, ignorándose su actual paradero» y que «se distinguió por sus ideas avanzadas». (AHPZ)

FUENTES CONSULTADAS

AHPZ, Comisión Provincial de Incautaciones, Zaragoza. Expediente n.º 756.

Herrera Torres, Ramón (2017). *Diccionario audiovisual de la memoria histórica en Navarra.* Pamiela.

Peiró Arroyo, Antonio (2017). *Eva en los infiernos: Mujeres asesinadas en Aragón durante la Guerra Civil y la Posguerra.* Comuniter.

Ruiz Ruiz, Francisco Javier (2008). *Uncastillo, mujeres del 36: Un retrato, una historia, una vida.* Asociación Charata.

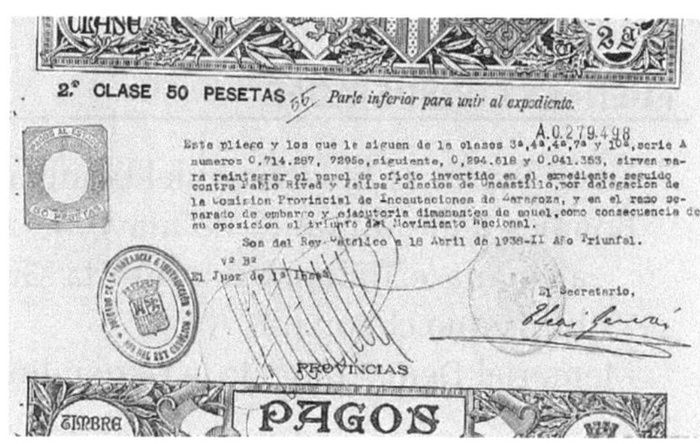

2.ª CLASE 50 PESETAS 56 *Parte inferior para unir al expediente.*

A.0.279.498

Este pliego y los que le siguen de la clases 3ª, 4ª, 4ª, 7ª y 10ª, serie A numeros 0.714.287, 72950, siguiente, 0,294.618 y 0.041.353, sirven para reintegrar el papel de oficio invertido en el expediente seguido contra Pablo Rived y Felisa Palacios de Uncastillo, por delegacion de la Comision Provincial de Incautaciones de Zaragoza, y en el ramo separado de embargo y ejecutoria dimanantes de aquel, como consecuencia de su oposicion al triunfo del Movimiento Nacional.

Sos del Rey Católico a 18 Abril de 1938-II Año Triunfal.

Vº Bº

El Juez de 1ª Insª.

El Secretario,

PROVINCIAS

TIMBRE PAGOS

Documento del expediente de incautación. | Fuente: AHPZ. Comisión Provincial de Incautaciones, Zaragoza. Expediente n.º 756, del 24 de abril de 1937, p 252.

MÁXIMA PALACIOS UCAR

Fecha y lugar de nacimiento: 1909, San Martín de Unx.
Lugar de residencia: Fonda del Jardín, carretera de Huesca (Barbastro).
Estado civil: Soltera.
Hijas/os:
Profesión:
Afiliación política:

MUERTE

Lugar: Barcelona, en el Hospital Santa Creu y Pau.
Fecha: 13-12-1937.
Edad: 28 años.
Observaciones: Falleció a causa de una bronconeumonía, con diagnóstico de heridas de metralla en ambas rodillas, costado y hombro derecho, como consecuencia del bombardeo en Barbastro el 03-11-1937.

INFORMACIÓN COMPLEMENTARIA

«[...] y sobre todo el de Barbastro del día 3 de noviembre, con más de 100 muertos. Este bombardeo, junto con el de Alcañiz del 3 de marzo del año siguiente, fueron los que más víctimas produjeron a lo largo de toda la guerra en territorio aragonés, y también de los más mortíferos de toda España. Algo tuvieron en común ambas ciudades aragonesas, además del gran número de muertos: el de haber sido bombardeadas por aviones Savoia 79, pertenecientes a la Aviación Legionaria italiana». (Bombes d'impunitat, 2016)

FUENTES CONSULTADAS

AHSCP, Ficha de la víctima del bombardeo, n.º 13599.
Bombes d'impunitat (8 de mayo de 2016). Los bombardeos de la aviación alemana e italiana durante la Guerra civil en Aragón. [Página web]. https://n9.cl/x9n4u8
Memorial Democràtic de la Generalitat de Catalunya.

RUFINA PÉREZ CASTILLO

«La Seronera»

Fecha y lugar de nacimiento: 1897, Autol (La Rioja).
Lugar de residencia: Azagra desde 1923.
Estado civil: Casada con Cándido Pascual.
Hijas/os: Dos (Lope y María).
Profesión: Trabajo en el hogar.
Afiliación política: Afiliada a la UGT.
Observaciones: Cándido acogió a un niño procedente de la beneficencia de Logroño en 1925, Lope Haro, nacido de una madre soltera. Quedó inscrito como Lope Pascual Rada. La otra hija, María, era hija del hermano de Cándido, Casimiro, y comenzó a vivir con Rufina y Cándido en 1933.

MUERTE

Lugar: Pradejón (La Rioja), en la llamada «Cuesta de la Gata».
Fecha: 11/13-08-1936.
Edad: 40 años.
Observaciones: Fue dada por desaparecida durante varios años hasta que localizaron su cuerpo en ese paraje junto a otros azagreses asesinados.

REPRESIÓN

Represión familiar: Su marido, Cándido Pascual, reconocido activista, de profesión cabrero, era muy conocido por sus esfuerzos y escritos por el reparto de las tierras y la justicia social. Se vio obligado a huir y a esconderse hasta 1945 que falleció.

INFORMACIÓN COMPLEMENTARIA

«Una segunda mujer será asesinada. Rufina Pérez era la esposa del pastor Cándido Pascual que se hallaba escondido. Hartos de buscarle, los matones fueron por ella cuando se estaba peinando con su hermana. "¿Me termino de peinar?", les preguntó. "¡Péinate si quieres, es para matarte!". La dejaron junto a otros en la cuesta de la Gata, en Pradejón». (Altaffaylla Kultur Taldea, 2018, p. 141)

«Pérez Castillo Rufina. Azagra. Citada con el núm. 29 en la relación de D. Santos Beguiristain, muerta en Lerín. De Quel. Su marido estuvo de pastor para Gregorio Alonso. Su marido Cándido Pascual». (Jimeno Jurío, 2021a, p. 341)

«Rufina y Cándido tuvieron un hijo en 1918, fallecido de tuberculosis al año siguiente [...]. Pero en 1925 Cándido regresa desde Logroño con un niño de 4 años procedente de la Beneficencia. Su identidad es Lope Haro Vega, nacido en septiembre de 1920, de madre soltera. En el Padrón de 1935 queda inscrito como Lope Pascual Rada, hijo de Cándido y Rufina. En 1933 se une a la familia María. Nacida en 1922, era hija de Casimiro Pascual -hermano de Cándido- y de Consuelo Rufina, vecinos de Quel. Al morir Consuelo en 1932, Casimiro, "el Casetas" no puede hacerse cargo de su numerosa prole y Cándido y Rufina se hacen cargo de María. Esta nueva adopción obedece más al patrón de la época, en la que las adopciones se hacían en el seno de la familia, como situaciones "de facto". Aunque sobrina de Cándido, figura en el Padrón de 1935 como María Pascual Rada, con los apellidos del padre de acogida. La familia figura viviendo en la calle Alta 1 [...] cercana a la peña, donde había cuevas habitadas por los vecinos sin otro recurso. Lope -ya con 14 años- y Cándido figuran como pastores; como pastor de cabras era Casimiro, hermano de Cándido en Quel, y como antes lo fue el abuelo Genaro. Rufina está afiliada a UGT, lo que indica un grado de activismo y su mote, "La Seronera", su dedicación a hacer serones, las alforjas de esparto que se colocaban a las caballerías. Figura como analfabeta, como el 40% de la población, sobre todo mujeres y niñas, pero se esfuerzan en mejorar el destino de sus hijos adoptivos, María y Lope, que saben leer y escribir. [...] En Azagra, pueblo destacado por su organización obrera, Cándido es un importante miembro de las izquierdas. Rufina y él se encuentran integrados entre sus compañeros socialistas. Ambos actúan como testigos en la primera boda civil de Azagra, en octubre de 1932, [...] Combina su trabajo de pastor con sus colaboraciones en la prensa socialista como corresponsal del periódico de UGT, Trabajadores, entre los años 1932-36. [...] Cuando tienen a su malogrado hijo en 1918, Cándido tiene que reconocerlo como propio, pues no están casados. Cándido incluso se atreve con alguna rima, ensalzando a los apóstoles laicos Pablo Iglesias y al beratarra Basilio Lacort, editor anticlerical y republicano. [...] Rufina pasó de desaparecida a

PEREZ CASTILLO, Rufina Azagra

Citada con el num. 29 en la relacion de D.Santos BEGUIRISTAIN, muerta en LERIN.
De Quel. Su marido estuvo de pastor para Gregorio Alonso.
Su marido: Cándido Pascual (?) = =

Ficha de José María Jimeno Jurío. | Fuente: Oroibidea, Paz y Convivencia. Gobierno de Navarra.

fusilada porque apareció junto con otros fusilados en Pradejón, en la llamada Cuesta de la Gata. Cándido quedó como desaparecido, pero su destino se recoge en el libro La Rioja 1936. Desde los regadíos de Azagra escapó a Quel. Había mantenido el contacto con su pueblo natal. [...] logró regresar a Quel, y permaneció escondido en casa de sus padres, María y Genaro. Fue uno de los "topos" que generó una guerra de exterminio. Conocía su destino si se asomaba. Falleció en 1945, en el domicilio de la calle Canalizo 22. [...] Sus hijos adoptivos Lope y María, dados por desaparecidos en Azagra, quedan en la sombra. Pero fue la abuela María Rada quien recogió a ambos desamparados. María, con 13 años, era huérfana de madre desde 1932. Su padre biológico, Casimiro "el Casetas", fue fusilado el 31 de julio de 1936 en Calahorra. [...] Nunca habló extensamente de aquel periodo de su vida, aunque siempre alabó el trato que le dieron sus padres adoptivos, a quienes definió como gente solidaria, culta y comprometida con las izquierdas. Recordaba cómo a menudo su casa se convertía en centro de reuniones -también clandestinas-, y con dirigentes de otras localidades». (Asociación Pueblo de las Viudas de Sartaguda, 2009)

FUENTES CONSULTADAS

Aguirre González, Jesús Vicente (2010). *Aquí nunca pasó nada. La Rioja, 1936.* Ochoa.

Altaffaylla Kultur Taldea (2018). *Navarra 1936. De la esperanza al terror.* Altaffaylla Kultur Taldea.

Asociación Pueblo de las Viudas de Sartaguda (2009). *Parque de la memoria.* [Página web]. parquedelamemoria.org

Egaña Sevilla, Iñaki (2009). *Los crímenes de Franco en Euskal Herria 1936-1940.* Txalaparta.

Herrera Torres, Ramón (2017). *Diccionario audiovisual de la memoria histórica en Navarra.* Pamiela.

Innovación y Derechos Humanos (2021). *Ihr.world.* [Página web]. https://ihr.world/

Instituto Navarro de la Memoria (2023). *Oroibidea. Camino de Memoria.* [Página web]. https://oroibidea.es/es/search/victim/3171

Jimeno Jurío, José M.ª (2021). *La represión en Navarra (1936-1939): Trabajo de campo y archivo (2a. parte) (1973-1983). Tomo III, Abárzuza-Huarte.* Pamiela.

Los fugados de Ezkaba 1938 (s.f.). Nadie llora su ausencia. [Página web]. http://www.losfugadosdeezkaba1938.com/nadie-llora-su-ausencia/

PILAR PRADO RUIZ

Fecha y lugar de nacimiento: 06-07-1887, Funes.
Lugar de residencia: Funes.
Estado civil: Casada con Bruno Martínez.
Hijas/os: Diez.
Profesión: Trabajo en el hogar.
Afiliación política: UGT.

MUERTE

Lugar: Faltzes, en la tapia del cementerio.
Fecha: En la madrugada del 29-08-1936.
Edad: 49 años.
Observaciones: Fue fusilada junto con su vecina Luciana Viguria. Según Josefina Campos fue exhumada en 1978.

REPRESIÓN

Represión sexuada: Según información consultada, le cortaron el pelo.

INFORMACIÓN COMPLEMENTARIA

«Prado Ruiz Pilar. [...] Fusilaron aquí a dos mujeres, una de ellas era Prado y dejó 8 hijos con el padre viudo. Tenía muchos hijos. La mataron el mismo día que a Jacinto [...] Las mataron a Pilar y Luciana [...] con Ansó y Arancón, en el cementerio de Falces, la noche del 29 al 30 de agosto [...] La mataron porque era comunista [...] Los seis eran de Funes: Jacinto Ansó Peñalba, Federico Arancón Martínez, Tomás Benedí, Ricardo Fernández, Pilar Prado y Luciano Viguria Urtasun. A Pilar Prado la mataron porque un día le gritó al sinvergüenza de D. Pedro. Fue precisamente la madre de la Arantxa Cirauqui, porque se conoce que le ayudaba la Pilar, en la tocinería, y al saber que la iban a matar, subió al párroco a ver qué vida que la iban a matar. Que a ver por qué, que tenía muchos hijos. Y dice: "Que habla mucho". Y dice: "¿Qué? ¿Porque habla mucho es posible matar a una mujer con diez hijos? ¿No tiene compasión?". Y: "Hay que matarla, hay que matarla". Máximo el Gitano, hijo de Pilar, le dijo al cura: "Tú has matado a mi madre, te estás comiendo toda la fruta que tenemos, y te he de envenenar"». (Jimeno Jurío, 2020a, pp. 624, 630 y 655)

«De UGT y medio presidenta. No le importaba que la llamaran pa cualquier cosa. La llamaron pa cortarle el pelo y se prestó. Había cuatro más de izquierdas, y esa: "Hijas mías, no tengáis pena, porque os han cortáu el pelo, que el pelo ya crece"». (Jimeno Jurío, 2021a, p. 885)

FUENTES CONSULTADAS

Altaffaylla Kultur Taldea (2018). *Navarra 1936. De la esperanza al terror.* Altaffaylla Kultur Taldea.

Herrera Torres, Ramón (2017). *Diccionario audiovisual de la memoria histórica en Navarra.* Pamiela.

Instituto Navarro de la Memoria (2023). *Oroibidea. Camino de Memoria.* [Página web]. https://oroibidea.es/es/search/victim/3294

Jimeno Jurío, José M.ª (2020). *La represión en Navarra (1936-1939): Trabajo de campo y archivo (finales de 1974-principios de 1981). Tomo I, Ablitas-Marcilla.* Pamiela.

PRADO Ruiz Pilar Sra. Funes (32)

Fusilaron aquí a dos mujeres; una de ellas era PRADO y dejó 8 hijos con el padre viudo.
= =

Tenia muchos hijos. La mataron el mismo dia que a Jacinto ANSO PEÑALBA
Tenia 10 hijos.Las mataron a Pilar y Luciana (las dos mujeres) con Ansó y Arancón, en el cementerio de Falces, la noche del 29 al 30 de agosto.
Lourdes Ansó, VIII 78

La mataron porque era "comunista". Porque un dia le grito al parroco D. Pedr
Una señora, que Pilar le ayudaba en la tocineria, fue a interceder por ella al parroco, y "Hay que matarla, hay que matarla". XX, 78

Ficha de José María Jimeno Jurío. | Fuente: Oroibidea, Paz y Convivencia. Gobierno de Navarra.

[Nombre-Apellidos desconocidos]

«Espía de Oiarburu»

Fecha y lugar de nacimiento: Posiblemente nacionalidad francesa.
Lugar de residencia:
Estado civil:
Hijas/os:
Profesión:
Afiliación política: Fue acusada de espía.

MUERTE

Lugar: Auritz, en el paraje de Oiarburu.
Fecha: 13-08-1936.
Edad:
Observaciones: Según el certificado de defunción, «falleció a causa de seis heridas penetrantes en la cabeza, al parecer de arma de fuego, mortales de necesidad». Fue inhumada en el cementerio civil de Auritz.

REPRESIÓN

Cautividad: Estuvo presa en la cárcel local de Auritz, acusada de espionaje. Fue detenida en Aribe el día anterior de ser asesinada.

FUENTES CONSULTADAS

«Presunta espía de Oiarburu. Su existencia fue un secreto a voces entre la población de Auritz/Burguete, quizás por la implicación y vergüenza que supuso para el vecindario, evitaron no dejar huella del asesinato. El hecho de que no hubiese documento alguno registrado en archivos y solo existiesen fuentes orales impedía declararla víctima de la sublevación. Sin embargo, en 2022, el caso dio un giro de 180º al aparecer en el Archivo Intermedio Militar del Noreste, ubicado en Ferrol, parte del sumario redactado por su muerte. El 12 de agosto de 1936 el capitán Julián Troncoso detenía en Aribe a una mujer que acusaron de espía. La víctima fue trasladada a Auritz/Burguete y recluida en la cárcel municipal. Al día siguiente, según el parte oficial, cuando era trasladada de nuevo a Aribe se dio a la fuga, siendo tiroteada y falleciendo en el paraje de Oiarburu. Según fuentes orales fue sacada de la cárcel municipal y trasladada a ese paraje donde fue asesinada ante el vecindario que acudió a presenciar la ejecución». (Ayuntamiento de Auritz/Burguete, 2003, pp. 7, 8, 9)

FUENTES CONSULTADAS

AIMN, Sumario por muerte de una detenida por herida de arma de fuego.

Aurizko Udala. Ayuntamiento de Auritz/Burguete (2023). *Memoriaren ezaren kontra/Contra la desmemoria.* Gráficas Urdin.

Universidad Pública de Navarra (2011). *Fondo Documental de la Memoria Histórica en Navarra.* [Página web]. https://memoria-oroimena.unavarra.es/ficha/29758

Información facilitada por Joxepe Irigaray Gil, vecino de Auritz.

Irigarai Gil, Joxepe (2018). *Oroit ezazu. Gurseko auriztarrak. Los gurienses de Burguete (Auritz-Gurs 1939-1945).* Gráficas Urdin.

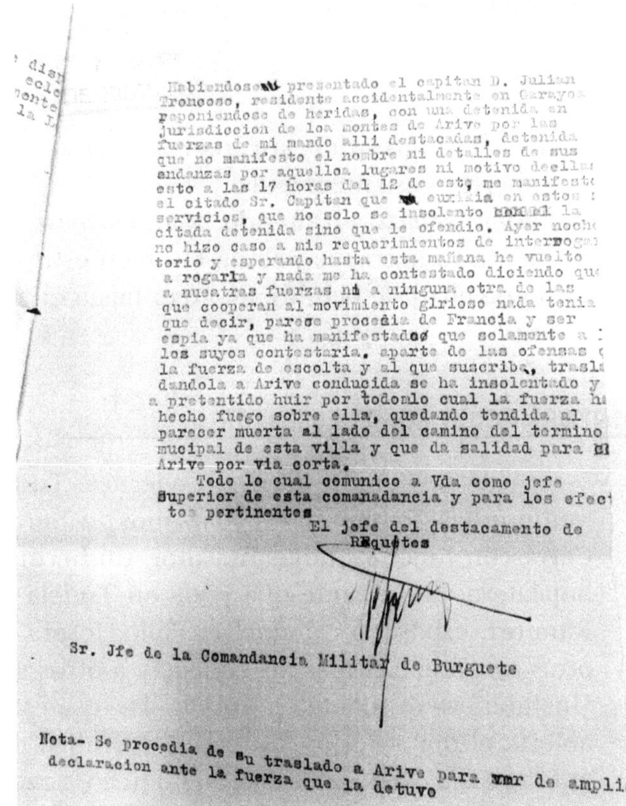

Habiendose presentado el capitan D. Julian Troncoso, residente accidentalmente en Garayoa reponiendose de heridas, con una detenida en jurisdiccion de los montes de Arive por las fuerzas de mi mando alli destacadas, detenida que no manifesto el nombre ni detalles de sus andanzas por aquellos lugares ni motivo de ella; esto a las 17 horas del 12 de este me manifesto el citado Sr. Capitan que auxilia en estos servicios, que no solo se insolento con la citada detenida sino que le ofendio. Ayer noche no hizo caso a mis requerimientos de interrogatorio y esperando hasta esta mañana he vuelto a rogarla y nada me ha contestado diciendo que a nuestras fuerzas ni a ninguna otra de las que cooperan al movimiento glrioso nada tenia que decir, parece procedia de Francia y ser espia ya que ha manifestado que solamente a los suyos contestaria. aparte de las ofensas a la fuerza de escolta y al que suscribe, trasladandola a Arive conducida se ha insolentado y a pretentido huir por todo lo cual la fuerza ha hecho fuego sobre ella, quedando tendida al parecer muerta al lado del camino del termino mucipal de esta villa y que da salidad para Arive por via corta.

Todo lo cual comunico a Vda como jefe Superior de esta comanadancia y para los efectos pertinentes

El jefe del destacamento de Requetes

Sr. Jfe de la Comandancia Militar de Burguete

Nota- Se procedia de su traslado a Arive para de ampliar declaracion ante la fuerza que la detuvo

Carta del jefe del destacamento de Requetés, Esteban Lipúzcoa. | Fuente: Joxepe Irigaray Gil.

FELIPA RAMÍREZ VICENTE

Fecha y lugar de nacimiento: 01-05-1886, Tutera.
Lugar de residencia: Tutera.
Estado civil: Casada con Manuel Sanz, conocido como «El Pollo».
Hijas/os: Cinco.
Profesión: Trabajo en el hogar.
Afiliación política:

MUERTE

Lugar: Tutera, en la corraliza de Balsaforada.
Fecha: 14-11-1936.
Edad: 50 años.

REPRESIÓN

Cautividad: Ingresó en la cárcel de Tutera el 14-10-1936 y fue puesta en «libertad» ese mismo día.

Represión familiar: Su marido, Manuel Sanz, fue fusilado con él. Probablemente su hermana Sabina también estuvo presa en la cárcel de Tutera desde el 13 de octubre de 1936 hasta el 27 de diciembre de ese mismo año.

INFORMACIÓN COMPLEMENTARIA

«13 de noviembre de 1936, viernes. Tudela. La Guardia Civil ejecutó (aunque les acompañaron paisanos) a Serafín Carrascon Aguado, Luis Carrascón Jiménez, Eugenio Tutor, un hermano de Fernando Morales, un hojalatero de Cascante que vivía en Tudela, Juana Charela Vidas, Sabina Ramírez, esposa de Manuel el Pollo, Josefa Bueno Algarate, a la Morota, otras tres mujeres más de Tudela, y a otros seis de Cadreita. (18 personas) Una ablitera residente en Tudela. La fosa estaba a unos cien metros de la abierta el día anterior junto a la corraliza de Balsaforada, donde fueron enterrados 21 tudelanos». (Jimeno Jurío, 2020, vol. II, p. 690, 742)

«Hortelana de Tudela, de ideario republicano y de izquierdas. [...] En el documental *Corazones rojos* se le rinde homenaje con la inclusión de su nombre en la relación de asesinados en Tudela tras el golpe militar de 1936. Uno de sus hijos, Manuel Sanz Ramírez, habla sobre ella en el citado documental: "La última vez que la vi fue con mi hermana, que no nos dejaron subir a la cárcel... la vi, que me echó un beso por la reja. Aún está la reja, aún...". Su otro hijo, Felipe, habla también en el audiovisual de algunos de los crímenes especialmente crueles como el de Teodoro Goñi Ayerbe. Comenta que su madre no obtuvo la mediación de nadie para salvarle la vida, ni tan siquiera la de un primo suyo, el padre Ramírez, jesuita, quien le señaló que "No hago clemencia ni para mi padre", y que tampoco obtuvo al respecto la ayuda de una monja, madre superiora, en Tudela. Coincide también con el testimonio de su hermano Manuel: "La última vez que vi a mi madre, me echó un beso por la reja donde estaba detenida"». (Herrera, 2017, p. 199)

FUENTES CONSULTADAS

Altaffaylla Kultur Taldea (2018). *Navarra 1936. De la esperanza al terror.* Altaffaylla Kultur Taldea.

AMT, Nacimientos, 1886, libro 13.

Asociación Pueblo de las Viudas de Sartaguda (2009). *Parque de la memoria.* [Página web]. parquedelamemoria.org

Herrera Torres, Ramón (2017). *Diccionario audiovisual de la Memoria Histórica en Navarra.* Pamiela, p. 199.

Información facilitada por Iñigo Pérez Ochoa.

Instituto Navarro de la Memoria (2023). *Oroibidea. Camino de Memoria.* [Página web]. https://oroibidea.es/es/search/victim/3332

Jimeno Jurío, José M.ª (2020). *La represión en Navarra (1936-1939): trabajo de campo y archivo (finales de 1974-principios de 1981). Tomo II, Mélida-Ziordia.* Pamiela.

Mikelarena Peña, Fernando (2015). *Sin piedad: limpieza política en Navarra, 1936: responsables, colaboradores y ejecutores.* Pamiela, p. 495.

Ministerio de la Presidencia, Justicia y Relaciones con la Cortes. (2022) *Memoria democrática. Localización de personas desaparecidas.* [Página web]. https://n9.cl/3gu3h

JUANA RECLUSA INCHAUSPE

Fecha y lugar de nacimiento: 1901, Tafalla.
Lugar de residencia: Barcelona.
Estado civil:
Hijas/os:
Profesión:
Afiliación política:

MUERTE

Lugar: En el Hospital Clínico de Barcelona, procedente del Hospital Clínico Trias.
Fecha: 05-03-1938.
Edad: 37 años.
Observaciones: Murió a causa de las lesiones sufridas durante un bombardeo.

FUENTES CONSULTADAS

ACTSJC, Depósito Judicial de Cadáveres de Barcelona. Libro de Registro II (1938).
Memorial Democràtic de la Generalitat de Catalunya.

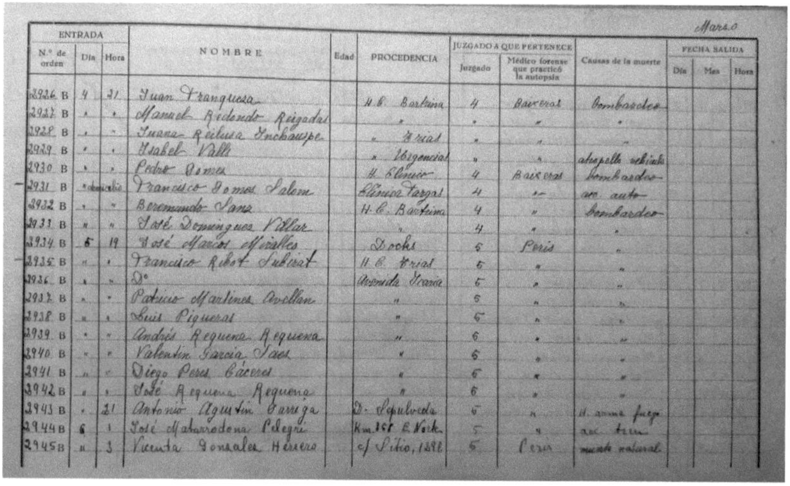

Marzo

Entrada N.º de orden	Día	Hora	Nombre	Edad	Procedencia	Juzgado	Médico forense que practicó la autopsia	Causas de la muerte	Fecha salida Día	Mes	Hora
2926 B	4	21	Juan Tranquesa		H. C. Bartrina	4	Baixeras	Bombardeo			
2927 B	"	"	Manuel Redondo Reigadas		"	"	"	"			
2928 B	"	"	Juana Reclusa Inchauspe		" Trias	"	"	"			
2929 B	"	"	Isabel Valls		" Urgencias	"	"	atropello vehículo			
2930 B	"	"	Pedro Gómez		H. Clínico	4	Baixeras	bombardeo			
2931 B	[illegible]		Francisco Gomez Salom		Clínica Vargas	4	"	acc. auto			
2932 B	"	"	Beremundo Sanz		H. C. Bartrina	4	"	bombardeo			
2933 B	"	"	José Domínguez Villar		"	4	"	"			
2934 B	5	19	José Marcos Mirailles		Docks	5	Peris	"			
2935 B	"	"	Francisco Ribot Subirat		H. C. Trias	5	"	"			
2936 B	"	"	D°		Avenida Icaria	5	"	"			
2937 B	"	"	Patricio Martínez Avellan		"	5	"	"			
2938 B	"	"	Luis Piqueras		"	5	"	"			
2939 B	"	"	Andrés Requena Requena		"	6	"	"			
2940 B	"	"	Valentín García Saez		"	5	"	"			
2941 B	"	"	Diego Perez Cáceres		"	6	"	"			
2942 B	"	"	José Requena Requena		"	6	"	"			
2943 B	"	21	Antonio Agustín Garriga		D. Sepulveda	5	"	H. arma fuego			
2944 B	6	1	José Matarrodona Pelegrí		Km 3[illegible] E. Nork	5	"	acc. tren			
2945 B	"	3	Vicenta Gonzalez Herrero		c/ Sitio, 1[illegible]	5	Peris	muerte natural			

Depósito Judicial de Cadáveres de Barcelona donde aparece Juana. | Fuente: ACTSJC. Libro de Registro II (1938).

ENCARNACIÓN RESANO FALCÓN

«La Morica»

Fecha y lugar de nacimiento: 1880, Azkoien (Peralta).
Lugar de residencia: Azkoien.
Estado civil: Casada con Cipriano Jericó Laguna.
Hijas/os: Cuatro (Fermín, Pedro, Rosario y Florencio).
Profesión: Trabajo en el hogar.
Afiliación política:

MUERTE

Lugar: Faltzes, en la tapia del cementerio.
Fecha: 21-10-1936.
Edad: 53 años.
Observaciones: Su defunción fue inscrita el 25 de abril de 1941.

REPRESIÓN

Cautividad: Estuvo presa en la cárcel de Peralta antes de ser ejecutada.
Represión familiar: Su marido Cipriano Jericó Laguna fue asesinado.

INFORMACIÓN COMPLEMENTARIA

«A la Encarnación Resano, la "Morica", como se le llamaba, la metieron en la cárcel porque decían que había dado la espalda al rosario por la calle. Era sorda como una tapia y no se había dado cuenta. Era una mujer mayor, con cuatro hijos. [...] Encarna dejó en la celda sus horquillas envueltas en un papel donde había escrito "adiós hija mía, ya no nos veremos más. Me voy al cielo donde seré más feliz". Le pegaron un tiro entre las piernas y la dejaron desangrándose en la puerta del cementerio. Allí pasó toda la noche. Al día siguiente fue descubierta por un pastor. Avisado el alcalde de Falces, éste le dio el tiro de gracia "para que no sufriera" según manifestó la familia». (Altaffaylla Kultur Taldea, 2018, pp. 501 y 507)

«Según nos comenta [...], el mudo Jericó, el día 8 de agosto le llevaron presa a su madre Encarnación Resano, la Morica. Al atardecer del día 8 de agosto, coge el banco que guardaba en la entrada y lo saca a la calle a tomar la fresca, como lo hacía todas las noches de verano. Al sacarlo, en la calle lógicamente hizo ruido al dejarlo en el suelo. Se sienta de cara a la pared, costumbre entonces en las mujeres para evitar que ninguno que pasará por la calle les pudiera ver las piernas. Encarnación era muy sorda, y había que gritarle para que te oyera. Justo en esos momentos en que ella sacaba el banco, llegaba el Rosario por la calle Tejedores -entonces Galán y García Hernández-, se sentó como cada tarde y por la sordera no se percató de esto. Una vecina cuatro casas más arriba que ella y otra de la calle Mayor, rápidamente le denuncian a dos falangistas que acompañaban la procesión, acusándole de haber hecho ruidos y de haberle dado la espalda al rosario. Inmediatamente, cogen a Encarnación llevándola a la cárcel, donde estuvo recluida hasta el día 26 de octubre, en que fue asesinada en Falces. ¿Esto era el celo cristiano? El citado corresponsal de Diario de Navarra y Pensamiento Navarro no tardó en enviar sus dardos envenenados sobre la pobre mujer, y así el día 19 de agosto, en las "Gacetillas" de página octava, con el titular "Las hay zafias" escribía una más de sus despiadadas crónicas». (Campos Orduña, 2008, p. 194)

«Por el escrito del corresponsal de Diario de Navarra sabíamos que fue en agosto y no en octubre cuando la llevaron a la cárcel. Puesto que estaban enterrados en orden de los días que les habían ido matando, era fácil saber de dónde eran unas u otras tumbas, pero yo tenía preocupación por los restos de Encarnación, ya que de Funes había también dos mujeres, de agosto. Confiamos que efectivamente estaban en orden de enterramiento y que los de Peralta eran los últimos. Íbamos a ir por la tarde a todos los pueblos; por la mañana me llamó José María Jimeno Jurío y me dijo: "Josefina, ¿vas a ir esta tarde a Falces? Pues estate bien atenta a ver cómo sale Encarnación [...] ya que el pastor que la encontró, que aún vive, me ha comentado que de caja nada, que el enterrador que entonces estaba era un canalla hasta el punto de enganchar al caballo los cadáveres si éstos estaban más lejos del cementerio y los llevaba arrastrando por el campo como si fueran rastrillos. A la señora de Peralta que el pastor atendió, además de no ponerle caja, la metió entre dos de Peralta, uno lo puso cara arriba, después la metió a ella y luego puso el tercero encima de ella bocabajo mofándose de ella con que no le faltaría sexo hasta la eternidad". [...] Javier Lorea, que estaba en la tumba donde ya se había reconocido a Pedro Urroz, levantó otra cabeza en la mano. El mudo comenzó a llorar: "Mamá, mamá, mamá...". con él lloramos todos. Nunca lo hemos olvidado. Al ser un lugar de secano, ya que el cementerio está en el monte, los restos se guardaron más completos que en otros lugares. Encarnación tenía un pelo muy negro y largo recogido en un moño. Sus restos conservaban gran mata del pelo negro y largo. Gloria Villafranca dijo: "Saldrán las horquillas que llevaba sujetando el moño". Pedro Jesús Pérez Resano, hijo de Beatriz Resano, la sobrina que recogió al mudo en su casa comentó: No saldrán porque cuando a la mañana siguiente fue mi madre a llevarle el desayuno como todas mañanas, el que estaba en la cárcel de guardián le dijo a mi madre que se la habían llevado por la noche y le entregó un paquetico. Cuando vino a casa mi madre lo abrió y eran las horquillas y las peinetas recogidas en un papel, por dentro estaba escrito con lapicero y decía así: "Adiós hijas mías, ya no nos veremos más, me voy al cielo, donde seré feliz". Además del pelo había trozos del delantal, de la falda, las medias casi completas». (Asociación Pueblo de las Viudas de Sartaguda, 2009).

«GACETILLAS. Peralta fue detenida noches pasadas la vecina de dicha villa Encarnación Resano Falcón de 57 años, porque al pasar por delante de su casa la procesión de la Hora Santa salió a la calle con un banco con el que pegó en el suelo para llamar la atención y se sentó de espaldas a la procesión en plan de mofa y escarnio a las imágenes en cuyo momento unos falangistas que la vieron la cogieron y la llevaron a la cárcel. Esta individua según informes oficiales es de pésimos antecedentes y agitadora de masas de tal manera que en cuantas alteraciones de orden público han ocurrido en dicha villa siempre aparecía a la cabeza la individua de referencia». (Altaffaylla Kultur Taldea, 2018)

FUENTES CONSULTADAS

Altaffaylla Kultur Taldea (2018). *Navarra 1936. De la esperanza al terror.* Altaffaylla Kultur Taldea.

ARGN, Registro Civil de Peralta. Primero de. Inst. e Instruc. n.º 1 de Tafalla; año 1941.

Asociación Pueblo de las Viudas de Sartaguda (2009). *Parque de la memoria.* [Página web]. parquedelamemoria.org

Campos Orduña, Josefina (2008). *Los fusilados de Peralta, la vuelta a casa (1936-1978): Operación retorno.* Pamiela.

Diario de Noticias, 08-07-2013.

Herrera Torres, Ramón (2017). *Diccionario audiovisual de la memoria histórica en Navarra.* Pamiela.

Instituto Navarro de la Memoria (2023). *Oroibidea. Camino de Memoria.* [Página web]. https://oroibidea.es/es/search/victim/3382

Jimeno Jurío, José M.ª (2020). *La represión en Navarra (1936-1939): Trabajo de campo y archivo (finales de 1974-principios de 1981). Tomo I, Ablitas-Marcilla.* Pamiela.

BLASA RONCAL ALONSO

Fecha y lugar de nacimiento: 20-12-1900, Allo.
Lugar de residencia: Vivió en Francia (probablemente en París) y en Allo.
Estado civil: Soltera.
Hijas/os: Cuidó temporalmente de una niña llamada Isabel, a la que llamaban Babel (hija de su amiga Isabel, que trabajaba en París).
Profesión: Trabajo en el hogar.
Afiliación política: CNT.

MUERTE

Lugar: Lerin. Se dice que fue asesinada en la vaguada que se encuentra en la muga de Lerin y Allo.
Fecha: 21/22-07-1936 (el FDMHN dice que falleció el 08-08-1936).
Edad: 35 años.
Observaciones: Durante el año 2022 se realizaron varias prospecciones por parte de la Sociedad de Ciencias Aranzadi con resultado negativo en los lugares indicados.

REPRESIÓN

Represión familiar: Su hermano Benito, de 44 años, fue asesinado en Villatuerta en agosto de 1936. Sus familiares recuperaron sus restos y hoy están depositados en el panteón de fusilados de Allo. Su otro hermano, Isidoro, comunista y vecino de Legarda, trabajaba en el caserío de Basongaiz en labores agrícolas. Su jefe tuvo que dar buenas referencias sobre él para que no lo asesinaran. Sufrió registros continuos y su mujer, Antonia Segura, se enfrentó con alguno de ellos y fue amenazada. Tras asesinar a Blasa y Benito, ambos se trasladaron a Allo para cuidar del padre.

INFORMACIÓN COMPLEMENTARIA

«Blasa Roncal fue una de las primeras personas capturadas; era anarquista y se enfrentó valientemente a sus asesinos. Una partida formada por dos guardias civiles y dos requetés la mató cerca de Lerín, intentando antes abusar de ella». (Altaffaylla Kultur Taldea, 2018, p. 76).

«Era comunista y vino a pasar unos días aquí. Le cogió el movimiento. En Allo había un ateneo cultural y tenía biblioteca. Mataron a casi todos los de la biblioteca. La detuvieron en una viña y no lo podían encontrar, en la villa de Abete, del suegro de Fortun. La detuvieron y la llevaron a lo de Lerín. Iba por la calle gritando, "hay que salir de casa, que esta gente nos va matar". Detenerla y matarla fue todo el mismo día. El lugar donde la mataron fue en el hoyico que hay después de pasar la llanada. Fue una pareja de la guardia civil y una pareja de requetés. Cuando la iban a matar les decía "Vosotros sois unos cobardes. ¿Vosotros valor? ¡Si vosotros sois una mierda! No valéis para nada. A cinco metros, yo con la pistola y tú con el fusil. ¡Ahí se verán los cojones de los hombres! A Aquella la he visto tirar una monedica al aire y con la pistola, ¡pom! La moneda no se ha visto". [...] Muerta: en la vaguada de Lerín. Pasar la llanada y en la misma vaguada, a la derecha. Fue el 21 o 22 de julio de 1936. Quiso escapar por los tejados de las casas, y la abatieron a tiros. Murió en el mismo Allo. 25 julio de 1936». (Jimeno Jurío, 2020a, p. 97)

FUENTES CONSULTADAS

Altaffaylla Kultur Taldea (2018). *Navarra 1936. De la esperanza al terror.* Altaffaylla Kultur Taldea.

Asociación Isaac Puente (2014). *Sangre anarquista. Represión.* [Página web]. http://www.navioanarquico.org/index.php/sangre/represion/R/690

Documentación facilitada por Sergio Pérez (familiar de Blasa Roncal).

Egaña Sevilla, Iñaki (21 de septiembre de 2011). 75 años de la barbarie franquista. *Gara.* https://n9.cl/59473

Herrera Torres, Ramón (2017). *Diccionario audiovisual de la memoria histórica en Navarra.* Pamiela.

Instituto Navarro de la Memoria (2023). *Oroibidea. Camino de Memoria.* [Página web]. ttps://oroibidea.es/es/search/victim/3504

Jimeno Jurío, José M.ª (2020). *La represión en Navarra (1936-1939): Trabajo de campo y archivo (finales de 1974-principios de 1981). Tomo I, Ablitas-Marcilla.* Pamiela.

JESUSA RUIZ MELERO

«La Rocamora»

Fecha y lugar de nacimiento: 1901, Ablitas.
Lugar de residencia: Tutera.
Estado civil: Viuda de Antonio Serret Rocamora (falleció en 1929).
Hijas/os: Dos (una, de nombre desconocido, falleció muy joven; la otra era María Carmen).
Profesión: Trabajaba como lotera y también realizando servicio doméstico.
Afiliación política:
Observaciones: En algunos listados consultados aparece como Jesusa Olloqui.

MUERTE

Lugar: Tutera.
Fecha: 14-11-1936.
Edad: 37 años.

REPRESIÓN

Otros contextos represivos: La expulsaron de Tutera y se fue a vivir a Ablitas.
Cautividad: Ingresó en la cárcel de Tutera el 20-10-1936 y fue puesta en «libertad» el mismo día de su ejecución.

INFORMACIÓN COMPLEMENTARIA

«Su nombre podría figurar entre los asesinados de Ablitas, de Tudela o de Villafranca. Primero, porque María Jesús, Jesusa, Ruiz Melero nació en Ablitas en 1901. Segundo, porque se casó en Tudela y fue asesinada cuando era vecina de esta ciudad. Tercero, porque su hija Carmen, casada con el villafranqués Jesús Santamaría, vivió toda su vida en Villafranca. Siendo muy joven marchó a Tudela para trabajar en la casa de una familia pudiente de Tudela. Los nietos, M.ª Jesús y Emilio, siempre escucharon en casa que se trataba de la familia del abogado Espadas, aunque dejarán que la duda razonable se interfiera en sus palabras. Jesusa conoció al feriante catalán Antonio Serret Rocamora, que era dueño de una tómbola en Tudela, y se casaron. De ahí que se la conociera en Tudela como La Rocamora.

Fotografía de Jesusa Ruiz. | Fuente: Víctor Moreno Bayona (2018).

Tuvieron dos hijas. Una murió en la párvula. Carmen, nacida el 17 de febrero de 1924, casaría con el villafranqués Jesús Santamaría. El matrimonio regentó el negocio de una tómbola hasta la muerte de Antonio, ocurrida en 1929. Jesusa, entonces, vendería la tómbola. Durante años, madre e hija vivirían en Tudela sin apuros económicos. Si, durante la República, volvió a trabajar en alguna casa pudiente de Tudela, la familia actual desconoce el dato. Los nietos coinciden en sostener que los ahorros y la venta de la tómbola proporcionó a la familia los réditos más que suficientes para vivir holgadamente sin necesidad de que Jesusa se pusiera a trabajar en casa ajena. Respecto a su militancia política nada se sabe. Se le acusaría de repartir propaganda y de hacer alardes de republicanismo, pero, dada su situación familiar, viuda y con una hija de siete años en 1931, no parece que fuese lo más recomendable para la salud de ambas. A pesar de estas circunstancias, fue denunciada por ser militante republicana. [...]

En primera instancia, la represión que sufrió fue la expulsión definitiva de Tudela. [...] Quienes presentaron la denuncia contra Jesusa adujeron que había trabajado en casa del abogado socialista Espadas. Y por ósmosis se le había contagiado el virus del socialismo. Fuera como fuese, su nombre aparecerá en el documento que este sanedrín fascista de Tudela redactaría con el epígrafe: "relación de las personas o familias expulsadas de Tudela definitivamente". [...] Pérez Salas, de la Comandancia Militar de Tudela enviaría al jefe de requetés de Tudela dos oficios. [...]

En el primero de los documentos se acusaba a Jesusa de "propagandista y agitadora". En el segundo documento, sin firma, Jesusa figuraba en la "lista de indeseables que han salido de Tudela" y "los pueblos a donde marchan". [...] Finalmente, el documento confirma que marchó con su hija a Ablitas –lugar donde nació–, donde vivían sus tres hermanas, además de su madre. En cualquier caso, la familia actual ignora qué sucedió desde ese 14 de agosto hasta el día 26 de octubre, día y mes en el que la metieron en la cárcel de Tudela. [...] En la cárcel de Tudela, Jesusa pasaría cerca de un mes obligada a hacer jerséis para los soldados del frente sublevado. El día 12 de noviembre, sería fusilada en Balsaforada, cerca de Tudela. [...]

Su hija Carmen Serret, en 1979, se acercó al grupo de Villafranca que trabajaba por recuperar los restos de los asesinados en 1936. Estaba empeñada en rescatar los de su madre que sabía con certeza que se encontraban en la corraliza de Balsaforada. [...] le preguntó a Carmen si recordaba algo especial de su madre. Le contestó que se acordaba de muchas cosas, pero, sobre todo, de una; tenía varios dientes de oro y llevaba siempre puesta una peineta. El resto de los acontecimientos vinieron con la velocidad del rayo. Gentes de Cortes, Valtierra, Tudela y Villafranca se personaron en el cementerio de Tudela, junto al panteón de la familia Carrascón. El nieto de Jesusa, Emilio Santamaría, tras retirar la lápida, excavaría en la tierra unos cuatro palmos y pronto sacaron a flote dos sacos con restos de seres humanos. Uno de hombres y otro de mujeres. El hecho de que en uno de ellos aparecieran una peineta y una dentadura postiza, de las que había hablado Carmen Serrete, les puedo dar la pista definitiva de encontrarse ante los restos de sus familiares. Eso sí, los anillos y pulseras de oro que solía llevar Jesusa, no aparecieron por ningún lado. [...] en la actualidad, los restos de Jesusa Ruiz están en el cementerio de Villafranca y su dentadura de oro la conserva su nieta María Jesús Santamaría». (Moreno, 2018, pp. 186-188)

FUENTES CONSULTADAS

Altaffaylla Kultur Taldea (2018). *Navarra 1936. De la esperanza al terror.* Altaffaylla Kultur Taldea.

Herrera Torres, Ramón (2017). *Diccionario audiovisual de la memoria histórica en Navarra.* Pamiela.

Instituto Navarro de la Memoria (2023). *Oroibidea. Camino de Memoria.* [Página web]. https://oroibidea.es/es/search/victim/3555

Jimeno Jurío, José M.ª (2020). *La represión en Navarra (1936-1939): Trabajo de campo y archivo (finales de 1974-principios de 1981). Tomo II, Mélida-Ziordia.* Pamiela.

La Gaceta de Madrid, 15-03-1936, p. 12.

Mikelarena Peña, Fernando (2017). *Muertes oscuras: Contrabandistas, redes de evasión y asesinatos políticos en el País del Bidasoa, 1936.* Pamiela.

Mikelarena Peña, Fernando (2015). *Sin piedad: Limpieza política en Navarra, 1936, responsables, colaboradores y ejecutores.* Pamiela.

Moreno Bayona, Víctor (2018). *Villafranca bajo el terror golpista (1936-1939): Tiempos de malquerer.* Pamiela.

MATILDE RUIZ REMÓN

Fecha y lugar de nacimiento: 1886, Cortes.
Lugar de residencia: Caparroso.
Estado civil: Casada con Matías Sádaba.
Hijas/os: Una.
Profesión: Trabajo en el hogar.
Afiliación política: UGT.

MUERTE

Lugar: Etxalaz (Eguesibar), junto al trenecillo «El Irati».
Fecha: 15-08-1936.
Edad: 50 años.
Observaciones: Fue exhumada el 10 de marzo de 1979.

REPRESIÓN

Cautividad: Estuvo en la cárcel local de Caparroso.

INFORMACIÓN COMPLEMENTARIA

«Teófilo Jiménez, Juan Merino, Santiago Moreno y Matilde Ruiz. Los subieron a Pamplona de la cárcel del pueblo el día 14 de agosto de 1936, después de pasarlos por el Juzgado y por la Junta de Guerra los llevaron a matar al mediodía del día 15 de agosto (La Virgen). A Matilde la mataron en el término de Echalaz junto a la vía del trenillo "El Irati" y la enterraron a unos cinco metros de la vía, según parece porque se sublevó en el camión y no podían con ella, pues era una mujer muy fuerte y de mucho coraje, a los otros los fusilaron en término de Uroz y los enterraron en una finca, que ahora es del "Bravo" [...] Los restos de Matilde Ruiz, que pudimos localizarla gracias a la colaboración de la familia Idoate de Ibiricu y a los hermanos Esquiroz de Ustarroz». (Información facilitada por Pedro Pérez, vecino de Caparroso)

«No era nacida en Caparroso. Estaba sirviendo en Caparroso [...]. Era una mujer muy templada. En las manifestaciones gritaba "Viva la república". Llegó ese momento y fueron a buscar al marido, que era Albañil. Vivía

Fotografía de la exhumación Matilde en Echalaz. | Fuente: Imagen facilitada por Pedro Pérez, vecino de Caparroso.

en una cueva. Debajo de la cama, en la habitación, hizo un pozo y lo camufló tan bien que no se veía (como era albañil, si tenía baldosas pondría alguna tapa de baldosa). Fueron a por él a las 3 o 4 de la tarde. Llegaron allá (Iba Malo el alcalde) –¿Dónde está Matías? –Pues chico no sé. –Ya sabrás. –Pues no sé. Si sabría te lo diría o no te lo diría; seguramente no te lo diría; pero no sé dónde está". Registraron la casa y no lo encontraron. Y le dijeron a la mujer: "Ven con nosotros. Como queráis". La metieron en la cárcel, la tuvieron. Estuvo con varios presos en la cárcel. Pero un día se los llevaron y los mataron. El marido después se fue a Marcilla [...]. Allá se camufló cierto tiempo, las cosas cambiaron y se salvó. Después se fue a Francia y allí murió. Tenía una hija, que se fue a Francia. Era una mujer muy alegre. No sé dónde la mataría». (Jimeno Jurío, 2020a, p. 372)

«Matilde fue sacada de su casa y fusilada por no delatar a su marido, que posteriormente huyó a Francia, donde murió tras largos años de exilio. [...] A Matilde la habían asesinado poco antes junto a la vía del tren del Irati. Su cadáver quedó a pocos metros de la vía». (Guerra, 2012, p. 212)

FUENTES CONSULTADAS

Altaffaylla Kultur Taldea (2018). *Navarra 1936. De la esperanza al terror.* Altaffaylla Kultur Taldea.

Guerra Bernarte, Gerardo (2012). *Memorias de un campesino republicano.* Pamiela.

Herrera Torres, Ramón (2017). *Diccionario audiovisual de la memoria histórica en Navarra.* Pamiela.

Información facilitada por Pedro Pérez, vecino de Caparroso.

Instituto Navarro de la Memoria (2023). *Oroibidea. Camino de Memoria.* [Página web]. https://oroibidea.es/es/search/victim/3563

Jimeno Jurío, José M.ª (2020). *La represión en Navarra (1936-1939): Trabajo de campo y archivo (finales de 1974-principios de 1981). Tomo 1, Ablitas-Marcilla.* Pamiela.

ASUNCIÓN SAGARDIA GOÑI

Fecha y lugar de nacimiento: 26-02-1935, Gaztelu.
Lugar de residencia: Gaztelu.
Estado civil: Soltera.
Hijas/os:
Profesión:
Afiliación política:

MUERTE

Lugar: Gaztelu, en la sima Legarrea.
Fecha: 30-08-1936.
Edad: Un año y seis meses.
Observaciones: Probablemente es la víctima más joven de la Guerra Civil en Navarra.

REPRESIÓN

Represión familiar: Su madre, Josefa, de 38 años, fue arrojada a la sima. Sus hermanos, Joaquín, de 16 años, Francisco Javier, de 14 años, Antonio, de 11 años, Pedro Julián, de nueve años, y José María, de cuatro años, fueron también arrojados a la sima, así como su hermana Martina, de siete años. Su padre, Antonio Sagardia Agesta, de 46 años, y su hermano José Martín, de 17 años, estuvieron en el frente.

INFORMACIÓN COMPLEMENTARIA

Ver ficha de su madre, Josefa Goñi Sagardia.

FUENTES CONSULTADAS

Altaffaylla Kultur Taldea (2018). *Navarra 1936. De la esperanza al terror.* Altaffaylla Kultur Taldea.
ARGN, Juzgado de Instrucción Pamplona, sumario n.º 169 de 1937.

Asociación Pueblo de las Viudas de Sartaguda (2009). *Parque de la memoria.* [Página web]. parquedelamemoria.org

Esparza Zabalegi, José Mari (2016). *La sima: ¿Qué fue de la familia Sagardía?* Txalaparta.

Instituto Navarro de la Memoria (2023). *Oroibidea. Camino de Memoria.* [Página web]. https://oroibidea.es/es/search/victim/3598

Jimeno Jurío, José M.ª (2020). *La represión en Navarra (1936-1939): Trabajo de campo y archivo (finales de 1974-principios de 1981). Tomo 1, Ablitas-Marcilla.* Pamiela.

Mikelarena Peña, Fernando (2017). *Muertes oscuras: Contrabandistas, redes de evasión y asesinatos políticos en el País del Bidasoa, 1936.* Pamiela.

Fotografía de la exhumación realizada por la Sociedad de Ciencias Aranzadi, 2020. | Fuente: Paco Etxeberria Gabilondo.

MARTINA SAGARDIA GOÑI

Fecha y lugar de nacimiento: 17-11-1929, Gaztelu.
Lugar de residencia: Gaztelu.
Estado civil: Soltera.
Hijas/os:
Profesión:
Afiliación política:

MUERTE

Lugar: Gaztelu, en la sima Legarrea.
Fecha: 30-08-1936.
Edad: Siete años.

REPRESIÓN

Cautividad:
Represión familiar: Su madre, Juana Josefa, de 38 años, fue arrojada a la sima. Sus hermanos, Joaquín, de 16 años, Francisco Javier, de 14 años, Antonio, de 11 años, Pedro Julián, de nueve años, y José María, de cuatro años, fueron también arrojados a la sima, así como su hermana Asunción, de 1 año y 6 meses. Su padre, Antonio Sagardia Agesta, de 46 años, y su hermano José Martín, de 17 años, estuvieron en el frente.

INFORMACIÓN COMPLEMENTARIA

Ver ficha de su madre, Juana Josefa Goñi Sagardia.

FUENTES CONSULTADAS

Altaffaylla Kultur Taldea (2018). *Navarra 1936. De la esperanza al terror.* Altaffaylla Kultur Taldea.
ARGN, Juzgado de Instrucción Pamplona, sumario n.º 169 de 1937.
Asociación Pueblo de las Viudas de Sartaguda (2009). *Parque de la memoria.* [Página web]. parquedelamemoria.org

Esparza Zabalegi, José Mari (2016). *La sima: ¿Qué fue de la familia Sagardía?* Txalaparta.

Instituto Navarro de la Memoria (2023). *Oroibidea. Camino de Memoria.* [Página web]. https://oroibidea.es/es/search/victim/3602

Jimeno Jurío, José M.ª (2020). *La represión en Navarra (1936-1939): Trabajo de campo y archivo (finales de 1974-principios de 1981). Tomo 1, Ablitas-Marcilla.* Pamiela.

Mikelarena Peña, Fernando (2017). *Muertes oscuras: Contrabandistas, redes de evasión y asesinatos políticos en el País del Bidasoa, 1936.* Pamiela.

Fotografía de la exhumación realizada por la Sociedad de Ciencias Aranzadi, 2020. | Fuente: Paco Etxeberria Gabilondo.

PLÁCIDA SAN JUAN GIL

Fecha y lugar de nacimiento: 14-03-1893, Lerin.
Lugar de residencia: Residía en Donostia, en la calle Fuenterrabía, n.º 22, desde hacía 38 años.
Estado civil: Casada con Emilio Gorbea Zugasti, barbero, de 40 años, natural de Bilbo.
Hijas/os: Cuatro (Encarnación, Luis, Emilio, Víctor y Mariano).
Profesión: Trabajo en el hogar.
Afiliación política:

MUERTE

Lugar: Donostia.
Fecha: 15-08-1936.
Edad: 42 años.
Observaciones: Murió a causa de heridas ocasionadas por la metralla de un bombardeo sucedido en Donostia. Ingresó en el hospital San Antonio Abad, comúnmente conocido como Hospital de Manteo, en estado preagónico, con enormes destrozos en manos y piernas. Fue inhumada en el cementerio de Polloe (Donostia).

REPRESIÓN

Represión familiar: Su hija Encarnación, aprendiz de 16 años, también murió en el mismo bombardeo.

INFORMACIÓN COMPLEMENTARIA

«La bomba caída ante el Hotel Londres causó varios muertos. En el momento en que hicieron aparición los aviones, Plácida San Juan, junto con su hija, abandonó el domicilio familiar, sito en la calle Fuenterrabía número 22, y se dispuso a buscar a sus otros cuatro hijos, que estaban en la playa. En el preciso instante en que llegaba a la altura de la calle Easo, hizo explosión la bomba de la que hemos hablado, matando en el acto a la madre e hiriendo mortalmente a la hija. No serán las únicas víctimas

PROVINCIA DE GUIPUZCOA

AYUNTAMIENTO DE SAN SEBASTIAN

HOJA NÚM. 211

Padrón municipal en 31 de diciembre de 1935

HOJA DE INSCRIPCION

Donostiako Udal Artxiboa / Archivo Municipal de San Sebastián

Empadronamiento de Donostia donde aparece Plácida. | Fuente: Archivo del Ayuntamiento de Donostia. Padrón Municipal 31-12-1935, n.º 211.

mortales del momento: la metralla segará en un instante la vida de otros dos hombres y dejará herido mortalmente a otro: Eustaquio Prior Marco». (*Diario Vasco*, 2016)

FUENTES CONSULTADAS

AMD, Padrón Municipal 1935, n.º 211.

AMD, Defunciones, 1936.

Egaña Sevilla, Iñaki (2011). *Frankismoa Donostian: Las víctimas del genocidio franquista en Donostia.* Genozidioaren biktimen elkartea.

Gogora (2021). *Víctimas mortales de la guerra civil en Euskadi.* [Página web]. https://n9.cl/n49wt

Urrestarazu Parada, Ion (13 de agosto de 2016). Los bombardeos aéreos del 13 de agosto (1936). *Diario Vasco.* https://n9.cl/n5t07

MARISA SÁNCHEZ LURI

Fecha y lugar de nacimiento: 1930.
Lugar de residencia: Azagra.
Estado civil: Casada con Félix Losantos Aldea.
Hijas/os: Cuatro.
Profesión:
Afiliación política:

MUERTE

Lugar: Azagra.
Fecha: 25-04 1938.
Edad: 38 años.
Observaciones: Se suicidó. Su marido, Félix Losantos Aldea, había sido asesinado. Según auto del Juzgado Comarcal de Estella, «se arrojó [al río Ebro] por hallarse trastornada y desde luego, disgustada».

REPRESIÓN

Represión familiar: Su marido, Félix Losantos Aldea, había sido asesinado dos años antes.

INFORMACIÓN COMPLEMENTARIA

«Un día de abril de 1938, la prensa se hará eco de una escueta y triste noticia: Una mujer de 38 años, Marisa Sánchez Luri, se había suicidado. Nada se decía de su marido fusilado dos años antes, de sus cuatro hijos pequeños, de un dolor que no pudo soportar. Marisa Sánchez ni siquiera será incluida en las relaciones de víctimas de aquella tragedia absurda». (Altaffaylla Kultur Taldea, 2018, p. 144)

FUENTES CONSULTADAS

Altaffaylla Kultur Taldea (2018). *Navarra 1936. De la esperanza al terror.* Altaffaylla Kultur Taldea.

ARGN, Juzgado instrucción de Estella/Lizarra, exp. 17/1938.
Instituto Navarro de la Memoria (2023). *Oroibidea. Camino de Memoria.* [Página web]. https://oroibidea.es/es/search/victim/27236

JESUSA SANZ LAVIDE

Fecha y lugar de nacimiento: 1879, Zirauki.
Lugar de residencia:
Estado civil:
Hijas/os:
Profesión:
Afiliación política:

MUERTE

Lugar: Barcelona.
Fecha: 17-03-1938.
Edad: 59 años.
Observaciones: Murió en un bombardeo.

FUENTES CONSULTADAS

ACTSJC, Depósito Judicial de Cadáveres de Barcelona. Libro de Registro II (1938).
Memorial Democràtic de la Generalitat de Catalunya.

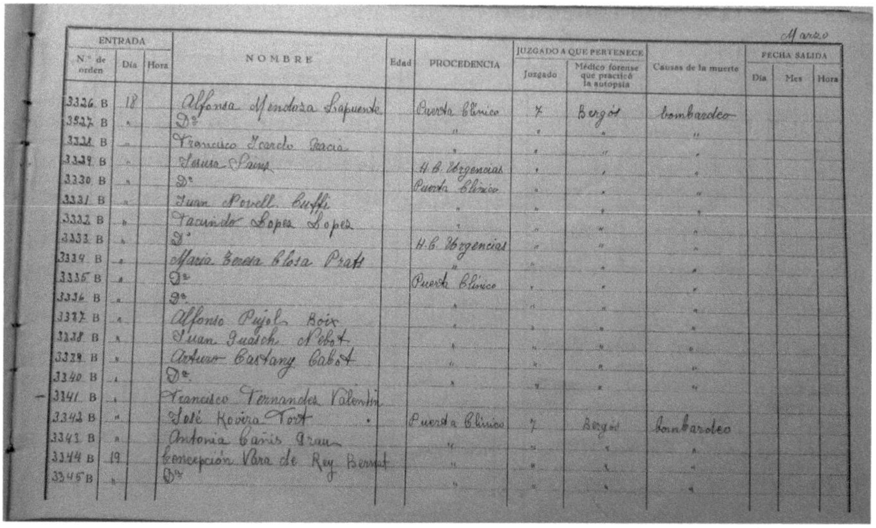

Marzo

ENTRADA N.º de orden	Día	Hora	NOMBRE	Edad	PROCEDENCIA	JUZGADO A QUE PERTENECE Juzgado	Médico forense que practicó la autopsia	Causas de la muerte	FECHA SALIDA Día	Mes	Hora
3326 B	18		Alfonsa Mendoza Lapuente		Puerta Clínico	7	Bergós	bombardeo			
3327 B	"		D°		"	"	"	"			
3328 B	"		Francisco Icardo Gracia		"	"	"	"			
3329 B	"		Jesusa Sainz		H. C. Urgencias	"	"	"			
3330 B	"		D°		Puerta Clínico	"	"	"			
3331 B	"		Juan Povell Cuffi		"	"	"	"			
3332 B	"		Jacinto Lopez Lopez		"	"	"	"			
3333 B	"		D°		H. C. Urgencias	"	"	"			
3334 B	"		María Teresa Closa Pratt		"	"	"	"			
3335 B	"		D°		Puerta Clínico	"	"	"			
3336 B	"		D°		"	"	"	"			
3337 B	"		Alfonso Pujol Boix		"	"	"	"			
3338 B	"		Juan Guasch Nebot		"	"	"	"			
3339 B	"		Arturo Castany Cabot		"	"	"	"			
3340 B	"		D°		"	"	"	"			
3341 B	"		Francisco Fernandez Valentín								
3342 B	"		José Rovira Tort		Puerta Clínico	7	Bergós	bombardeo			
3343 B	"		Antonia Canís Grau		"	"	"	"			
3344 B	19		Concepción Vara de Rey Bernat		"	"	"	"			
3345 B	"		D°		"	"	"	"			

Depósito Judicial de Cadáveres de Barcelona donde aparece Jesusa. | Fuente: ACTSJC. Libro de Registro II (1938).

ESPERANZA TELLECHEA CINCAMBRE

Fecha y lugar de nacimiento: 14-05-1905, Bera.
Lugar de residencia: Errenteria (Gipuzkoa).
Estado civil: Viuda de Segundo Eguzbide Ardiola.
Hijas/os: Uno, Luis.
Profesión:
Afiliación política:

MUERTE

Lugar: Barcelona, inhumada en el cementerio.
Fecha: 20-01-1939.
Edad: 33 años.
Observaciones: Falleció a consecuencia de heridas de metralla por bombardeo aéreo.

INFORMACIÓN COMPLEMENTARIA

«Las evacuaciones. En Nueva York están dispuestos a acoger y mantener hasta 5000 niños españoles [...] Relación de compañeras que se han de presentar en la Unión General de Trabajadores de Gipuzcoa (Comité) Alameda de Urquijo, 12, segundo, para recoger las correspondientes tarjetas de embarque: [...] Tellechea Cincambre María». (*Euzkadi Roja*, 1937)

«Natural de Bera y vecina de Errenteria. Murió en Barcelona el 20 de enero de 1939, a consecuencia de las heridas de metralla de un bombardeo aéreo. Es posible que se hallará como refugiada por haber huido de la villa y que resultara muerta estando allí. Esperanza Tellechea tenía 33 años cuando falleció. Su cadáver fue inhumado en el cementerio de Barcelona. Era viuda de Segundo Egurbide Ardiola y dejó un hijo huérfano: Luis». (Rodríguez Oñatibia, 2019, p. 171)

FUENTES CONSULTADAS

AME, Defunciones, 1945, sección 3ª, tomo-libro 29.
AMV, Nacimientos, 1905, folio 31.

Euzkadi Roja, 23-05-1937, p. 4.

Gogora (2021). *Víctimas mortales de la guerra civil en Euskadi.* [Página web]. https://n9.cl/9eknyr

Rodríguez Oñatibia, Amaia (2019). *Errenteria: 1936-1945*. Errenteriako Udala, Aranzadi Zientzia Elkartea.

Folio

ACTA DE DEFUNCIÓN

REGISTRO CIVIL DE

Número 71 — Distrito de

NOMBRE Y APELLIDOS: Esperanza Tellechea Cincambre

En la villa de Rentería, provincia de Guipúzcoa, a las once y treinta minutos del día doce de Agosto de mil novecientos cuarenta y cinco; ante D. Melchor Toncilla Caspa, Juez municipal y D. Antonio San José Basabe Secretario interino, se procede a inscribir la defunción de D. Esperanza Tellechea Cincambre de treinta y tres años, natural de Vera, provincia de Navarra, hijo de D. Anselmo Tellechea y de D.ª Juana Cincambre, domiciliado en de número, piso, de profesión y de estado (1) Viuda de D. Segundo Eguibide Ardiola de cuyo matrimonio deja un hijo llamado Luis

falleció en (2) Barcelona el día 20 de Enero de 1939 de a las y minutos, a consecuencia de (3) heridas de metralla por bombardeo aereo, según resulta de (4) expediente de la Superioridad y reconocimiento practicado, y su cadaver habrá de recibir sepultura en el cementerio de Barcelona.

Esta inscripción se practica en virtud de (5) dicho expediente de fecha 6 de Agosto de 1945

consignándose además (6)

habiéndola presenciado como testigos D. José Cruz Huici y D. Julián Egurrola mayores de edad y vecinos de esta villa.

Leida esta acta, se sella con el del Juzgado y la firman el Sr. Juez, los testigos (7), de que certifico.

Derecha, registro de defunción de Errenteria. | Fuente: Registro Civil Errenteria, defunciones, 1945, sección 3ª, tomo-libro 29, folio 80 B. n.º de inscripción 71.

Abajo, aparece en un listado de llamamiento del Departamento de Asistencia Social. | Fuente: Periódico *Euzkadi Roja*, 23-05-1937, p. 4.

PAGINA 4 — EUZKADI ROJA — Bilbao, 23 Mayo, 1937

BILBAO ORGANIZA SU DEFENSA

LAS EVACUACIONES

En Nueva York están dispuestos a acoger y mantener hasta 5.000 niños españoles

Ayer marcharon 3.000 evacuados

El secretario general de Asistencia Social mostró ayer a los periodistas copia de un telegrama que el nuevo ministro de Justicia, Irujo, había enviado desde Valencia al presidente del Gobierno provisional de Euzkadi, telegrama que dice lo siguiente:

"Comunican al Gobierno desde Nueva York, estar en disposición de recibir y mantener hasta cinco mil niños españoles evacuados."

En vista de este telegrama se proponía ponerse en comunicación con Irujo para saber si se trataba de niños vascos exclusivamente o, si no es así, conocer el número de niños de Euzkadi que podrán figurar en dicho contingente. Además, quería conocer la entidad que patrocina el viaje, para proceder con la rapidez debida a los trabajos de organización del envío.

Añadió que seguía trabajando para otras evacuaciones de niños al extranjero, especialmente en la proyectada a Rusia, para la que se cuenta con el más decidido apoyo del Gobierno de la U. R. S. S.

LA SALIDA DEL "GALEA", "ZURRIOLA" Y "CABO CORONA"

Ayer a mediodía nos dieron cuenta de haber zarpado, a las seis de la mañana, los vapores "Zurriola", "Cabo Corona" y "Galea" con rumbo a un puerto francés, y conduciendo a unos tres mil refugiados, mujeres y niños.

Fueron escoltados hasta el límite de nuestras aguas jurisdiccionales por el destructor "José Luis Díaz" y uno de los "bous" armados. El resto del viaje lo hacen bajo la protección de los buques de guerra británicos.

El consejero de Sanidad nos dijo que en los buques salidos ayer iba personal sanitario para prestar su asistencia, en caso necesario, durante la travesía. En total fueron cuatro médicos y treinta y seis enfermeras.

LLAMAMIENTO.

Las personas que a continuación se citan (que son las correspondientes a la séptima lista) deberán presentarse sin falta hoy, domingo, día 23, en las oficinas generales de este Departamento de Asistencia Social, Doctor Areilza, número 7, de nueve de la mañana hasta la una de la tarde. La no presentación significa la renuncia a lo que tienen solicitado.

Agustín Iturrioz Iriondo, Angel Ibarrondo Parcha, Policarpo Ibarrondo Bravo, Victoriano Inchausti Gutiérrez, Pedro Ibáñez Ortigosa, Jesús Irastorza Múgica, José Antonio Yúcar Arregui, Pedro Yáñez Gallejones, María Iturra de Belamendia, Julián Icedo Porres, Gregorio Iturbe Azcue, Evaristo Ibarlosa Bañales, Alcadio Ibáñez Cerrate, Pedro de Juan Gonzalo, Aniano Jiménez Arroyo, Ricardo Junquera Bodegas, Saturnino Luque Anguita, Antonilio López Linacero, Manuel Landín, Antonio López Quincoces, Félix Laguna Camacho, Leoncio López López, Ceferino Lazcano López, Ciriaco Langa Núñez, Justo Larrea San Vicente, María López Vázquez, Antonio Legaz Peralta, Ismael Lejarza Arrondo, Jesús La- …

¡Fortificar! ¡Fortificar! ¡Fortificar!

Para que el enemigo gaste su crédito en metralla inútil: FORTIFICAR.

Para que liquidemos impunemente la avalancha mercenaria del invasor: FORTIFICAR.

Para poner en ridículo las amenazas fantoches de Mola: FORTIFICAR.

Para que el mundo admire la insobornable virilidad del pueblo vasco: FORTIFICAR.

Para que el invasor no robe ni un metro más del suelo patrio: FORTIFICAR.

Para garantizar la vida preciosa del gudari, ciudadano de honor de Euzkadi: FORTIFICAR.

Para que las mujeres vascas puedan vivir felices sin acecharlas el deshonroso peligro: FORTIFICAR.

Para que nuestros gazteixus idolatrados no vean en peligro su porvenir venturoso: FORTIFICAR.

Para que los vascos gocen de libertad y no corran peligro de perder su civilización, libertad y dignidad: FORTIFICAR.

Para que Euzkadi sea libre: FORTIFICAR.

Para ganar la guerra: FORTIFICAR.

En breve aparecerá un interesante folleto lanzado a la publicidad por "Editorial Joven Guardia" y titulado

"Unamos las fuerzas de la nueva generación"

Se trata del texto íntegro del informe presentado por Michal WOLFF.

Cada ejemplar, que es un modelo de edición, con una portada de Párraga, cuesta CUARENTA CENTIMOS.

¡Jóvenes antifascistas! A vosotros se dirige MICHAL WOLFF en

"Unamos las fuerzas de la nueva generación"

Tranvía eléctrico de Bilbao a Durango y Arratia

LLAMAMIENTO

Desde esta fecha todo el personal deberá presentarse sin excusa alguna a recibir instrucciones y tomar el servicio en las oficinas de Arriaga.

Bilbao, 22 de mayo de 1937.—El Consejo Empresa.

SIRVIENTA

hace falta para poca familia. Informes esta Administración.

LEONOR TUTOR VÁZQUEZ

Fecha y lugar de nacimiento: 20-11-1861, Novallas (Zaragoza).
Lugar de residencia: Novallas (Zaragoza).
Estado civil: Casada con Juan Ruíz Vázquez.
Hijas/os: Tres.
Profesión:
Afiliación política:
Observaciones: Era madre del alcalde, Juan, y del juez municipal durante la república, Feliciano.

MUERTE

Lugar: Urzante, aunque también la sitúan a pocos kilómetros, en Murchante.
Fecha: 14-8-1936.
Edad: 72 años.
Observaciones:

REPRESIÓN

Represión socioeconómica: Según los datos obtenidos y la información consultada, fue investigada después de ser asesinada por el Juzgado de primera instancia e instrucción de Tarazona de Aragón, a través de un expediente administrativo de responsabilidad civil por el que fue acusada de propagandista revolucionaria del Frente Popular. A consecuencia de este expediente le fueron embargados sus 12 bienes en noviembre de 1938.
Represión familiar: Su hijo Feliciano, de 53 años, de Izquierda Republicana y labrador, fue fusilado el 3 de agosto de 1936 en Urzante. Su hijo Juan, de 48 años, labrador y alcalde de Novallas durante la República, también fue asesinado.

FUENTES CONSULTADAS

AHPZ, Tribunal Regional de Responsabilidades Políticas, 1941.
Instituto Navarro de la Memoria (2023). *Oroibidea. Camino de Memoria.* [Página web]. https://oroibidea.es/es/search/victim/26876

NIEVES URRA OCHOA DE ALDA

Fecha y lugar de nacimiento: 05-08-1889, Viana.
Lugar de residencia: Donostia.
Estado civil: Viuda de Ángel Brun y casada posteriormente con Alfonso Rubio.
Hijas/os: Una.
Profesión: Regentaba un comercio en el barrio Egia.
Afiliación política:

MUERTE

Lugar: Hernani (Gipuzkoa).
Fecha: 29-10-1936.
Edad: 47 años.

REPRESIÓN

Cautividad: Fue detenida el 1 de octubre de 1936, ingresó en la Cárcel de Ondarreta y fue puesta en «libertad» el día 29 de octubre del mismo año. Le acusaron de ayudar a un herido de un bombardeo ocurrido en Donostia.

INFORMACIÓN COMPLEMENTARIA

«Senideen ustez, Donostira nazionalak sartu zirenean sortutako nahastean, haren janari-dendako bezero zordunen batek egoeraz baliatuz salatuko zuen, askotan saltzen baitzuen geroago ordaintzekotan». (Aizpuru et al., 2007, pp. 307-308)

FUENTES CONSULTADAS

Aizpuru, Mikel; Apaolaza, Urko; Gómez, Jesús M.ª & Odriozola, Jon (2007). *1936ko udazkena Gipuzkoan, Hernaniko fusilatzeak*. Alberdania.

Gogora (2021). *Víctimas mortales de la guerra civil en Euskadi*. [Página web]. https://n9.cl/e2ij6

MARTINA VALERIO GARCÍA

«La Lucera»

Fecha y lugar de nacimiento: 1874, Mendabia.
Lugar de residencia: Mendabia.
Estado civil: Casada con Leandro Martínez.
Hijas/os: Cinco (Tomás Felipe, Daría, Julián, Isabel y Miguel).
Profesión: Trabajo en el hogar.
Afiliación política:

MUERTE

Lugar: Armañanzas.
Fecha: 29-07-1936.
Edad: 62 años.
Observaciones: La asesinaron con Manuel Lecea Sancho, «Casca», y otras seis o siete personas. Los restos fueron exhumados en 1979.

REPRESIÓN

Represión sexuada: Le obligaron a pasear por las calles del pueblo en ropa interior.
Cautividad: Estuvo presa en la cárcel local de Mendabia.
Represión familiar: Su marido, Leandro, estuvo en la cárcel. Su hijo Tomás, nacido en 1912, sastre y afiliado a la CNT, fue fusilado. Su primo, Ángel Alonso Valerio, también fue asesinado.

INFORMACIÓN COMPLEMENTARIA

«Hacia el 25 de julio detienen a Tomás Martínez Valerio (CNT) y, viendo segura su muerte, dice a sus captores que tiene una pistola en la casa, estratagema que le sirve para poder despedirse de su madre, Martina Valerio García. Lo matan y su cadáver aparece en el término de El Cogullo, en el Municipio de Luquin, lugar situado en la orilla de la actual carretera que une Urbiola con Los Arcos. [...] A primeros de septiembre serían 7 más los asesinados por esos términos: Luquin-Barbarin-Urbiola. El día 29 detienen a la madre de Tomás Martínez, Martina Valerio, "Lucero", de 62 años, acusada de robar el Niño de la Virgen de Legarda; la encierran en el cuartelillo, y al poco tiempo la sacan en un camión con otro grupo de detenidos. La entierran probablemente viva metida en una manta. Algunos testimonios orales indicaban que le metieron un melocotón en la boca para que se callara. Otros señalan que al desenterrarla, sus huesos eran los más fáciles de identificar y podría deducirse que había intentado salir por las marcas en los dedos. Sobre el Niño se escucha la versión de que se lo dieron a una mujer, madre de un falangista residente en La Carrera, para que lo escondiera en su casa. Y que la corona la lanzaron en la Cárcaba, en las cercanías del lugar donde un hombre pescaba con redes, que fue quien encontró la corona, corriéndose así el bulo de que Martina Valerio había lanzado al Niño a la Cárcaba [...]. Igualmente, cierto es que el rumor de su desaparición se usó para torturar y acabar con la vida de una buena mujer como lo era Martina Valerio. Entre las hipótesis sobre el paradero de la antigua imagen, ninguna resulta del todo convincente, pero es verosímil que algunos falangistas planificaron su desaparición. Martina fue enterrada en el terreno de Armañanzas (cerca de Sansol y Torres)». (Martínez Sancho, 2016)

Fotografía de Martina y su familia, de 1916. A la izquierda, niños de pie: Isabel Martínez Valerio, Miguel Martínez Valerio. Detrás de Isabel, Daría Martínez Valerio. A su derecha, en la foto (pareja de adelante): Leandro Martínez y Martina Valerio García. | Fuente: Martínez Sancho 2022, p. 486.

«Mataron a una mujer, enterrándola viva. Los falanges debieron fingir que le habían robado a la Virgen de Legarda el Niño. Le culparon a la ermitaña y la enterraron viva. Al tiempo, al que hizo eso le debió remorder la conciencia, y encontraron al niño en la Cárcava, que es un canal de regadío. Esa componenda debieron hacer para quitarse de encima a la mujer. 62 años. La llevaron y la mataron cerca de Torres del Río, con Manuel Lerea Sancho, "Casca" y otros seis o siete. Casada con Leandro Martínez. La fusilaron a ella y a su hijo, Tomás. [...] Cuando detuvieron al hijo, Tomas, en la carrera, diciendo que tenía escondida una pistola, este les dijo a los falangistas que les iba a decir donde la tenía. Subieron a casa de la madre, el hijo quería despedirse de ella. Se despidió. [...] A la mujer la cogieron diciendo que había cogido el niño de la Virgen de Legarda y lo había echado a la Cárcava (Canal de regadío). La mujer no se metió con la Virgen para nada. Ni ella ni nadie. Lo habían cogido ellos». (Jimeno Jurío, 2020b, pp. 65 y 81)

«Siendo que era una mujer mayor, la pusieron en cueros, y la pasearon por las calles. Una mujer le echó una sábana para taparla y los falangistas le dijeron: "si no le quitas la sábana vas tú con ella". La encierran en el ayuntamiento, y al poco tiempo la sacan en un camión con otro grupo de detenidos. [...]

Según testimonios de los mayores, al poco tiempo apareció el Niño, y así se conservó la misma imagen de Virgen de Legarda con Niño, hasta entrada la década de los cincuenta, cuando el Obispado de Pamplona decidió recoger esta imagen ya deteriorada, y traer una talla de cuerpo completo de Virgen con Niño, que es la actual, conservada en la Parroquia de Mendavia. Años después se hizo una réplica para colocar en la ermita.

En realidad, fue una excusa. Martina sabía demasiado. Martina vio entrar una camioneta llena de fusiles a una bajera en las Eras de San Bartolomé. Y lo denunció a la Guardia Civil. Al otro día fue la Guardia Civil y ya la bajera estaba vacía. Como venganza por esta denuncia la matan –señala su nieta Pilar en su relato–. Es probable, además, que hubiera sido testigo de lo ya sucedido en el entorno de Legarda, con persecución y varios asesinados». (Martínez Sancho, 2018, pp. 153, 231 y 438)

FUENTES CONSULTADAS

Egaña Sevilla, Iñaki (2009). *Los crímenes de Franco en Euskal Herria 1936-1940.* Txalaparta.

Herrera Torres, Ramón (2017). *Diccionario audiovisual de la memoria histórica en Navarra.* Pamiela.

Instituto Navarro de la Memoria (2023). *Oroibidea. Camino de Memoria.* [Página web]. https://oroibidea.es/es/search/victim/4033

Jimeno Jurío, José M.ª (2020). *La represión en Navarra (1936-1939): Trabajo de campo y archivo (finales de 1974-principios de 1981). Tomo II, Mélida-Ziordia.* Pamiela.

Martínez Sancho, Tomás (2018). *¡Esta es otra historia!: Memoria perdida y recuperada de la villa de Mendavia en la primera mitad del siglo XX.* Ayuntamiento de Mendavia.

Martínez Sancho, Tomás (9 de junio de 2016). Sublevación y terror en Mendavia (julio 1936-1940). *Historia de Mendavia 1900-1940.* https://n9.cl/ucpve

Martínez, Rubén & Rodríguez, Mikel (2009). Mendavia, 1930/1936. República y represión. En *Gerónimo de Uztariz,* n.º 25, pp-129-148.

PILAR VALLÉS VICUÑA

Fecha y lugar de nacimiento: 25-07-1918, Boquiñena (Zaragoza).
Lugar de residencia:
Estado civil:
Hijas/os:
Profesión:
Afiliación política: Milicias Vascas Antifascistas. Miembro de la Juventud Comunista de Irun (Gipuzkoa).
Observaciones: Su madre era natural de Pitillas y su padre de Corella.

MUERTE

Lugar: Lesaka.
Fecha: 11-08-1936.
Edad: 18 años.
Observaciones: Otros datos registran su defunción en Pikoketa (Gipuzkoa). Murió con Mercedes López Cortarelo.

INFORMACIÓN COMPLEMENTARIA

«Conocemos poco de aquellas combatientes, prácticamente sólo el nombre de las que murieron. En los combates de julio-agosto en Peñas de Aia, donde los milicianos habían frenado a las columnas navarras que intentaban llegar a Irún y San Sebastián, murieron por lo menos tres mujeres: Mercedes López Cotarelo, Pilar Vallés Vicuña y la riojana. Otro combatiente, Marcelo Usabiaga, recuerda cómo se produjeron sus muertes: "Mercedes López era una camarada comunista que había marchado a Pikoketa con un grupo de milicianos, entre ellos mi hermano, recién afiliado a la Juventud Comunista, que también lo fusilaron. Al igual que fusilaron a su novio, que no debía estar allí, pero que fue a verla cuando nos relevaron del frente. La posición la tomaron los requetés al amanecer. Fue trágico, sólo se salvaron los que salieron corriendo monte abajo. Hubo uno que se metió en un matorral, no se atrevió a correr más para que no le disparasen. Debajo del matorral escuchó todas las conversaciones, oyó cómo los fusilaban. Se llamaba Alejandro Colinas, que luego fue piloto durante la guerra. En la lápida del cementerio de Irún están los nombres de los 17 fusilados en Pikoketa. Mercedes, otra chica y todos los demás: gente de la JSU, carabineros, pescadores gallegos y algunos ferroviarios de Madrid que se quedaron incomunicados en Irún cuando la sublevación militar"». (Alcalde, 2008, p. 211)

El periódico *Frente Popular* dedicó un artículo a la muerte de estas jóvenes. Curiosamente también queda la versión que desde el otro bando se hizo de esta ejecución. El capellán carlista Policarpo Cía relata su fin sin demasiada caridad cristiana: «Los defensores eran 18. Carabineros, trabajadores del ferrocarril y unos jóvenes de Irún, ayudados por dos mujeres que no tendrían 20 años. Todos ellos recibieron la pena de muerte porque confesaron que con sus tiros obstaculizaban el avance de nuestras tropas. Algunos pedían perdón mientras los requetés saboreaban las mieles de la victoria. Yo les di a los 18 la noticia de la pena de muerte. Mi función más importante era salvar el alma de aquellos desdichados. Hice todo lo que pude. Recé a Dios, pero, como estaban muy mal preparados, solo 4 cedieron a mis peticiones, ruegos y amenazas. Todos los restantes renegaron de Cristo y lo más escandaloso fue lo de esas dos furcias: burlándose de Dios, levantaron el puño y gritando "¡Viva Rusia!" recibieron la mortal descarga».

Algunas de estas luchadoras nos dejaron su testimonio. Casilda Hernández, donostiarra nacida en 1914, disponía ya de amplia experiencia revolucionaria, pues había sido condenada a 29 años por los sucesos de 1934. Estos son sus recuerdos: «Tomé parte en las operaciones como colaboradora. Y no con las manos en los bolsillos. Lo que aquel entonces se conocía por miliciana. A mí no me gustaba ese nombre. Yo me denominaría más "revolucionaria" o "luchadora". Los de la CNT fuimos a luchar a Peñas de Aia. Unos requetés que teníamos presos me miraban sorprendidos. Sus miradas eran expresivas: "¿Cómo? ¿Una mujer también aquí? ¿En lo más alto de los montes, con un fusil al hombro?" [...] Éramos ignorantes en el arte de la guerra. Nos ganaba la pasión enorme de creer que hacíamos un servicio ineludible, una acción indispensable para la revolución.

En Peñas de Aia, como a todo ser viviente que se encontraba allí, no me quedaba otro remedio que participar en los combates. En el episodio de Peñas de Aia nos encontramos las milicianas, no muchas, pero demasiadas, porque con la mayor parte de ellas se ensañaron los requetés cuando cayeron prisioneras al perder esa posición estratégica». (Rodríguez Álvarez, 2005)

FUENTES CONSULTADAS

Alcalde, Juan J. (2008). *Milicias y unidades armadas anarquistas (FAI, FIJL) y anarcosindicalistas (CNT) en la guerra civil española 1936-1939*, (s.n.).

Altaffaylla Kultur Taldea (2018). *Navarra 1936. De la esperanza al terror*. Altaffaylla Kultur Taldea.

Ayuntamiento de Irun (2021). *Poniendo rostros a las fusiladas de Pikoketa*. [Página web]. https://n9.cl/8gzdv

Euzkadi en Catalunya, 3-7-1937. https://ahcbdigital.bcn.cat/hemeroteca/detall/ahcb-d016348

Gogora (2021). *Víctimas mortales de la guerra civil en Euskadi*. [Página web]. https://n9.cl/m504e

NEXUS-UPF (2021). *Museo Virtual de la Mujer Combatiente* [Página web]. https://www.mujeresenguerra.com/las-combatientes/sala-3/12184/

PCE-EPK (16 de octubre de 2017). ¿Quiénes fueron las mujeres y hombres asesinados en *Pikoketa?* [Página web]. https://n9.cl/fdvwz

Rodríguez Álvarez, Mikel (2005). Mujeres en las trincheras. *Historia 16*, 349, 12-39.

Usabiaga, Miguel (2015). *Flores de la república. Los olvidados de Pikoketa*. Los libros de la Catarata.

Fotografía de Pilar junto con su compañera Mercedes López. | Fuente: Periódico *Euzkadi en Catalunya*, n.º 30, 03-07-1937.

ENOLASCA VELA SALVADOR

Fecha y lugar de nacimiento: 1904, Cortes.
Lugar de residencia: Cortes.
Estado civil: Casada con Julián García.
Hijas/os:
Profesión:
Afiliación política:

MUERTE

Lugar: Ribaforada, en la carretera de Zaragoza.
Fecha: 09-09-1936.
Edad: 32 años.
Observaciones: Fue fusilada junto con Misericordia Abad.

REPRESIÓN

Represión sexuada: Según los datos obtenidos y la información consultada, le raparon el pelo.
Represión familiar: Su marido, Julián García, fue fusilado.

INFORMACIÓN COMPLEMENTARIA

«Casada con Julián García. Ambos fueron fusilados. Muerte: con Misericordia Abad, juntas las dos solas en la Venta de Ribaforada, antes del pasador Sancho el Fuerte, a la orilla derecha de la carretera general hacia Tudela. Las mataron los de Cortes. [...] De Cortes trajeron a Buñuel a enterrar a marido y mujer, familia de los Vela; después los llevaron a Cortes. Mataron a marido y mujer; que no tenían hijos. La Nolasca Vela, sus padres tenían tejería de Buñuel; pero sus padres descendencia de Magallón». (Jimeno Jurío, 2020a, p. 538)

FUENTES CONSULTADAS

Altaffaylla Kultur Taldea (2018). *Navarra 1936. De la esperanza al terror.* Altaffaylla Kultur Taldea.

Instituto Navarro de la Memoria (2023). *Oroibidea. Camino de Memoria.* [Página web]. https://oroibidea.es/es/search/victim/4059

Jimeno Jurío, José M.ª (2020). *La represión en Navarra (1936-1939): Trabajo de campo y archivo (finales de 1974-principios de 1981). Tomo 1, Ablitas-Marcilla.* Pamiela.

VELA   £Nolasca (de Garcia)   CORTES

Casada con Julián GARCIA. Ambos fusilados.
MUERTE: Con Misericordia Abad, junt s, las dos solas, en la Venta de Ribaforada, antes del parador Sancho el Fuerte, a la orilla derecha de la carretera general haciaTudela. Las mataron los de Cortes. Vic.Abad(77

= =

De Cortes trajeron a BUÑUEL a enterrar a marido y mujer, familia de los Vela; despues los llevaron a Cortes.
Maraton a marido y mujer, que no tenian hijos. La Nolasca VELA; sus padres tenian tejeria en Buñuel; pero sus padres descendian de Magallón.
Ant.Blanco

Ficha de José María Jimeno Jurío. | Fuente: Oroibidea, Paz y Convivencia. Gobierno de Navarra.

MARÍA VÉLEZ PERURENA

Fecha y lugar de nacimiento: 23-06-1906, Goizueta.
Lugar de residencia: Hernani (Gipuzkoa).
Estado civil: Casada con Bernardino Goiburu.
Hijas/os: Uno.
Profesión: Trabajo en el hogar.
Afiliación política:
Observaciones: En el registro de defunción aparece como refugiada en el piso 2.º de la casa ubicada en el n.º 51 de la calle Iturribide de Hernani.

MUERTE

Lugar: Bilbo.
Fecha: 18-04-1937.
Edad: 31 años.
Observaciones: Según el registro de defunción falleció a consecuencia de lesiones sufridas en el bombardeo del mismo día en la fábrica de Cotorruelo.

INFORMACIÓN COMPLEMENTARIA

«No incluimos en el listado a Hilario de Pablo Gorraiz, de 45 años y natural de Pamplona, María Vélez Perurena, de 31 años y natural de Goizueta, y Eulogio Zuñiga Salaberri, de 51 años y natural de Mendigorria. Estos navarros residentes en Vizcaya, eran "no combatientes" que fallecieron a causa de los bombardeos aéreos. Los dos primeros en Bilbao, el 18-IV-37, y el último en Santurce el 29 de ese mismo mes». (Instituto Gerónimo de Uztariz, 1994)

FUENTES CONSULTADAS

AHPB-BAHP, Registro de Fallecidos en Campaña.
AMB, Defunciones, 1937, sección n.º 4, n.º 82.
AMG, Nacimientos, 1906, folio 44, n.º 19.
Asociación Pueblo de las Viudas de Sartaguda (2009). *Parque de la memoria.* [Página web]. parquedelamemoria.org

Gogora (2021). *Víctimas mortales de la guerra civil en Euskadi.* [Página web]. https://n9.cl/mmoa4

Vargas Alonso, Francisco Manuel (1994). Navarros contra el alzamiento. Memoria documental de una lucha (1936-1939). En *Gerónimo de Uztariz*, n.º 9/10, p.195.

84

REGISTRO CIVIL DE BILBAO

Número 86 | Juzgado Municipal núm. 4

NOMBRE Y APELLIDOS

María Vélez Pernarena

En la villa de Bilbao, provincia de Vizcaya, a las once horas *y ... minutos del día* veinte *de* abril *de mil novecientos* treinta y siete *ante Don* Román de Istorani y Chavarri *, Juez Municipal y Don* Daniel Arnedo Varea *Secretario ..., se procede a inscribir la defunción de Don*a María Vélez Pernarena de treinta y un años *, natural de* Goizueta, *provincia de* Navarra *, hijo* de *Don* José *y de Doña* Tomasa *, domiciliado en* Bilbao, como refugiados en la calle *de* Iturribide *número* 51 *piso ..., de profesión ... y de estado* casada con Bernardino Goikburu y madre del anterior

falleció en el edificio Fábrica Cotonera *el día* diez y ocho *de*l actual *a las* primeras horas de la tarde, *a consecuencia de*l bombardeo aéreo *según resulta de* la diligencia judicial *y reconocimiento practicado, y su cadáver habrá de recibir sepultura en el Cementerio de* Vista Alegre.

Esta inscripción se practica en virtud de orden recibida del Juzgado de Instrucción número 4, de los de esta Villa.

consignándose además ...

habiéndola presenciado como testigos, Don Angel Alonso Gabón *y Don* Rafael Birriquas Ibildarra *mayores de edad y vecinos de* esta Villa.

Leída esta acta, se sella con el del Juzgado y la firman el Sr. Juez, los testigos de que certifico.

Certificación Gratuita (Ley 25/1986, de 24-12)

REGISTROS CIVILES
MINISTERIO DE JUSTICIA
ESPAÑA

N.º 0566642 /20

Registro de defunción de María. | Fuente: Registro Civil Bilbao, defunciones, 1937, sección n.º 4, n.º 82.

ASUNCIÓN VERGARA DE LUIS

«La Picana»

Fecha y lugar de nacimiento: 15-08-1904, Lodosa.
Lugar de residencia: Lodosa.
Estado civil: Casada con Eusebio Fernández, el 16-08-1927, en Lodosa.
Hijas/os: Dos (Fermín, de 16 años, y Dolores, de 12 años).
Profesión: Trabajo en el hogar.
Afiliación política:

MUERTE

Lugar: Villar de Arnedo (La Rioja).
Fecha: 13-11-1936.
Edad: 32 años.
Observaciones: Fue inscrita en el Juzgado de Lodosa en septiembre de 1944: «a consecuencia de la pasada lucha nacional contra el marxismo».

REPRESIÓN

Represión sexuada: Según los datos obtenidos y la información consultada, le cortaron el pelo antes de matarla. Según un testimonio recogido por José María Jimeno Jurío (2020), «a Felipa Pueyo, Asunción Vergara y a José María, los mataron juntos en lo de Ausejo. Y le quitaron hasta la faja para llevársela; un gitano que los mató, les quitó la faja para su mujer. Las dos estaban desnudas, las desgraciadas, enseñando todo. [...] Las desnudaron y les hicieron lo que les dio la gana los sinvergüenzas de ellos; no sé si antes o después de matarlas. Unos canallas. Fue un sobrino del hombre que mataron con ellas».

Represión familiar: «al marido lo mandaron a la Legión. Le habían cortado el pelo a ella. Su marido estaba herido, decía: ¿cómo no viene la Asunción? Como estaban por aquí las fuerzas, pensaba el muchacho que se había ido de mala mujer con ellos. Le dijeron "Le han cortado el pelo y por eso no va a venir". No quisieron decirle que estaba muerta. "Pues que venga con una mantilla o un pañuelo" Tuvieron que decirle que la habían fusilado. Entonces le dio por... y se murió en Zaragoza, no sé de enfermedad o de la herida. A la abuela, que se quedó con los hijos, le dijeron que había muerto de enfermedad y no le pagaron el subsidio para los nietos». (Jimeno Jurío, 2020a, p. 787)

INFORMACIÓN COMPLEMENTARIA

«Todo el mes de septiembre fue un reguero de sangre. El día 8, matan en Cárcar [...] Unos días más tarde, en Villar de Arnedo les toca el turno a [...] ambos concejales republicanos. Con ellos fusilan a dos mujeres, Felipa Pueyo "La Guapa" y Asunción Vergara "La Picana" madre de dos hijos. Ambas, aparecieron sin ropa y a Felipa le robaron la faja. El marido de Asunción se encontraba alistado obligatoriamente en el Tercio y falleció con posterioridad». (Altaffaylla Kultur Taldea, 2018, p. 378)

FUENTES CONSULTADAS

ARGN, Juzgado primero de Instrucción n.º 1 de Estella/Lizarra. Expediente para inscripción de defunción en Registro Civil de Lodosa, 0000258/1944.

Altaffaylla Kultur Taldea (2018). *Navarra 1936. De la esperanza al terror.* Altaffaylla Kultur Taldea.

Ayuntamiento de Lodosa. Reconocimiento del ayuntamiento de Lodosa a sus vecinos asesinados en 1936 – LOIU. (2013). [Página web]. https://n9.cl/7fku3

Herrera Torres, Ramón (2017). *Diccionario audiovisual de la memoria histórica en Navarra.* Pamiela.

Instituto Navarro de la Memoria (2023). *Oroibidea. Camino de Memoria.* [Página web]. https://oroibidea.es/es/search/victim/4079

Jimeno Jurío, José M.ª (2020). *La represión en Navarra (1936-1939): Trabajo de campo y archivo (finales de 1974-principios de 1981). Tomo I, Ablitas-Marcilla.* Pamiela.

VERGARA DE LUIS, Asuncion — Lodosa

DEFUNCION. Inscrita el 25 de septiembre de 1944
Nacio en Lodosa el 15 de agosto de 1904, hija de Fermin y Dolores.
Profesion: S.L. Casada con Eusebio Fernandez Fernandez, difuntos
Deja 2 hijos: Fermin y Dolores, de 16 y 12 años.
MURIO en jurisdiccion de El Villar de Arnedo, el 13 septiembre de 1936, pasada lucha nacional.
JUZGADO LODOSA: Libro 34, f. 10v
NACIMIENTO: en Lodosa el 15 agosto 1904; bautizada el 17 VIII.
Hijaade Fermin Vergara Zudaire y de Dolores de Luis Armendariz.
A.PATERNOS: Juan, de Azagra, y Patricia, de Zrroniz) MATERNOS: Eugenio y Josefa, de Lodosa.
MATRIMONIO: Con Eusebio Fernandez Fernandez, el 18 agosto 1927 en Lodosa.
APLOdosa: Bautizados.
El marido murio despues de enfermedad.
Al marido lo mandaron a la Legion. Le habian cortado el pelo a ella. Su mari estaba herido decia:"¿Como no viene la Asuncion?" Como estaban por aqui las fuerzas, pensaba el muchacho que se habia ido de mala mujer con ellas. Le dijeron:"Le han cortau el pelo y por eso no va a venir". No quisieron decirle que estaba muerta."Pues que venga con una mantilla o un pañuelo". Tuvieron que decirle que la habian fusilado.Entonces le dio por...y se murio en Zaragoza,no se si de enfermedad o de la herida.
A la abuela,que se quedo con los hijos, le dijeron que habia muerto de enfermedad y no le pagaron el subsidio pa los nietos.
Si viera con qué garbo defiende ahora la hija a los de la derecha! Tiene en casa un cuñado que es teniente coronel de la Guardia civil,los Rasanos.
X, 78

Ficha de José María Jimeno Jurío. | Fuente: Oroibidea, Paz y Convivencia. Gobierno de Navarra.

LUCIANA VIGURIA URTASUN

Fecha y lugar de nacimiento: 08-01-1899, Funes.
Lugar de residencia: Funes.
Estado civil: Casada con Daniel González.
Hijas/os:
Profesión: Tendera.
Afiliación política:

MUERTE

Lugar: Faltzes, en la tapia del cementerio.
Fecha: En la madrugada del 29-08-1936.
Edad: 37 años.
Observaciones: Fue asesinada junto con su vecina Pilar Prado, y exhumada en 1979.

REPRESIÓN

Represión familiar: Su hermano, Gregorio, de 42 años, casado con Leocadia Aguado y con seis hijos e hijas, fue asesinado en Peralta en agosto de 1936.

INFORMACIÓN COMPLEMENTARIA

«La Luciana, no sé el apellido porque me parece que era de fuera. Su marido era de los Pájaros. Mataron a cuatro; Pilar Prado, La Luciana y Jacinto Ansó y Federico Arancón juntos, en el cementerio de Falces (del 29 al 30 agosto de 1936). Casada sin hijos». (Jimeno Jurío, 2020a, p. 659)

FUENTES CONSULTADAS

Altaffaylla Kultur Taldea (2018). *Navarra 1936. De la esperanza al terror.* Altaffaylla Kultur Taldea.
Asociación Pueblo de las Viudas de Sartaguda (2009). *Parque de la memoria.* [Página web]. parquedelamemoria.org

Herrera Torres, Ramón (2017). *Diccionario audiovisual de la memoria histórica en Navarra.* Pamiela.

Instituto Navarro de la Memoria (2023). *Oroibidea. Camino de Memoria.* [Página web]. https://oroibidea.es/es/search/victim/4113

Jimeno Jurío, José M.ª (2020). *La represión en Navarra (1936-1939): Trabajo de campo y archivo (finales de 1974-principios de 1981). Tomo 1, Ablitas-Marcilla.* Pamiela.

VIGURIA URTASUN, Luciana Funes (41) X

La Luciana, no se el apellido porque me parece que era de fuera. Su marido era de los Pajaros.
Mataron a cuatro: Pilar Prado, la Luciana, Jacinto Ansó y Federico Arancón juntos, en el cementerio de Falces, (29/30 agosto 36).
Casada, sin hijos. Lourdes Ansó. VIII 78
MUERTA en Falces, del 29/ 30 de agosto de 1936, con seis más de Funes.
Varios, VIII 78

Ficha de José María Jimeno Jurío. | Fuente: Oroibidea, Paz y Convivencia. Gobierno de Navarra.

ROMANA ZUBIRIA CASTELLANO

Fecha y lugar de nacimiento: 09-08-1883, Arguedas.
Lugar de residencia: Arguedas.
Estado civil: Casada con Anastasio Pejenaute.
Hijas/os:
Profesión: Trabajo en el hogar.
Afiliación política:

MUERTE

Lugar: Azagra, en una viña.
Fecha: 16-11-1936.
Edad: 53 años.
Observaciones: Fue asesinada junto a su vecina Eusebia Falces.

FUENTES CONSULTADAS

Altaffaylla Kultur Taldea (2018). *Navarra 1936. De la esperanza al terror.* Altaffaylla Kultur Taldea.

Herrera Torres, Ramón (2017). *Diccionario audiovisual de la memoria histórica en Navarra.* Pamiela.

Instituto Navarro de la Memoria (2023). *Oroibidea. Camino de Memoria.* [Página web]. https://oroibidea.es/es/search/victim/4210

Jimeno Jurío, José M.ª (2020). *La represión en Navarra (1936-1939): Trabajo de campo y archivo (finales de 1974-principios de 1981). Tomo 1, Ablitas-Marcilla.* Pamiela.

ZUBIRIA Romana Arguedas

No inscrita en eljuggado. (Nota es.j.parroquia)
"Romana Zubiria",sin mas datos (Nota parr. Emilio Segura)

Ficha de José María Jimeno Jurío. | Fuente: Oroibidea, Paz y Convivencia. Gobierno de Navarra.

ÍNDICE DE ABREVIATURAS

ACN. Archivo Concejo de Narvarte.
ACTSJC. Archivo Central del Tribunal Superior de Justicia de Catalunya.
ACZ. Archivo del Concejo de Zudaire.
ADP. Archivo Diocesano de Pamplona.
AFUE. Archivo de la Fundación Universitaria Española.
AGA. Archivo General de la Administración.
AGHD. Archivo General e Histórico de Defensa.
AGMI. Archivo General del Ministerio de Interior.
AHPB-BAHP. Archivo Histórico Provincial de Bizkaia.
AHPHU. Archivo Histórico Provincial de Huesca.
AHPZ. Archivo Histórico Provincial de Zaragoza.
AHSCP. Arxiu Històric de l'Hospital de la Santa Creu i Sant Pau.
AIMN. Archivo Intermedio Militar Noroeste.
AMA. Archivo Municipal de Ablitas.
AMB. Archivo Municipal de Bera.
AMB. Archivo Municipal de Berbinzana.
AMB. Archivo Municipal de Bilbao.
AMC. Archivo Municipal de Cirauqui.
AMD. Archivo Municipal de Donostia.
AMD. Archivo municipal Durango.
AME. Archivo Municipal Errenteria.
AMG. Archivo Municipal de Goizueta.
AMH. Archivo Municipal Hernani.
AMI. Archivo Municipal de Ituren.
AML. Archivo Municipal de Larraga.
AMLV. Arxiu Municipal de Llinars Vallés.
AMM. Archivo Municipal de Marcilla.
AMP. Archivo Municipal de Pamplona.
AMT. Archivo Municipal de Tudela.
AMV. Archivo Municipal de Viana.
AMV. Archivo Municipal de Villafranca.
AMVB. Archivo Municipal del Valle de Baztán.
APJN. Archivo Provincial Judicial de Navarra.
ARGN. Archivo Real y General de Navarra.

BOE. Boletín Oficial del Estado.
BOPS. Boletín Oficial de la Provincia de Soria.
CDMH. Centro Documental de la Memoria Histórica.
CNT. Confederación Nacional del Trabajo.
ECASM. État civil Argelès-sur-Mer.
ECI. État civil Ilbarritz.
EPK-PCE. Euskadiko Partidu Komunista - Partido Comunista de Euskadi.
FETE. Federación Española de Trabajadores de la Enseñanza.
IR. Izquierda Republicana.
IRH. Innovation and Human Rights.
MPR. Ministerio de la Presidencia, relaciones con las cortes y memoria democrática.
MVMC. Museo Virtual de la Mujer Combatiente.
PCE. Partido Comunista de España.
PCF. Partido Comunista Francés.
PNV. Partido Nacionalista Vasco.
PSOE. Partido Socialista Obrero Español.
RCP. Registro Civil de Perpignan.
RCV. Registro Civil de Villalangua.
UGT. Unión General de Trabajadores.

ANEXOS

MICAELA DEL CAMPO GOÑI

(Conocida como Jesusa Lesbur Geres)

Fecha y lugar de nacimiento: 04-01-1917, Eugi.
Lugar de residencia: Bordeaux, Rue Dabadie.
Estado civil: Casada con Laurent Lesburgeres en 1942. Se divorciaron en 1948.
Hijas/os:
Profesión: Cuidadora.
Afiliación política: Participó en la Resistencia Francesa.

REPRESIÓN

Fue detenida en Bordeaux y al día siguiente fue trasladada al campo de concentración de Ravensbrück donde fue inscrita con el nombre de Suzzane. De dicho campo sería trasladada al campo de Neuengamme. Gracias a la intervención de la Cruz Roja finalmente consiguió ser trasladada a Suecia, Estocolmo, el 15 de mayo de 1945.

INFORMACIÓN COMPLEMENTARIA

Según información obtenida, Micaela procedía de Baiona cuando se instaló en Bordeaux, donde trabajó como cuidadora. Un documento firmado por una ciudadana francesa afirma que Micaela residía en Francia desde septiembre de 1920.

Lesburgueres 93876 Sch
Jesusa 4.1.17
Krankenschwester Egui Navarre
28. Aug. 1944 Dabadie
ÜB. 29. Aug. 1944 Bordeaux
v.-.rk.Frz.

Fuente: Ministre Des Anciens Combattants et victimes de Guerre.

Fue deportada el 9 de agosto de 1944, y llegó el 28 de agosto de 1944 a Dachau. Su número en el campo fue el n.º 93876, y la clasificaron como tipo de prisionera «Schutzhaft» (preventiva), de estatus casada, con nacionalidad francesa, nacida en «Egui (Navarre)» y de religión católica romana.

Según los datos del archivo de Dachau, sería transferida el día siguiente al campo de concentración de Ravensbrück, pero según los datos de este archivo llega el 2 de septiembre de 1944, donde le asignan el n.º 62469, como prisionera «politisch» (política) e inscrita con el nombre de Suzanne, con la profesión de «Nurse» (niñera o cuidadora).

Un documento firmado por uno de los fundadores de los guerrilleros da fe, afirma que Micaela fue parte de este movimiento y que fue detenida el 25-03-1944 en compañía de un agente americano con el que mantenía una relación.

FUENTES CONSULTADAS

AME, Nacimientos, 1917, n.º 163.
Arolsen Archives - International Center on Nazi Persecution.
Ministre Des Anciens Combattants et victimes de Guerre.

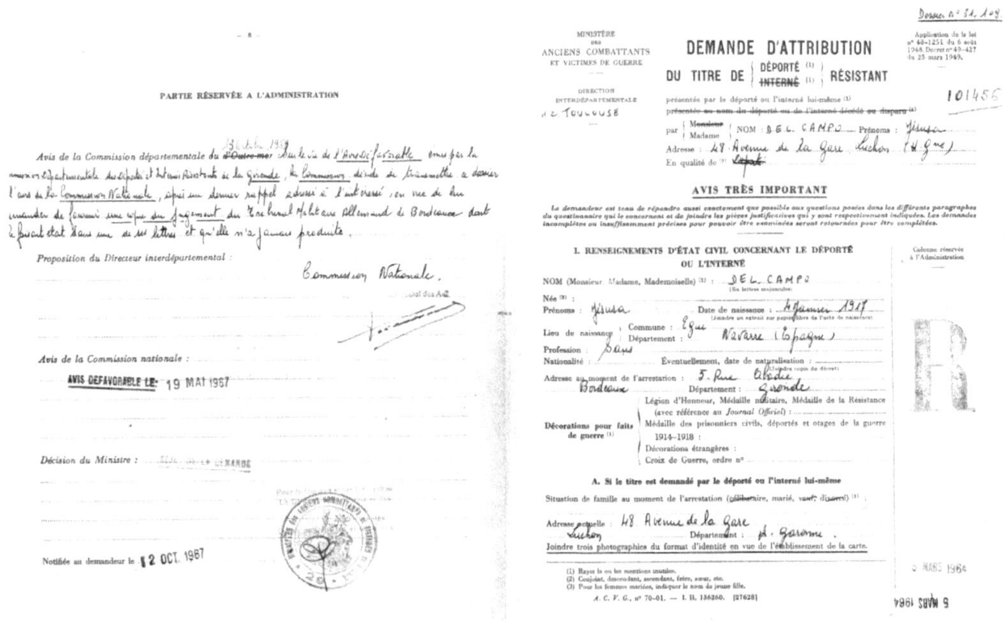

– 8 –

PARTIE RÉSERVÉE A L'ADMINISTRATION

Avis de la Commission départementale du ~~d'Outre-mer~~ Sur le vu de l'Avis Défavorable émis par la Commission Départementale des Déportés et Internés Résistants de la Gironde, la Commission décide de transmettre ce dossier à l'avis de la Commission Nationale, après un dernier rappel adressé à l'intéressé, en vue de lui demander de fournir une copie du jugement du Tribunal Militaire Allemand de Bordeaux dont il faisait état dans une de ses lettres et qu'elle n'a jamais produite.

Proposition du Directeur interdépartemental :

Commission Nationale.

Avis de la Commission nationale :

AVIS DEFAVORABLE LE: 19 MAI 1967

Décision du Ministre : ... DE LA DEMANDE

Notifiée au demandeur le 12 OCT. 1967

Dossier n° 31.109

MINISTÈRE DES ANCIENS COMBATTANTS ET VICTIMES DE GUERRE

DIRECTION INTERDÉPARTEMENTALE de TOULOUSE

DEMANDE D'ATTRIBUTION DU TITRE DE DÉPORTÉ (1) ~~INTERNÉ~~ (1) RÉSISTANT

Application de la loi n° 48-1251 du 6 août 1948. Décret n° 49-427 du 25 mars 1949.

101456

présentée par le déporté ou l'interné lui-même (1)
~~présentée au nom du déporté ou de l'interné décédé ou disparu~~ (1)

par ~~Monsieur~~ Madame NOM : DEL CAMPO Prénoms : Jésusa
Adresse : 48 Avenue de la Gare Luchon (H. Gne)
En qualité de (2) ~~Lapat~~

AVIS TRÈS IMPORTANT

Le demandeur est tenu de répondre aussi exactement que possible aux questions posées dans les différents paragraphes du questionnaire qui le concernent et de joindre les pièces justificatives qui y sont respectivement indiquées. Les demandes incomplètes ou insuffisamment précises pour pouvoir être examinées seront retournées pour être complétées.

I. RENSEIGNEMENTS D'ÉTAT CIVIL CONCERNANT LE DÉPORTÉ OU L'INTERNÉ

Colonne réservée à l'Administration

NOM (Monsieur, Madame, Mademoiselle) (1) : DEL CAMPO (En lettres majuscules)
Née (3) :
Prénoms : Jésusa Date de naissance : 4 Janvier 1917 (Joindre un extrait sur papier libre de l'acte de naissance)
Lieu de naissance Commune : Egui Département : Navarre (Espagne)
Profession : Sans
Nationalité : Éventuellement, date de naturalisation : (Joindre copie du décret)
Adresse au moment de l'arrestation : 5. Rue Abadie Bordeaux Département : Gironde

Décorations pour faits de guerre (1): Légion d'Honneur, Médaille militaire, Médaille de la Résistance (avec référence au *Journal Officiel*) : Médaille des prisonniers civils, déportés et otages de la guerre 1914-1918 : Décorations étrangères : Croix de Guerre, ordre n°

A. Si le titre est demandé par le déporté ou l'interné lui-même

Situation de famille au moment de l'arrestation (~~célibataire~~, marié, ~~veuf~~, ~~divorcé~~) (1) :

Adresse actuelle : 48 Avenue de la Gare Luchon Département : H. Garonne.

Joindre trois photographies du format d'identité en vue de l'établissement de la carte.

(1) Rayer la ou les mentions inutiles.
(2) Conjoint, descendant, ascendant, frère, sœur, etc.
(3) Pour les femmes mariées, indiquer le nom de jeune fille.

A. C. V. G., n° 70-01. — I. H. 136260. [27628]

5 MARS 1964

Como se puede observar en la imagen, en marzo de 1949 se le denegó el título de deportada política. | Fuente: Ministre Des Anciens Combattants et victimes de Guerre.

NOMBRE Y APELLIDOS	LUGAR DE NACIMIENTO - RESIDENCIA	LUGAR DE MUERTE	FECHA DE ASESINATO	EDAD
Abad Alcega, Misericordia	Agón (Zaragoza) - Cortes	Cortes	09-09-1936	31
Aguado Sainz, Felisa	Murchante - Cabanillas	Valtierra	12-08-1936	64
Alonso Prado, Francisca	Azagra	Rincón de Soto (La Rioja)	05-09-1936	40
Álvarez Calvo, Araceli	Iruñea - Villalangua (Huesca)	Villalangua (Huesca)	13-09-1936	27
Álvarez Calvo, Cecilia	Iruñea - Villalangua (Huesca)	Villalangua (Huesca)	13-09-1936	37
Antonia "La Soriana"	Soria - Sin hogar	Zirauki	13-01-1937	60
Arguiñano Arzoz, Felisa	Zudaire - Vicálvaro (Madrid)	Madrid	24-07-1939	36
Arraiza Garín, Emilia	Zirauki - Lizarra	Undio, Erreniega	30-08-1936	42
Ascue Sagardia, Josefina	Ituren - Barcelona	Barcelona	11-06-1938	50
Astibia Iturbe, Escolástica	Narbarte - Durango (Bizkaia)	Durango (Bizkaia)	31-03-1937	56
Azparren Gil, Dominica	Oibar	Nardoze Alduate (Loiti)	26-09-1936	52
Baigorri Ibañez, Rafaela	Mañeru - Madrid	Madrid	22-08-1943	43
Bueno Algárate, Josefa	Morata de Jiloca (Zaragoza) - Tutera	Tutera (Balsaforada)	12-11-1936	29
Caballé, Antonia	Ziriza - No consta	Perpignan (Francia)	XX-XX-1945	72
Calleja Aguado, Simona	Cabanillas	Valtierra	12-08-1936	19
Campaña Ortiz, Adela	Sos del Rey Católico (Zaragoza) - Zangoza	Izko, Ibargoiti (Loiti)	30-07-1936	50
Campaña Ortiz, Asunción	Sos del Rey Católico (Zaragoza) - Zangoza	Izko, Ibargoiti (Loiti)	30-07-1936	68
Chanal López, Marcelina	Martzilla - Tona (Barcelona)	Tona (Barcelona)	24-09-1938	42
Charela Vidas, Juana Tomasa	Tutera	Tutera (Balsaforada)	14-11-1936	54
Chia Vidal, Carmen	Azkoien - Terrassa (Barcelona)	Perpignan (Francia)	08-08-1940	70
Chocarro Villar, Rufina	Allo	Erreniega	19-08-1936	35
Crespo Piñera, María Socorro	Cantabria - Iruñea	No consta	XX-XX-1936	56
Del Pueyo Ruiz, Felipa	Tarazona (Zaragoza) - Lodosa/Los Arcos	Ausejo (La Rioja)	13-09-1936	39
Domínguez Martínez, Herminia	Buñuel - Donostia	Donostia	06-08-1936	19
Eguaraz Errandonea, María Josefa	Tutera - Ilbarritz (Lapurdi)	Bidarte (Lapurdi)	07-01-1938	66
Elorriaga Arrate, María Dolores	Bera - Barcelona	Barcelona	28-04-1938	73
Escribano Martínez, Esperanza	Calahorra (La Rioja)	Azkoien	29-08-1936	55
Espía de Oyarburu	No consta	Auritz-Burguete	13-08-1936	No consta
Faltzes Sanz, Eusebia	Arguedas	Azagra	16-11-1936	54
Fernández Rodríguez, Pilar	Tudelilla (La Rioja) - Calahorra (La Rioja)	Azkoien	16-08-1936	45
García Corera, Blasa	Larraga - Llinars de Vallés (Barcelona)	Llinars de Vallés (Barcelona)	29-01-1939	46
Ginto Echeverría, Carmen	Lizarra - Donostia	Donostia	26-08-1936	6

NOMBRE Y APELLIDOS	LUGAR DE NACIMIENTO - RESIDENCIA	LUGAR DE MUERTE	FECHA DE ASESINATO	EDAD
Goicoechea Goicochea, Teresa	Berbinzana - Eskoriatza (Gipuzkoa)	Araba	30-11-1936	35
Goicoechea, María Ángeles	Ergoiena - Erandio (Bizkaia)	Erandio (Bizkaia)	24-03-1937	15
González Rodríguez, Casiana	Iruñea - Barcelona	Barcelona	09-05-1938	14
González Roldan, Nieves	Mendabia	Cementerio de Logroño (La Rioja)	20-07-1936	72
Goñi Ayestarán, Higinia Luz	Zirauki - París (Francia)	Auschwitz (Alemania)	01-05-1943	37
Goñi Biurrun, Felisa	Hiriberri, Deirri - Donostia	Tolosa-Berastegi / Hernani (Gipuzkoa)	23-10-1936	40
Goñi Jorge, Felipa	Iruñea - Donostia	Donostia	20-01-1937	47
Goñi Sagardia, Juana Josepa	Donamaria - Gaztelu	Gaztelu	30-08-1936	38
Gurrea Fernández, Carmen	No consta - Alfaro (La Rioja)	Azkoien	16-08-1936	15
Gurrea Fernández, Dolores	No consta - Alfaro (La Rioja)	Azkoien	16-08-1936	17
Halzuet Alzate, Francisca Romana	Bera - Urruña (Lapurdi)	Wilhelmshaven (Alemania)	12-04-1945	36
Ibarra Irisarri, María Joaquina	Sunbilla - Errenteria (Gipuzkoa)	Desaparecida	No consta	No consta
Iturralde Olaechea, María Francisca	Berroeta	Berroeta	15-06-1938	23
Labarga Melero, Concepción	Ablitas - Madrid	Madrid	XX-XX-1937	20
Lafraya Fernández, Carmen	Alesbes	Cadreita	29-09-1936	24
Lamberto Yoldi, Maravillas	Larraga	Iruñuela	15-08-1936	14
Lasheras Royo, Luisa	Cortes	Gallur (Zaragoza)	03-08-1936	24
Lázaro Echeverría, Julia	Iruñea - Madrid	Madrid	24-08-1940	24
Leyun Ibarrola, Anacleta	Zolina - Santander	Barcelona	04-05-1938	65
López Cotarelo, Mercedes	Irun (Gipuzkoa) - Irun y Oiartzun (Gipuzkoa)	Lesaka	11-08-1936	22
Lorente Saenz, Gabriela	Calahorra (La Rioja) - No consta	Azkoien	29-08-1936	58
Maestra de la Normal	No consta	Elo	21-10-1936	No consta
Marañón Orio, Nicomedes	Viana	La Rioja	XX-XX-1936	38
Martínez Acedo, Julia	Mendaza - Acedo	Zirauki	01-07-1936	50
Martínez Bueno, Martina	Buñuel	Magallón (Zaragoza)	26-08-1936	63
Martínez Fernández, Nicolasa	Caparroso - Martzilla	Caparroso	04-09-1936	54
Martínez Lizuan, Dionisia	Mendabia	Iguzkiza, Urbiola	05-09-1936	56
Martínez Martínez, Elisa	Tutera - Barcelona	Barcelona	15-11-1938	30
Mateo, Amada	No consta - Galipentzu	No consta	No consta	No consta
Matute Griñó, Gumersinda	Nafarroa - No consta	Barcelona	15-11-1938	30
Mendoza Lafuente, Alfonsa	Cortes - No consta	Barcelona	18-03-1938	46
Mico, Miralles	Alesbes - No consta	Perpignan (Francia)	15-10-1939	10

NOMBRE Y APELLIDOS	LUGAR DE NACIMIENTO - RESIDENCIA	LUGAR DE MUERTE	FECHA DE ASESINATO	EDAD
Mir García, Juana	Iruñea - Bilbo	Bilbo	05-08-1937	32
Morentin Roldán, Amada	Lodosa	Ibiriku, Deierri	15-09-1936	26
Ochoa Allo, Micaela	Cadreita	Rincón del Soto (La Rioja)	16-11-1936	46
Ochoa Lasheras, Araceli	Martzilla	Azkoien (Ctra. Andosilla y Azkoien)	01-09-1936	26
Oroz Buey, Presentación	Zangoza	No consta	No consta	No consta
Oscoz Urriza, María del Camino	Iruñea	Urbasa (Sima)	10-08-1936	22
Palacios Burgete, Felisa	Petilla de Aragón - Uncastillo (Zaragoza)	Zaragoza	31-08-1936	53
Palacios Ucar, Máxima	San Martín de Unx - Barbastro (Huesca)	Barcelona	13-12-1937	28
Pérez Castillo, Rufina	Autol (La Rioja) - Azagra	Pradejón (La Rioja)	11/13-08-1936	40
Prado Ruiz, Pilar	Funes	Faltzes	29-08-1936	49
Ramírez Vicente, Felipa	Tutera	Tutera (Balsaforada)	14-11-1936	50
Reclusa Inchauspe, Juana	Tafalla - Barcelona	Barcelona	05-03-1938	37
Resano Falcón, Encarnación	Azkoien	Faltzes	21-10-1936	53
Roncal Alonso, Blasa	Allo - Allo/Francia	Lerin	08-08-1936	35
Ruiz Melero, Jesusa	Ablitas - Tutera	Tutera	14-11-1936	37
Ruiz Remón, Matilde	Cortes - Caparroso	Etxalaz, Eguesibar	15-08-1936	50
Sagardia Goñi, Asunción	Gaztelu	Gaztelu	30-08-1936	1
Sagardia Goñi, Martina	Gaztelu	Gaztelu	30-08-1936	7
San Juan Gil, Plácida	Lerin - Donostia	Donostia	15-08-1936	42
Sánchez Luri, Marisa	No consta - Azagra	Azagra	25-04-1938	38
Sanz Lavide, Jesusa	Zirauki - No consta	Barcelona	17-03-1938	59
Tellechea Cincambre, Esperanza	Bera - Errenteria (Gipuzkoa)	Barcelona	20-01-1939	33
Tutor Vázquez, Leonor	Novallas (Zaragoza)	Urzante	14-08-1936	72
Urra Ochoa de Alda, Nieves	Viana - Donostia	Hernani (Gipuzkoa)	29-10-1936	47
Valerio García, Martina	Mendavia	Armañanzas	29-07-1936	62
Valles Vicuña Pilar	Boquiñena (Zaragoza) - No consta	Lesaka	11-08-1936	18
Vela Salvador, Enolasca	Cortes	Ribaforada	09-09-1936	32
Vélez Perurena, María	Goizueta - Hernani (Gipuzkoa)	Bilbo	18-04-1937	31
Vergara de Luis, Asunción	Lodosa	Villar de Arnedo (La Rioja)	13-11-1936	32
Viguria Urtasun, Luciana	Funes	Faltzes	29-08-1936	37
Zubiría Castellano, Romana	Arguedas	Azagra	16-11-1936	53

Este libro,
NOMBRES QUE RECORREN EL TIEMPO
MUJERES ASESINADAS EN NAFARROA 1936-1948
se terminó de diseñar, componer y maquetar en Bilbao,
en el taller gráfico de MONTI DISEINU GRAFIKOA,
utilizándose la familia tipográfica Celeste
creada por Chris Burke en 1990,
en un 8 de marzo en el que nuevamente tomamos las calles
reivindicando los nombres
de aquellas que nos precedieron en la lucha
y a las que les arrebataron la vida.

Aurkeztu dizugun liburuaren eduki, itxura edo inprimaketari buruzko iritzia guri helarazi nahi izanez gero, bidal iezaguzu. Zinez eskertuko dizugu.

La Editorial le quedará muy reconocida si usted le comunica su opinión acerca del libro que le ofrecemos, así como sobre su presentación e impresión. Le agradecemos también cualquier otra sugerencia.

EDITORIAL TXALAPARTA S.L.L.
San Isidro 35
31300 TAFALLA
Nafarroa
Tfno.: 948 70 39 34
info@txalaparta.eus
www.txalaparta.eus